地理学导论

主编 邹君

U0361988

北京大学出版社
PEKING UNIVERSITY PRESS

内 容 简 介

本书共 8 章，第 1 章介绍了地理与地理学的基本概念，地理学的发展历程和地理学的重要作用；第 2 章简述了地理学的研究对象、研究核心、学科特点和学科体系；第 3 章简要介绍了国内外地理高等教育发展的概况、地理专业的人才需求与培养目标，以及地理专业学生的就业出路；第 4 章、第 5 章、第 6 章和第 7 章分别从自然地理、人文地理、城乡规划与城乡发展、地理信息科学四个方面阐述地理现象、地理学基本理论与方法、地理学的应用案例；第 8 章分别从地理学大师和大学地理老师的视角分享学好地理学的经验。

本书可作为高等学校地理专业的教材，也可作为地理爱好者的阅读书目。

图书在版编目（CIP）数据

地理学导论 / 邹君主编 . —— 北京：北京大学出版社，2025．1． —— ISBN 978-7-301-35610-4

Ⅰ．K90

中国国家版本馆 CIP 数据核字第 20246VW001 号

书 　 名	地理学导论
	DILIXUE DAOLUN
著作责任者	邹　君　主编
策 划 编 辑	吴　迪
责 任 编 辑	林秀丽
数 字 编 辑	蒙俞材
标 准 书 号	ISBN 978-7-301-35610-4
出 版 发 行	北京大学出版社
地 　 址	北京市海淀区成府路 205 号　100871
网 　 址	http://www.pup.cn　新浪微博：@ 北京大学出版社
电 子 邮 箱	编辑部 pup6@pup.cn　总编室 zpup@pup.cn
电 　 话	邮购部 010-62752015　发行部 010-62750672　编辑部 010-62750667
印 刷 者	大厂回族自治县彩虹印刷有限公司
经 销 者	新华书店
	787 毫米 × 1092 毫米　16 开本　14.25 印张　365 十字
	2025 年 1 月第 1 版　2025 年 1 月第 1 次印刷
定 　 价	45.00 元

前　言

编者通过 20 余年的高校教学实践发现，学生能否读好大学地理专业与大学一年级时是否接受正确的地理专业教育引导密切相关。实践证明，那些学得好的学生大多在大学一年级的时候就通过大学课堂或其他途径的影响，对地理专业产生了浓厚的兴趣，从而激发了强大的学习动力。"地理学导论"课程对大一新生的专业引导极为重要，与此同时，一本通俗易懂、形象生动的《地理学导论》教材能成为学生爱上地理专业的重要理由。目前，国内有很多《地理学导论》教材。对于大一新生，特别是地方院校的大一新生而言，这些教材普遍存在难度偏大、内容太深、理论性太强、形象性不够、可读性不强等问题，难以吸引学生，很难实现让大一新生初步理解和接受地理学思想、理论体系等目标。鉴于此，编写一本真正适合大一新生阅读的《地理学导论》教材就显得非常有意义。

本书的编写思路是以习近平新时代中国特色社会主义思想为指导，坚持"学生中心、产出导向"原则，将大一新生由浅入深地带入地理学的神秘殿堂，通过什么是地理学、学好地理学能干什么、地理学学什么、如何学好地理学这 4 个问题的阐述，激发学生学习地理学的浓厚兴趣，为后续专业课程学习奠定良好基础。

本书具有以下两个特点：一是浅显易懂，教材编写力求做到通俗易懂、行文简洁、形象生动，尽量不涉及抽象难懂的理论知识（即便不可避免，也力求点到即止），从而提高教材的可读性；二是紧密联系经济社会发展实际，社会发展的大背景决定了大学生在专业选择的时候会较多地关注学好某个地理专业能够干什么，因此本书的编写力求精选与经济建设和社会发展紧密关联的经典案例进行地理概念、地理方法和地理理论的阐释，从而使学生切身感受到学好地理学的作用。

本书共 8 章，第 1 章和第 2 章阐释的是什么是地理学的问题；第 3 章回答的是学好地理学能干什么的问题；第 4 章至第 7 章回答地理专业学什么的问题；第 8 章阐述如何学好地理学的问题。本书编写分工：邹君负责第 1 章、第 2 章、第 3 章和第 8 章的编写，田亚平、郑梦秋负责第 4 章的编写，曾婷、单人杰负责第 5 章的编写，张珍、耿需祺负责第 6 章的编写，韩青负责第 7 章的编写，邹君负责全书的组织和统稿工作。

由于编者水平所限，本书肯定存在一些不足之处，诚望各位专家和同人不吝赐教。另外，限于版面，本书只列出了主要的参考文献，在此对所有参考文献作者表示衷心感谢。

编者
2023 年 7 月

资源索引

前　言

目　　录

第1章　地理与地理学 ·· 1

1.1　与地理相关的几个基本概念 ·· 1

1.2　地理学的形成 ·· 5

1.3　日益重要的地理学 ··· 11

思考题 ·· 14

第2章　地理学的研究对象与学科体系 ·· 15

2.1　地理学的研究对象 ··· 15

2.2　地理学的研究核心 ··· 19

2.3　地理学的学科特点 ··· 20

2.4　广为接受的地理学学科体系 ··· 22

思考题 ·· 27

第3章　地理高等教育与地理职业 ··· 28

3.1　国内外地理高等教育概况 ·· 29

3.2　地理专业人才需求与培养目标 ·· 38

3.3　地理专业学生的就业 ·· 39

思考题 ·· 42

第4章　自然地理学导论 ··· 43

4.1　自然地理现象与案例 ·· 43

4.2　自然地理学理论与方法 ··· 58

4.3　自然地理学应用与发展 ··· 72

思考题 ·· 82

第5章　人文地理学 ·· 83

5.1　人文地理现象 ··· 83

5.2　人文地理学原理 ·· 98

5.3　人文地理学方法 ··· 110

5.4　人文地理学应用 ··· 126

思考题 ··· 135

第6章　城乡规划与城乡发展 ·· 136

6.1　城乡规划与城乡发展现象 ·· 136

6.2　城乡规划和城乡发展原理 ·· 147

6.3　城乡规划与城乡发展研究方法 ·· 159

6.4 城乡规划与城乡发展应用 …………………………………………………… 170

思考题 …………………………………………………………………………… 180

第 7 章 地理信息科学 …………………………………………………………… 181

7.1 地图的演变与 3S 技术 ……………………………………………………… 182

7.2 3S 技术的基本理论与方法 ………………………………………………… 184

7.3 3S 技术的应用及典型案例 ………………………………………………… 197

思考题 …………………………………………………………………………… 203

第 8 章 怎样学好地理学 ………………………………………………………… 204

8.1 大师学地理 …………………………………………………………………… 204

8.2 大学地理老师的经验之谈 …………………………………………………… 208

思考题 …………………………………………………………………………… 217

参考文献 ………………………………………………………………………… 218

第1章 地理与地理学

创新与探索——葡萄牙亨利王子的地理探险

历史上以获取黄金、香料和传播基督教为目的的"地理大发现"实质上是一种地理大探险。其大规模的、有组织的探险活动开始于15世纪初。1418年,葡萄牙国王的第三个儿子——亨利王子在葡萄牙拉古什港附近的圣文森特角上的萨格里什创设了世界第一个地理研究院。他组织了地中海沿岸各国的很多地理学家、制图学家、天文学家、数学家及翻译家一起研究地理学,规划海上探险,寻找通往东方国度的新航线。然而,令他最为头疼的问题是当时的人们广泛接受亚里士多德(前384—前322年)和托勒密(约90—168年)留下的传统地理观念——热带不可居住,去了之后人的皮肤会晒黑。因此,1418年的第一次试航因船员对赤道附近的"不幸"实在太恐惧而很快返航。后经反复努力,1433年航行到北纬26°7′以南的博哈多尔角。然而,当船员们看到沿岸向南流动的强大洋流形成的汹涌旋涡时,理所当然地将其想象为亚里士多德等所描述的"沸水",认为继续往南走皮肤肯定就要晒黑。船长吉尔·埃亚内斯本想继续向南航行,但是,大多数船员叛变,船队无奈只好再次返回萨格里什。1434年吉尔·埃亚内斯船长第三次出发向南航行,他在策略上做了重要改变,船在离陆地很远的大洋中航行,避免船员们见到汹涌的洋流,以消除他们的恐惧心理。当船队开到博哈多尔角以南时,再转航向东,靠近海岸时船员们并未发现"沸水",皮肤也没有被晒黑,从而成功克服了他们越过赤道远航的心理障碍。1441年,亨利王子的船队第四次向南航行很远,找到了黄金,俘获了奴隶,轰动了欧洲。从此,热衷航海冒险的时代在欧洲开始了。

亨利王子航海成功的因素很多,其中,我国的文化遗产——指南针更是其取得成功的关键因素。2000多年前,希腊的"文化遗产"——热带不可居住的臆想,却给航海事业的开端带来了不小的麻烦。权威人物的错误推断竟然在长达十多个世纪中一直禁锢人们的头脑。可见,创新和探索精神对人类的发展和进步至关重要!

1.1 与地理相关的几个基本概念

1.1.1 地理

若问一个刚迈进大学校园的大一新生什么是地理?答案也许会五花八门,但是,多数学生可能会认为,地理就是关于某个国家(区域)在哪里、面积有多大、人口有多少?某条河流(山脉)位居哪个洲、长度(或高度)多少、流向(走向)怎样?由此可见,一说到地理,大家最容易联想到的是事物位于何处,若继续深入,才会对该事物的长度、高度、流向、走向、大小、多少等属性信息感兴趣。有人则以自己知道哪条河流最长、哪座山脉最高、哪个沙漠最大等而感到骄傲和自豪,认为自己是个"地理学家"。其实,上述所谓的地理就是我们常说的地理知识。地理知识的价值是毋庸置疑的,它能够帮助我们理解很多事情。例如当新闻报道说汶川发生大地震，2022 年第 22 届世界杯足球比赛在卡塔尔举行。我们至少能够想象这些事件发生在什么地方，甚至还能对这些地方的风土人情有一些了解。

"上知天文，下知地理，三教九流，无所不知，诸子百家，无所不晓"是形容一个人很有学问的说法。古人将地理知识的重要性排在第二位，位居"三教九流，诸子百家"之前，这是有原因的。首先，地理知识能够很好地指导农业生产，大家知道，在古代农业最为重要，为了搞好农业生产，就需要了解各地的气候、土壤和水资源情况，也需要了解水文与地貌情况以应对自然灾害。其次，地理知识有助于国家治理，例如为了征税，搞清楚各地农田的质量优劣和人口多少就非常必要。最后，地理知识在国家安全方面也极为重要，要想打胜仗，首先要了解作战区域的地理情况。现代社会，地理知识同样重要，不但事关国家大计，亦与我们的生活休戚相关。

1.1.2　地理学

地理学的内涵远比地名和位置等地理知识丰富得多。例如：我们不能仅仅满足于知道汶川大地震发生在我国的西南地区，唐山大地震发生在我国的东部沿海地区，更应该知道这些地方为什么会发生大地震。又如：1998 年长江流域发生特大洪涝灾害，2008 年我国南方地区发生特大冰雪灾害，我们也不能光知道这些灾害发生在什么地方，而要进一步追问灾害发生的原因。上述这些问题已不是大家心目中的地理或地理知识，而是地理学研究的重要内容。下面我们就来说一说什么是地理学。为了弄清楚什么是地理学，让我们先来了解几个重要的学术概念。

1. 科学

"科学"一词出现的频率极高，可以说是无人不知，无人不晓。

简单地说，科学就是事物运动的客观规律。因此，关注科学就是关注事物的运动规律，研究科学就是研究事物的运动规律。反科学就是违背事物的运动规律，伪科学就是捏造事物的运动规律。一般来说，科学可以分为自然科学和社会科学，自然科学是自然界物质运动的客观规律，社会科学是人类社会进步发展的客观规律。

具体来说，科学是人类认识物质存在客观规律的分科的知识体系。古代的知名学者基本上能做到"上知天文，下知地理"，那是因为当时普通百姓的认知水平有限。然而，随着人类社会的不断发展与进步，科学知识的累积速度越来越快，科学知识的分化就成为必然。自然科学在二三百年前开始形成数、理、化、天、地、生六大科学体系，并且一直沿用至今。

2. 学科

"学科"有多种含义，通常指一定的科学领域或一门科学的分支，如自然科学中的地理学、生物学、物理学和社会科学中的法学、经济学、社会学，等等。学科是与知识相联系的一个学术概念，是自然科学、社会科学两大知识系统内知识子系统的集合概念。学科是分化的科学领域，是自然科学、社会科学概念的下位概念。

人类活动产生经验，经验的积累和消化形成认识，认识通过思考、归纳、理解、抽象上升为知识，知识经过运用并得到验证后形成科学层面的知识体系，处于不断发展变化的知识体系根据某些共同特征进行划分而形成学科。因此，学科是相对独立的科学知识体系。我国《学位授予和人才培养目录（2011 年）》将学科划分为哲学、经济学、法学、教育学、文学、历史学、理学、工学、农学、医学、军事学、管理学、艺术学、交叉学科（2021 年新增）14 大门类。学科是大学的细胞组织，世界上不存在没有学科的高等学校，高等学校的各种功能活动都是在学科中展开的，离开了学科，不可能有人才培养，也不可能有科学研究，更不可能有社会服务。而人才培养、科学研究和社会服务正是高等学校的三大主要功能。

综上所述，我们可以对地理学做一个简单的描述。地理学是理学门类下的分支学科（一级学科）。

1.1.3　地理专业

同学们可能更加关心"专业"这个词。什么是高等学校中的专业？专业与学科有什么联系和区别？地理专业学些什么？下面我们就来简单回答上述问题。

1. 专业

有关"专业"的理解与认识主要有以下三种：①学业类别：《辞海》中将专业定义为"高等学校或中等专业学校依据社会专业分工的需要所设立的学业类别，每个专业都有独立的教学计划，以体现其培养目标和规格"；②专门领域：《教育大词典》表述为中国、苏联等国家高等学校、中等专业学校培养学生的各个专门领域；③课程组织形式：部分专家学者认为"专业是课程的一种组织形式，课程的不同组合形成不同的专业"。其中，第三种理解与认识广为人们接受，基本上与国际通用的专业内涵一致。

东西方国家高等学校在专业的设置方面存在较大的区别。西方国家专业设置主要取决于社会需要与可开设课程的均衡。只要学校能开出必需的课程组合，而且社会有这方面的需要，就可以设置新的专业，因此，专业设置的灵活性较大。甚至许多西方国家的大学仅设置系（院），没有专业。而我国以及苏联专业划分往往具有很强的管理上的规范功能，专业设置必须围绕规定的学科专业划分口径进行，当市场需求发生变化时，需要对整个学科专业进行调整，具有相当难度，专业界限亦泾渭分明，学生变更专业较为困难。我国高等学校当前的校—院（系）—专业的三级制度就是引进借鉴苏联的做法。

高等学校的专业是社会分工、学科知识和教育结构三位一体的组织形态。其中，社会分工是专业存在的基础，学科知识是专业的内核，教育结构是专业的表现形式。三者缺一不可，共同构成高等学校人才培养的基本单位——专业。

2. 专业与学科的关系

学科是科学知识体系的分类，专业是课程的组织形式，两者之间存在一定的联系。

（1）学科与专业是一种交叉关系

以地理学科和地理科学专业为例来说明这个问题，要从事地理相关工作，理所当然要掌握大量地理学科知识，但是，地理科学专业的学生在校期间还需要学习其他学科，如环境学科、计算机学科、外语学科、管理学、教育学等的一些理论知识。同时，地理学科亦有人文地理、自然地理、地理信息系统等诸多分支学科，地理科学专业学生并不需要掌握所有地理学科的知识。由此可见，专业可以看作对学科知识的切块和组织，对各种学科知识根据一定的要求进行切块和组织即构成一定的专业，满足社会对某方面人才的需要。一个学科可以组成若干专业，不同学科之间可以组成跨学科专业。

（2）学科与专业相互依存、相互发展

学科是专业发展的基础，专业是学科承担人才培养的基地。专业的发展离不开学科水平的提高，因为，任何专业都有构成该专业知识的主干学科作为支撑。因此，科学技术（学科）发展到何种程度，教育（专业）也发展到何种程度。同时，学科的分化和综合达到一定高度，才有相应的高新技术专业的出现。

（3）课程是学科和专业联系的中介

一方面，学科知识是构成课程的元素，学科为课程源源不断地提供构建材料，课程是对学科知识的传播、改造和拓展，同时，学科也要根据课程要求加强研究方向；另一方面，课程是构成专业的要素，课程支撑着专业。同时，基于社会需求，根据专业要求来编制课程，以实现学科的人才培养功能。

当然，学科和专业亦存在诸多明显区别。

（1）概念内涵不同

如前文所述，学科是指对科学知识的分类，而专业则是指课程的一种组织形式，区别是显而易见的。

（2）目标不同

学科的核心是知识的发现和创新，其基本特征是学术性，以产出研究成果为目标；专业则以为社会培养各级各类专门人才为己任，适应社会对不同层次人才的需求。

（3）构成要素不同

专业的构成要素是专业培养目标、课程体系和专业中的人（师资队伍和学生）；而学科的构成要素是知识单元，知识单元的系统化构成知识体系而成为学科。

（4）划分原则不同

学科的划分遵循知识体系自身的发展逻辑，因而形成树状分支结构。而专业则按照社会对不同领域和岗位的专门人才的需求来设置，实际工作需要什么样的知识结构，专业就组织相关学科来满足，因此，专业以学科为依托（基础），有时某个专业需要若干个学科支撑。

（5）稳定性不同

学科是科学研究发展成熟或较为成熟的产物，具有相对的稳定性；而专业则是随着社会产业结构的调整和人才需求的变化而变化的，因此，新专业不断涌现，老专业不断被更新或淘汰。

3. 地理科学（类）专业

了解"学科""专业"以及它们之间的关系后，下面来看看我们就读的地理科学（类）专业。在我国，地理科学（类）专业是高等学校中的一个理科性质专业，由地理学科、环境学科、资源学科、数学学科和计算机学科等相关学科知识构成的一系列课程组成，目标是培养能够适应社会需求，从事地理研究、地理教学以及资源调查、环境评价、城乡规划等相关工作的高级专门人才。

根据 2024 年教育部发布的《普通高等学校本科专业目录（2024 年）》，地理科学类专业

（编号：0705），其中，"07"代表理学门类，说明地理学科属于理学范畴，"05"表示地理科学类专业在理学门类中12个成员中列第5位。其中，地理科学类专业根据人才培养目标的差异又分为地理科学、自然地理与资源环境、人文地理与城乡规划、地理信息科学（表1-1）。

表1-1　教育部2024版普通高等学校地理科学类本科专业简况

专业代码	专业名称	授予学位	培养目标
070501	地理科学	理学	本专业贯彻党和国家教育方针，以立德树人为根本任务，适应国家基础教育改革发展和教师队伍建设要求，立足衡阳，服务湖南，培养具有高尚品德修养与教育情怀、良好的地理学科素养和较强的教育教学能力与社会发展能力，德智体美劳全面发展，能够在中学、教育机构及其他领域从事地理教育教学、教研和管理等相关工作的中学骨干地理教师
070502	自然地理与资源环境	理学或管理学	培养具备地理学、生态学、建筑学、风景园林学、艺术设计学等学科的基础理论和基本知识，掌握其基本方法和技能，能在农林、资源、城乡建设、规划设计等相关领域与行业从事风景园林设计、城乡景观设计、景观工程施工与管理等工作，具有创新精神的高素质、应用型专门人才
070503	人文地理与城乡规划	理学或管理学	本专业基于省内一流应用型专业的目标定位，以传统村镇保护与乡村振兴规划为特色，旨在培养适应时代发展要求，德智体美劳全面发展，具有良好职业道德、崇高理想信念和强烈社会责任感，具备地理学和城乡规划学学科素养，具有良好地理综合思维和规划实践技能，具有较强空间分析和规划设计能力，能够在企事业单位和政府管理部门从事国土空间规划、城乡建设发展等规划设计与管理工作的应用型人才
070504	地理信息科学	理学	本专业旨在培养适应信息化时代发展、满足地理信息科学产业的发展需求，德智体美劳全面发展，具有健全人格、理想信念和社会责任感，具有创新精神、创业意识和创新创业能力，具备地理学、地理信息科学和计算机科学等学科基本知识，掌握地理信息系统、遥感数据处理与应用、卫星导航定位和时空大数据分析等基本技术，具备适应未来职业和社会发展所需要的空间数据采集、时空大数据分析、地理信息应用系统研发、传统聚落数字化保护与利用等应用能力，经过严格的科学思维与专业技能训练，能在地理信息技术公司、地理信息相关政府部门和研究机构、传统聚落文化遗产数字化保护与开发相关机构从事空间数据处理、地理信息应用开发、地理信息科学研究的应用型人才

注：各校的专业培养目标有较大差异，本表以衡阳师范学院地理与旅游学院的4个专业为例。

1.2　地理学的形成

1.2.1　"地理"之名的由来

在我国，"地理"一词最早出现在《周易·系辞》中："仰以观于天文，俯以察于地理"，此时"地理"的含义是指对地上之物与现象给予有规律的解释。而最早以"地理"命名的著作则是东汉班固的《汉书·地理志》，书中对我国各行政区内的户口、山川、矿藏、物产、经济、聚落、名胜等进行了记述。

在西方国家，"geography"一词由被后人尊称为"地理学之父"的埃拉托色尼（约前275—前194年）2000多年以前拟定，"geo"意指地球，"graphein"意指描述。同时，他是西方国家最早以"地理学"为名撰写三卷本专著的第一人，从而使"geography"一词在西方地理学界成为标准用语。

由此可见，"地理"及"地理学"术语出现较早，具有非常悠久的历史。同时，从东西方的地理学科起源来看，地理学的差异非常明显，我国古代的"地理学"是指对各地区的自然和人文现象进行记述的科学；而西方国家最初的"地理学"则是指对地球的描述，侧重于地球的自然结构和性质，与现在的地理学有着较大的区别。

1.2.2　古典时期的地理学

古典时期的地理学思想萌芽是构成人类历史进程中的四大农业文明的重要组成部分。

1. 西方国家古典时期的地理学思想萌芽与成就

古希腊时期（前800—前146年），人们的视野已经从地中海沿岸扩展到伊朗、中亚和印度河流域。荷马（约前9世纪—前8世纪，被希腊人尊称为"地理学之父"）的长篇叙事诗《奥德赛》基本上是对当时已知世界的描述。阿那克西曼德（前610—前546年）是第一个按比例尺绘制世界地图的人，他把希腊放在地图中央，把当时所知道的欧洲和亚洲其他部分放在周围，圆形地图的四周则被海洋所包围。希罗多德（前484—前425年）利用多年旅行过程中的调查和观察，用历史地理学的方法验证尼罗河携带的大量泥沙堆积在地中海形成三角洲这一假说。亚里士多德（前384—前322年）以月蚀地球投影于月面的形状，南北两地观星的高度不同以及地心引力来说明地球为圆形；他还认为地球南面有一个热带，北面有一个寒带，南半球亦有对应的温度带。埃拉托色尼（约前275—前194年）被西方地理学家尊称为"地理学之父"，他第一个创用了西文"地理学"这个词，并用它作为《地理学概论》的书名，比较精确地计算出了地球周长（约40000km），接受前人关于欧、亚、非三洲分为5个温度带之说，并给出数理界限，在已知的世界地图上加上7条经线和7条纬线，开创了用经纬度方法绘制地图的先河。

2. 我国古典时期的地理学思想萌芽与成就

在仰韶文化（前5000—前3000年）时期，人们已能选择地形和利用土壤、气候资源，并且聚族而居。在红山文化（五六千年前）时期，已发现有象征"天圆地方"的圆形和方形祭坛，这在一定程度上反映了当时的天地观和地理学思想。

远在帝尧时代已专门设置观察天象和时令的官员，历法的雏形已经出现。夏、商（前21世纪—前11世纪）时期，专业文化人出现，地理知识取得了突出成就。例如，治水活动促进了地理考察、测量和制图技术的发展，出现了最早的地理定向、定位和量度数据的方法（"准""绳""规""矩"）。商代甲骨文中记录了不少城市、河流、聚落的地名，以及狩猎区、民族居住区的地名等，还记录了丰富的气象、气候现象。

地理概念的提出有利于地理知识的集中和地理内容的条理化。更为可贵的是周朝时期的人们已经注意到发展农业生产与保护自然环境之间的关系。《左传》有云："其有五材而将用之，力尽而敝之，是以无拯"，"乃能协于天地之性，是以长久"。另外，周代已开始用地图来表示系统的地理知识。

大约成书于战国时期的《尚书·禹贡》是我国古代一篇具有系统地理观念的著作。全书用 1193 字将全国依天然的江、河、湖、海界线，划分为冀州、兖州、青州、徐州、扬州、荆州、豫州、梁州、雍州，对全国的地理概貌进行了概述，是我国最早的地理区划。

司马迁在《史记·货殖列传》中对全国各主要经济区都作了系统、简明的介绍。在人地关系方面有很多精妙的论述，是我国人地关系研究的先驱。例如，他认为楚越之地具有丰富的自然资源与良好的生活环境，使当地的人民无饥馑之患，但也造成人们懒惰、苟且偷生的恶习。

《汉书·地理志》是全国最早的一部以疆域、政区为纲领的地理志书，为此后历朝正史地理志从内容到体例提供了一个仿效遵循的榜样，亦使区域地理成为我国地理学发展中的重要分支。

湖南长沙马王堆三号墓中出土的三幅绘在缣帛上的地图，内容包括山脉、山峰、河流、水源、居民地（乡、里、县城）、道路等。图中九嶷山脉用水平山形线和陡崖符号相配合。欧洲大约到 13 世纪后才在地图上出现这种设计。

魏晋时期的裴秀（224—271 年）提出了地图制图中的"制图六体"，奠定了中国古代制图学的理论基础。这一理论在我国沿用了 1400 多年。为此，英国科技史学家李约瑟教授称裴秀为"中国科学制图学之父"。

综上所述，古典时期历时漫长，但是，地理知识的积累和地理学理论的发展却很慢，基本上停留在零星知识的积攒和地理思想的萌芽阶段。同时，由于受地理环境的影响，东西方地理发展也出现较为明显的差异：西方偏重自然地理与地球整体，东方则偏重人文、经济地理，注重区域；西方重演绎和逻辑推理，东方则重经验、注重关联分析。

1.2.3　中世纪时期的地理学

1. 西方国家中世纪时期的地理学思想与成就

中世纪，西方的科学在神学的压抑下发展缓慢，而且被歪曲和颠倒。基督教寺院的学者们不是去科学分析和观察地球，而是竭力把各种文献资料和发现事实与《圣经》《创世记》中的经典协调起来。古希腊的托勒密（90—168 年）的地心说成为中世纪西方地理学的权威，对亚里士多德的"热带不能居住，黑人是晒黑的"等错误地理思想一直深信不疑。地图在原来的基础上退化了，相当正确的已知海岸线划定不见了，代之以纯属幻想的 T-O 图。

如果说西方中世纪地理学还有些成绩的话，就不得不提旅游观察和后期的一些学术闪光之处。欧洲的八次十字军东征使其领略了大量的异国风光和风俗人情，大大丰富了人们的地理知识。意大利的马可·波罗（1254—1324 年）17 岁时（1271 年）随父亲、叔父到中国长途旅行，并在中国留居 17 年，当过中国元朝的地方官吏，他的旅行和游记在欧洲人中产生了极大的影响，直到地理大发现时代，欧洲人还在梦想寻找马可·波罗笔下富庶繁荣的中国。

中世纪末期，有少数学者开始主张以理性对待权威，出现了一些卓越的地理思想。例如，皮埃尔·戴利对托勒密的灼热的热带不可居住、有一个封闭印度洋之说提出怀疑，对哥伦布等地理大发现时代的航海者产生了重大影响。同时，他在制图技术上也有很大进步，1375 年在波托兰诺海图资料基础上制成了著名的卡泰兰世界地图，这是第一幅给锡兰岛（斯里兰卡）和印度半岛以正确轮廓的地图。

2. 我国中世纪时期的地理学思想与成就

唐朝为我国历史上的盛世，国际交往十分频繁，地理实践十分丰富，不仅陆路与西部各国有文化经济交流，海上交通也十分发达。唐朝以船身大而坚固、航海技术纯熟而闻名于世，往返于国际贸易的阿拉伯商人大多乘中国船。《新唐书·地理志》记载的广州通海夷道详述了从我国到波斯湾的海上航程，足见当时地理视野之广阔。

宋代时，罗盘用于航海，海上交通贸易更为发达。我国与日本间的航行甚为频繁，几乎没有间断过。同时我国与东南亚、西亚、非洲和西班牙的航行也极为发达。明代郑和（1371—1434 年）七下西洋，访问了印度、阿拉伯、东非等国家。郑和领导的大船有 60 余艘，各长 44 丈 4 尺、宽 18 丈，可载千人，船员最多时有 27000 多人，这是哥伦布、麦哲伦几十人、几百人的"地理大发现"船队所无法比拟的。郑和的船队对沿途各国的风土人情做了详尽和空前的记述。

北宋沈括（1031—1095 年）所著《梦溪笔谈》中有很多自然地理方面的论述。在气候方面，他指出了气候的水平和垂直分布规律，这在千年以前的宋代是很不简单的。他还指出了气温随高度降低的规律，正确解释了白居易的"人间四月芳菲尽，山寺桃花始盛开"的道理。在自然环境变迁方面，他则根据化石解释了沧海桑田的变化。

明代徐霞客（1587—1641 年）是我国古代伟大的地理学家。他的伟大首先在于他把实地考察方法放在首要地位，主要有以下三个方面的贡献：①确定岩溶地形的类型和名称；②指出岩溶地形发育的地区性差异；③对岩溶地形成因进行了分析。

地图制图方面，继裴秀之后较有影响的是唐代贾耽（公元 729—805 年），他绘制了面积约十方丈的《海内华夷图》。宋代最有名的是《华夷图》和《禹迹图》。《华夷图》称得上是一幅以我国为主的亚洲地图，对四邻国家的标示极为详细。《禹迹图》绘法精密，海岸、河流位置近于实际，与同时代的欧洲 T－O 地图比起来，令科学家惊叹。元代的朱思本（1273—1333 年）亲自考察地理，历经 10 年，精心绘制了《舆地图》，后经明代罗洪先增补为《广舆图》。《舆地图》一直是元、明、清初绘制全国总图的范本，支配中国地图绘制 700多年。

中世纪时期，我国的地方志得到繁荣发展。正是由于地方志的传统形式，使我国古代地理资料优于同时代其他任何国家，为我国地理学的发展提供了极为有利的条件。

综上所述，中世纪我国地理实践的规模宏大、成绩卓著。要说地理发现的话，我们可以毫不夸张地说，早在西方所谓"地理大发现"很久以前，是中国人首先发现了印度，发现了非洲，发现了后来才"发现"我们的欧洲。

1.2.4 地理大发现及其对地理学的影响

地理大发现是指欧洲人对离之遥远的地方的发现，它是欧洲经济和社会发展的产物。当时正处于欧洲资本主义经济的萌芽时期，地中海东部的商路，以及经埃及出红海通往印度洋的航路分别被土耳其人和阿拉伯人所控制，东西方的交流受阻，严重影响基督教的传播和欧洲人对东方黄金和香料的渴求。受中国郑和七次下西洋的影响，欧洲掀起了探险热、殖民地热。欧洲各国的商人、航海家和探险家急于探寻一条不经地中海东部地区直达东方的航线。地理大发现的标志性事件如下。

1. 亨利王子的首次突破

1418 年，葡萄牙的亨利王子在萨格里什创设世界第一个地理研究院。他从地中海周边国家聘请地理学家、制图学家、天文学家、数学家及翻译家一起研究地理学，规划海上探险。1418 年第一次试航因船员的恐惧（受亚里士多德、托勒密留下的传统地理观念——热带不可居住，去了之后人的皮肤会晒黑的影响）很快返航。1433 年的第二次航行抵达北纬 26°7′ 以南的博哈多尔角，遇到沿岸向南流动的强大洋流形成的旋涡，船员们以为这就是希腊地理学家所描述的"沸水"而拒绝继续南航。1434 年，船长改变方针，不沿陆航行，以避开强大的洋流，从而有效地克服了船员越过赤道远航的心理障碍。1441 年，亨利王子的船队向南航行很远，找到了黄金，俘获了奴隶，轰动了欧洲。

2. 绕过非洲通往东方航线的发现

1497 年，达·伽马（约 1469—1524 年）率葡萄牙船队，避开了强大的本哥拉洋流和赤道以南沿岸的顶头风，沿非洲西海岸向南航行，绕过好望角后，再沿非洲东海岸向北航行，经莫桑比克，穿过印度洋到达印度，从而发现了这一条苏伊士运河开通前欧洲人去往亚洲的唯一航道。此后，葡萄牙人占领了印度的果阿，首次打开与日本的贸易。紧接着大批欧洲人涌入了亚洲，带来了基督教和欧洲的文明，也造成了亚洲人受欺侮、受压迫的历史。

3. 哥伦布发现美洲

哥伦布（1451—1506 年）在西班牙国王的资助下，于 1492 年 8 月 3 日率三艘帆船出发，在大西洋上克服种种困难，于 10 月 12 日登上了巴哈马群岛。此后，他又 3 次航行，分别发现了古巴、海地岛、牙买加等地，并登上了南美洲大陆。然而，西班牙人在该地却没有发现葡萄牙人从印度带回的香料。哥伦布死后不久，一位名叫亚美利加的意大利人才发现大西洋彼岸不是亚洲而是新大陆——美洲，真正的印度还在新大陆的西边。

4. 首次环球航行

麦哲伦（1480—1521 年）在西班牙国王的赞助下，于 1519 年 9 月出发横渡大西洋，绕过南美洲后来以他名字命名的海峡，驶入太平洋，抵达菲律宾后，麦哲伦在与菲律宾原住民的冲突过程中死亡。受长途劳顿以及与当地人冲突的影响，最后船队只剩 18 名水手穿过印度洋，绕过好望角，于 1522 年 9 月回到西班牙。他们用事实证明了人类的家园——地球是球体。

地理大发现证明了地球是圆的，也证实了地球上广大海洋的存在，并弄清了海陆的基本轮廓，明确了地球的形状、大小和运动形式，搜集和积累了大量的海洋生物、地质资料，引起了地理学界新的思考，使地理学有可能建立自己的理论体系，从以前个别的、零碎的现象解释发展到全球性的、科学的理论思维。地理大发现刺激了航海业，从而促进了绘图业的发展。1959 年，荷兰地理学家墨卡托（1512—1594 年）创立了墨卡托投影，第一个设计了把地球球面绘制到平面上的方法，一直为航海家所采用。总之，地理学是关于地球表层的科学，它的一切规律、原理、法则与地球的大小、形状、运动形式、海陆分布等整体性质密切相关。可以说，没有地理大发现带来的人类对地球整体和全球各地地理现象的认识，就不会有后来科学的地理学。

1.2.5 科学的地理学建立

地理大发现以后，地理学有了飞速的发展，但一直到19世纪中叶，地理学才从传统的地理学发展成为科学的地理学。

一般来说，一门独立学科的形成需要具备三个要素：一是有独特的、不可替代的研究对象或领域；二是形成由特有的概念、原理、命题、规律所构成的严密的理论体系；三是具有一些相对独特的研究方法。同时，一个学科的建立亦有三个比较明显的标志：一是有专业性学术团体进行学术交流；二是在大学中建立教学单位培养该学科的学术人才；三是出现本学科公认的奠基性学者，并发表重要的理论性著作。下面我们将从学科形成的要素和标志两个方面来简要分析科学的地理学形成。

从学科形成的要素来看，首先，最初的地理学以全球空间为研究对象。地理大发现后，人们对地球的认识已经接近全面。19世纪末，地球上没有留下探险足印的地方已经很少了，从而使地理学的研究对象得以明确。其次，在地理大发现的影响下，地理学逐渐从其他学科中分化出来，形成自己特有的理论体系。例如，近代地理学奠基人之一的德国地理学家洪堡，总结出了自然地理学和方志学研究的一般原理，认为地理学就是揭示各种自然现象的一般规律和内在联系的；探讨了地形、气候与植物的关系，论述了植物带的水平和垂直分布规律，创立了植物地理学；制成了世界第一幅平均等温线图；等等。另一位同时期的近代地理学奠基人德国的李特尔，则开创性地确立了地理学的概念和体系，指出地理学研究对象不是整个宇宙也不是地球的全部，而是地球表面；同时，李特尔非常注重人地关系的研究，把地球表面作为人类故乡加以研究，强调人地相关的综合性和统一性。德国地理学家李希霍芬也有不少建树，他提出了黄土的风成假说；在野外地理调查方法方面很有造诣；他进一步明确了地理学的研究对象不是整个地球，而是限于地球表层，即岩石圈、水圈、大气圈和生物圈相互接触的地方。该时期的地理学家、地理论著和思想还很多，在此不一一论述。总体来说，我们可以发现，19世纪以来，地理学特有的概念、原理和命题等不断出现，研究人员不断增多，专属的研究方法也不断出现，地理学的理论"大厦"已完成奠基。

从学科形成的标志来看，专业学会方面，1821年法国巴黎地理学会在巴黎成立，英国伦敦地理学会创立于1830年，俄国地理学会创立于1845年，纽约美国地理学会创立于1852年。这些学会的成立在组织地理学术交流与刊物出版，推动地理学发展方面起到了积极作用。大学教育方面，1820年，柏林大学开设第一个地理学讲座。德国于1874年决定在各大学设置地理教授席以培养地理学的专门人才。接着欧洲各大学先后相继任命大学地理教授，开设地理课程。1899年，牛津大学建立地理系。而在奠基性学者方面，德国的洪堡和李特尔是各国公认的近代地理学奠基人，前者在自然地理学方面贡献卓著，后者则在人文地理学方面取得辉煌成就。由此可见，19世纪中叶以来，科学的地理学形成的标志已相当明显。

1.3　日益重要的地理学

古往今来，地理科学的重要性是毋庸置疑的，而且其重要性日益突出。《地理教育国际宪章》认为，人类和地球的未来是不确定的，解决我们这个时代面临的人口增长、粮食与饥饿、城市化、社会经济差异、文盲、贫穷、失业、移民、动植物的灭绝、森林砍伐、土壤侵蚀、沙漠化、自然灾害、有毒废弃物和核废料、气候变化、大气污染、水污染、臭氧空洞、资源的有限性与增长的极限、战争、地区主义和民族主义等重大问题，要求人们必须掌握足够的地理知识。

1.3.1　地理学在科学知识体系中的地位

地理学独有的概念、思维和方法使其对当代很多紧迫的复杂问题具有独特的洞察能力和综合能力，可以避免因对时空认识的局限而引起的错误和偏差。

地理学领域的地域分异规律、区域要素综合、人地关系、人类干预的地球系统、地图学方法、对地观测和地理信息技术、自然地理过程、空间结构、空间过程、地缘政治与地缘经济等，被很多学者认为是"改变世界的十大地理学思想"。

在基础教育乃至公众教育中，加强地理学知识的普及十分重要。教育如果不把地理学所研究的一系列当代全人类面临的紧迫现实问题和学术领域列入教学内容，就不能培养出符合时代需要的人才，甚至不能为社会输送合格的公民。

美国国家科学基金委员会同总统科技委员会确定了在研究和教育中与国家目标有关的 8 大关键领域：全球变化研究，环境研究，高性能计算与通信（包括地理信息系统与可视化），公共基础设施系统，科学、数学、工程与技术教育，生物技术，先进材料与工艺，先进制造技术。地理学在其中的 5 个领域可以起到骨干作用，并通过对环境与社会问题、资源利用、布局决策和技术转让等方面的关注，与另外 3 个领域关联。

1.3.2　地理学在满足社会需求中的作用

社会对地理知识的需求促进了地理学的发展，地理学也因为社会需求的变化而变化。以古代中国为例，地理学的用途主要表现在以下 5 个方面：一是国家管理的需要，二是战争的需要，三是大型聚落建设的需要，四是生产和生活需要，五是记录历史、地方管理和社会教化的需要。时代在变化，社会在发展，地理学的这些作用与功能依然存在，而且其中的一些功能还更趋强化。

科学技术部资助的一项前瞻性研究结果显示，中国社会经济发展将对科技产生十大需求，地理学在满足这十大需求中都可以发挥重要作用。

1. 地理学在产业优化与升级中的作用

中国在第一、第二、第三产业中都存在产业结构优化和升级问题，其中，工业特别是制造业的优化与升级问题尤为突出。而产业地理学（包括工业地理学、农业地理学、商业地理学、旅游地理学等）将在产业布局的区位因素与条件、区位特征、空间结构、产业政策和区域政策等方面为我国的产业结构优化与升级做出重要贡献。

2. 地理学在农业与农村发展中的作用

中国的农业将朝绿色、安全、标准化和高效方向发展，相关的技术需求包括农业信息化、绿色农业、安全农业、标准化技术、农产品加工技术和名、特、稀、优等传统农产品的技术创新。农业地理学将在这些问题的研究和最终解决中大有作为。同时，农村环境整治、劳动力转移、土地流转、居住模式演变等问题的解决也需要地理学者的广泛参与。

3. 地理学在高新技术产业发展中的作用

当今的世界经济格局中，高新技术产业已成为推动经济发展的核心力量。随着科技的飞速发展，谁能在高新技术领域占据领先地位，谁就能在国际竞争中赢得优势。提升高新技术产业水平，有助于推动我国产业结构升级，实现经济可持续增长；有助于增强我国的创新能力，培养更多高素质人才；有助于提高我国产品和服务的科技含量与质量，增强市场竞争力；同时也能保障国家的科技安全，使我国在全球科技竞争中占据一席之地。因此，提高我国高新技术产业水平对于提升国家整体竞争力具有至关重要的意义。地理信息科学在提升产业技术水平中将起到重要作用。另外，经济地理学从全球化和信息技术革命的角度研究高新技术的产业集聚以及学习型和创新型区域的形成和发展，对未来中国高新技术产业的发展战略和地区布局决策具有重要作用。

4. 地理学在缓解国际贸易压力中的作用

加入 WTO（世界贸易组织）之后，我国面临更加开放的世界。我国的比较优势——劳动密集型产品越来越多地受到其他发展中国家的挑战。而且，我国出口受到发达国家技术性贸易壁垒等非关税壁垒的限制。商业地理学研究商品生产的地域分布、国际市场条件、国际贸易流向、国际贸易关系、地缘经济联系、国家竞争力及非关税壁垒的国别差异等，将在保持我国在国际贸易中的竞争优势和规避关税壁垒方面做出应有的贡献。

5. 地理学在城镇化发展中的作用

城市地理学研究城镇形成发展的地理条件、空间结构和布局、城镇人口集聚与城市化过程，城市性质、规模与类型，城镇体系，城市规划与城市总体布局，城市分布、建设与环境保护的关系，等等，在解决城市问题方面将发挥其他学科不可替代的巨大作用。同时，地理信息科学在城市地理信息系统、数字城市和虚拟城市等方面也将为未来的城市建设做出重要贡献。

6. 地理学在促进人口健康中的作用

食品安全、公共卫生、重大疾病防治和老龄化趋势已成为我国社会发展中非常突出的问题。医疗与健康地理学研究人群疾病与健康的地理分布、变化规律，疾病的发生、流行和健康状况变化与地理环境的关系，医疗保健机构和设施的地域配置与区域发展，医疗地理信息系统与监测、预警，等等。人口地理学研究人口数量与质量、人口增长与人口构成的时空差异及其与地理环境的相互关系等。由此可见，医疗与健康地理学和人口地理学将在满足人口健康需求方面扮演重要角色。

7. 地理学在资源综合利用与社会可持续发展中的作用

资源稀缺已成为全球性问题。我国是一个资源严重短缺的国家，绝大多数资源的人均占有量远远低于世界平均水平。资源地理学在资源勘探、资源评价、资源开发与利用、资源高效配置、资源综合利用等领域将发挥重要作用。另外，地理学也研究一些重要的社会问题，包括劳动力、性别（女性）、社区、种族等。这些问题的研究可对资源综合利用和社会可持续发展决策提供科学依据。

 国外地理人物（1）：

埃拉托色尼

　　埃拉托色尼生于希腊在非洲北部的殖民地昔兰尼（今利比亚），在昔兰尼和雅典接受了良好的教育，成为一位杰出的数学家、天文学家和地理学家。他的兴趣广泛，但主要成表现在地理学和天文学方面。因为其在测量学和地理学方面的杰出贡献以及第一个创造西文"地理学"词汇，并用它作为《地理学概论》的书名而被西方地理学家推崇为"地理学之父"。埃拉托色尼从公元前 234 年起担任作为古代西方世界的最高科学和知识中心的亚历山大图书馆主任直至逝世。

　　埃拉托色尼十分出色地利用了馆藏丰富的地理资料和地图并加以天才般的创新。埃拉托色尼在地理学方面的杰出贡献集中反映在他的两部代表著作中，即《地球大小的修正》和《地理学概论》。

　　《地球大小的修正》论述了地球的形状，以地球圆周计算最为著名。埃拉托色尼天才地将天文学与测量学结合起来，第一个提出设想在夏至日那天，分别在两地同时观察太阳的位置，并根据地物阴影的长度之差异，加以研究分析，从而总结出计算地球圆周的科学方法。并将该方法付诸实施，最终测定地球周长约为 40000km，与地球实际周长极为相近，令人为之惊叹。

　　《地理学概论》是对当时有人居住部分的世界地图及其描述。书中，埃拉托色尼继承和发展了亚里士多德的居住适应地带学说，将世界分为欧洲、亚洲和利比亚（非洲）三大洲和一个热带、两个温带、两个寒带五个温度带，并对五个温度带的南北界线给予纬度的严格划分。其地球分带同现代地理学的"地带"概念相当接近，他确定的回归线位置与实际位置仅差半度，精确性令人赞叹；埃拉托色尼还创立了经纬网系统，这是地图学发展中的一项重大的突破和飞跃，有着深远的意义，是投影地图学取代经验地图学的先驱。

 国内地理人物（1）：

竺可桢

　　竺可桢是中国近代地理学家、气象学家、教育家，中国科学院院士，我国近代地理学的开创者和现代气象学的主要奠基人。1890年 3 月生于浙江省绍兴东关镇，1974 年 2 月卒于北京。1910 年赴美国学习，1913 年毕业于伊利诺大学农学院，同年进入哈佛大学地学系研究气象学，1918 年获博士学位后回国。1918—1927 年历任武昌高等师范学校（后改为武汉大学）、南京高等师范学校（后改为东南大学、中央大学，现为南京大学）、南开大学教授及商务印书馆编辑，1928 年后任中央研究院气象研究所所长，浙江大学校长，为中

竺可桢
(1890—1974 年)

央研究院评议员、院士。1949 年 10 月后任中国科学院副院长，兼中国科学院自然资源综合考察委员会主任、生物学地学部主任，中国自然科学史研究委员会主任等，还长期担任中国地理学会理事长、中国气象学会理事长、中国科学技术协会副主席等职。

他为发展中国的科学和教育事业鞠躬尽瘁，做出了多方面的贡献。他在中国地理学的贡献有：①1921 年在南京高等师范学校筹建并主持了中国第一个地理系，编著中国高等学校第一部《地理学通论》教材，培养出中国第一批现代地理学家和气象学家；②开创了中国季风、中国气候区划和自然区划、中国历史气候和中国物候等研究，并都有创造性成就；③领导组建了中国科学院地理研究所及其 10 多个大型自然资源综合考察队，筹划中国多个地区性和专业性地理研究所；④领导或指导了历次地理学发展规划的制订和中国自然区划工作的开展，以及《中华人民共和国自然地图集》和《中国自然地理》等的编纂工作；⑤指出中国地理学为生产建设特别是为农业服务的方向，以及地理学在发挥综合性研究特点的同时，要注意部门地理学研究的意见。他的《论我国气候的几个特点及其与粮食作物生产的关系》论文，开创了联系农作物生产，综合分析光、温度、水三个自然地理因素的先例。他的思想对中国当代地理学有重要的影响。他共发表论文著作 270 余篇，如《远东台风的新分类》《中国气候区域论》《东南季风与中国之雨量》《物候学》（与宛敏渭合著）、《中国近五千年来气候变迁的初步研究》。《竺可桢文集》择载了 79 篇代表作。

 **思 考 题**

1. 结合身边案例，说说地理学在日常生活、经济建设和社会发展中的重要作用。
2. 请思考地理学与其他学科的区别。

第2章 地理学的研究对象与学科体系

地理学危机

地理学是最古老的科学之一，在西方国家，其发展至少经历过两次较大的所谓"危机"。一是17世纪后，由于人类科学文化知识的普遍进展而出现分化，逐渐形成一系列相对独立的学科，这样，以整个地球为描述对象、总括各种知识的地理学何去何从就成为很长时期内争论的焦点；二是20世纪中叶，许多其他学科的专家认为地理学干预了其学科领域且不是专门的知识，一些地理学者也认为地理学没有明确的研究方向和对象，地理学在科学体系中的地位还有争论。总的来说，地理学的所谓"危机"不外乎两大原因：一是认为地理学没有独特的研究对象，也没有专门的知识和技术；二是认为在科学分化发展的历史进程中，地理学不断被分解以至于其领域不断缩小，丧失存在的基础。

我国在20世纪也发生过两次所谓的地理"危机"。第一次发生在80年代中期，高等学校、中等专业院校及重点中学地理师资饱和，需求急剧减少，政府机关对地理专业的要求越来越严格，地理专业在社会上无对口部门，导致学生分配"难"；第二次发生在90年代中期，高考取消地理科目，中学对地理师资的需求减少，从而导致地理学陷入更广泛、更剧烈的"危机"中，地理教育界灰心丧气。

现在看来，无论是西方还是我国，地理学所谓的"危机"其实是由人们在地理学的研究对象、研究领域和研究内容等问题上存在认识上的局限和偏差所造成的。其实，地理学一直都有自己独特的研究对象以及专门知识和技术。回头来看，所谓的"危机"在短期内确实对地理学的发展造成了一定的冲击，但是，也为地理学的发展创造了机遇。以我国来说，两次"危机"后，在大量地理学人士的努力下，地理学已从过去的"贵族"迈向"平民"。地理学的学科体系更加完善，地理学更加贴近社会需求，成了一门地地道道的"经世致用"的"热门学科"。现在各大学设立的特色应用专业，如城乡规划、地理信息科学、区域开发、国土规划、测量与地图遥感、土地科学、资源环境管理等，其学科基础都是地理学，地理学受到广大学生的追捧。在美国，地理学被确定为学校教育的核心课程，主修地理学的本科生人数增加47%，研究生人数增加33.4%（1985—1991年）。美国NBA超级巨星乔丹就是读的地理学（文化地理）。

2.1　地理学的研究对象

一门学科区别于其他学科一般来说有两个标志：一是有专门的、系统的学术著作问世，二是形成独立的区别于其他学科的研究对象和范围。因此，科学界定地理学的研究对象就成为一个不可回避的重要理论问题。

地理学的研究对象到底是什么？古往今来的有识之士一直都在努力地探究这个问题，试图给出一个近乎完美的答案。然而，鉴于该问题的复杂性，直到今天尚未形成一个全国或全世界普遍接受的答案。下面我们将从历史发展的角度来梳理这个问题。

2.1.1 从地理学的发展史看地理学的研究对象

纵观地理学的发展史，我们可以将其研究对象概括为三个发展阶段：感性认识阶段——记述和描述地理，理性认识阶段——分析和解释地理，系统认识阶段——地球表层陆地空间关系。

1. 感性认识阶段的地理记述和描述

在地理学的感性认识阶段，"地理"是记述和描述自然界和人类社会所发生的一切事情和现象，没有确切的、具体的研究对象。从陆地到海洋，从地表到星空，从自然到社会无所不包。可以说，地理学是一门百科全书，没有明确的研究对象，当然也就无所谓地理学家。古希腊的亚里士多德，既是哲学家、数学家又是博物学家。我国的孔子、老子等都是综合研究的大家。地理知识散存于各个学科的典籍之中，没有形成真正意义的地理学。

2. 理性认识阶段的地理分析和解释

洪堡和李特尔两位地理学开山大师卓有成效的地理研究将地理学带入近代地理学的理性认识阶段，地理学的研究对象问题成为一个科学问题而得到理性分析和研究。例如，洪堡认为地理学是对地球的描述，研究位于地球上某一区域或者区段上的各种相互联系的现象的多样性；以人文地理学研究见长的李特尔认为地理学是研究人类的家园，即布满人的空间的地表空间的科学，不以整个地球为研究对象而以地球表层为研究对象，重点是研究和理解区域上结合在一起的各个地理事物的相互联系和因果关系，人是整个地理研究的核心和顶点；李希霍芬认为地理科学必须限于研究地球表层，即岩石圈、水圈、大气圈和生物圈相互接触的地方。他的基本观点一直沿用至今，并得到国际地理学界的普遍认同；拉采尔认为地理学主要研究人地关系；赫特纳认为地理学是研究区域差异的科学；道库恰耶夫认为地理学的研究对象是自然界水、土、气、火（火山作用）、矿物、岩石、植物、动物等各种单个元素和现象之间的相互联系，即他所说的"自然地理综合体"。哈特向认为地理学是关于区域分异的复杂知识，地理学的研究领域就是由地球表面岩石圈、水圈、气圈、人圈相互混合的地球外壳部分。我国近现代诸多科学家，特别是地理学家也对地理学的研究对象做了精辟论述，例如，黄秉维院士认为自然地理学是研究地理环境的成分及各成分之间物质、能量交换及其地域差异的科学；吴传钧院士认为地理学是一门研究地球表层自然要素与人文要素的交互关系与作用的科学；郑度院士认为地理学是一门研究地球表层自然要素与人文要素相互作用与关系及其时空规律的科学；林超和杨吾扬在《中国大百科全书·地理学》中将地理学的研究对象表述为研究地球表面自然现象和人文现象以及它们之间的相互关系和区域分异的科学，就是研究人与地理环境关系的学科。如此种种的表述和观点很多，在此不一一列举。

由此可见，古今中外杰出和优秀的地理学家对于地理学研究对象的认识不断加深，观点逐渐统一。地理学的研究对象不是整个地球系统，而是地球系统的一个子系统——地球表层系统（或称自然地理综合体）。这是地理学从感性认识到理性认识的一场深刻革命。

3. 系统认识阶段的现代地理学研究对象

上述有关地理学研究对象的表述对人类作为地理环境的组成要素的特殊作用未加阐释，

对地理环境整体性结构和整体性功能还没有认识到。20 世纪中期出现的系统论、信息论、耗散结构理论思想对现代地理学研究对象的确定产生了主要影响。现在对地理学研究对象的基本认识和表述是：地理学研究对象是"地球表层陆地空间系统"。

（1）地球表层系统

地球表层是地球的诸多圈层——大气圈、岩石圈、水圈、土壤圈、生物圈和智能圈——之间通过能量流、物质流和信息流而相互渗透、相互作用所形成的、逐级划分成若干地域的、以人类发展为中心的、开放的复杂巨系统。地球表层系统特别是地球表层陆地系统具有诸多特征。

首先是地球表层系统的整体性。地球表层系统由大气圈、岩石圈、水圈、生物圈、土壤圈和智能圈（又称人类圈）组成，每个圈层又由许多不同的要素组成，具备各自不同的功能。各圈层的形成在时间上亦有一定的顺序：岩石圈、大气圈和水圈是无机物质，首先出现；有机的生物圈及与其相关的土壤圈，是在无机圈层基础上发展起来的；智能圈则是生物圈发展到一定阶段的产物。地球表层系统发展演变的基本动力是来自地球内部的动力和来自地球外部的动力——太阳能，也可以这么理解，地球表层系统（特别是地球表层陆地系统）受 3 种力的叠加影响：地壳和地貌的影响，其为地表综合体提供基本的格局；气候的影响，不同气候带的水文和生物活动产生相关的土壤、水体、植被和动物的分布格局；人类活动的影响，其表现为不同技术水平的农业和工业，不同发展水平的社会和文化，等等。这三重影响相互作用和制约，需要地理学把地球表层的六个圈层作为一个整体加以研究，则自然地理学和人文地理学之间紧密联系，使地理学成为一门统一的科学。

其次是地球表层系统的分异性。地球表层系统存在显著的区域差异，这种差异源于两个原因：一是太阳能在地球表面的分布不均；二是地球内能的分布不均。前者导致不同地域气温、气压、风向、湿度、降水等气候要素的差异，进而造成植被、土壤、农业和工业等的分布不均；后者最明显地表现在地球表面海陆分布的差异，从而形成地球表层差异的基本框架。受这种普遍规律影响，人类活动，如乡村、集镇、不同规模的城市以及不同性质的城市，其土地利用、工业布局、郊区农业结构、交通运输和商业格局、人口密度和构成、城市景观和民风习俗等也都是互不相同的，呈现出明显的区域分异特征。

最后是地球表层的时间性。地球表层形成过程中，"沧海桑田""寒来暑往"的故事不断上演，每个地理要素都无一幸免地在发生变化，只是其变化的时间尺度各异。一般来说，自然地理现象的时间变化尺度大于社会、政治、经济、文化等方面的人文地理现象的时间变化尺度。

地理学研究的对象是与人类活动最为密切的地球表层陆地系统，地球表层海洋系统则是海洋学研究的对象。而且，地理学并不研究地球表层陆地系统的全部，其研究对象的精确表述应该是地球表层陆地空间系统。

（2）地球表层陆地空间系统

地球表层陆地系统具有多重属性，具有多种研究角度和侧面，地理学主要关注并有能力研究的是它的空间方面，亦即从空间的角度研究地球表层陆地系统。因此，我们将地理学的研究对象表述为地球表层陆地空间系统。

地球表层陆地空间系统具有空间界限和时间界限。其空间界限中的水平界限已达成共识，即大陆边界。其垂直界限的界定，尚有不同看法：有学者认为应该将人类活动能够直接影响到的区域作为其垂直界限，也有学者认为应将能够直接受太阳辐射作用的区域作为其垂直界限，还有学者认为其垂直界限不应一概而论，不同的研究问题其垂直界限可随之变化。

地球表层陆地空间系统的时间界限亦即它的起始时代，有两种认识。单纯从自然地理意义来看，其是指地球表层陆地空间系统中五大自然圈层全部形成的时间，那就是以最晚形成于喜马拉雅运动之后的土壤圈和生物圈的时间作为起始点；如果从综合地理意义来看，其是指地球表层陆地空间系统中六个圈层全部形成的时间，那就是以最晚形成于距今一万年的智能圈的时间作为起始点。

2.1.2　地理学相邻学科的研究对象

1. 地学

地学即通常所说的地球科学，它在发展上与地理学有着密切的关系，最早的地理学与地学实际上是一回事。但是，现代地理学与地学存在诸多区别：首先，地学属于自然科学，而地理学则是自然科学和社会科学的交叉科学；其次，地学的研究对象为整个地球，而地理学仅研究地球表层的一部分；最后，从时间尺度上来看，地学研究地球数十亿年的地球历史，而地理学仅研究作为人类环境的地球表层，其时间尺度要小得多。

2. 环境学

环境学是研究物质环境和人类关系的科学，与地理学存在交叉重复，但两者的研究视角有差异。大体上说，人类对环境的保护和治理包括两个方面：一是对"三废"造成的大气、水体、土壤、生物的污染进行治理；二是对不合理的自然开发造成的环境问题（水土流失、森林破坏、草原破坏等）的治理。环境学研究更多侧重前者，特别是生产环境的治理技术方面，而地理学研究则侧重后者。

3. 生态学

生态学是研究生命体与环境关系的科学，由于人也是一种特殊的生物（有人将地理学称为人类生态学），因此，生态学与地理学融合的内容很多，关系极为密切。但是，它们的区别也是显而易见的，生态学关注所有生命环境，而地理学则主要对人的环境感兴趣。

4. 区域科学

区域科学是一门有关区域或空间系统的开发整治、管理的综合学科。它与地理学的区别在于更多地注重城市研究、经济社会分析，不关心地理学的区域分异和要素分布等问题。

综上所述，我们可以从地理学与相邻学科关系上来进一步理解地理学的研究对象。第一，地理学研究地球表层这一特定的物质体系，与不考虑时间、空间标定的专门研究物质结构和运动的化学、物理学区别开来，也与专门研究抽象数量关系的数学区别开来；第二，因研究对象所处的时间和空间的限定，与研究地球整体的地学、研究地球固体部分形成演化规律的地质学、研究大气整体运动规律的大气科学区别开来；第三，与那些研究地球表层某一构成要素的学科，如生物学、岩石学、矿物学、水文学、经济学、文学、艺术学等区别开来。

在地理学研究对象的把握上要注意两个误区：一是将地理学理解为研究一切自然、社会事物的空间部分；二是将地理学理解为研究地球表层中一切存在的东西。

2.2　地理学的研究核心

搞清楚地理学的研究对象固然重要，但是，地理学的研究内容是什么？其研究核心问题是什么？这些问题也是我们认识和理解地理学的重要方面。

2.2.1　从地理学近 100 年的发展看地理学的研究核心

任何学科都会因学科发展需要以及社会发展需求变化而调整其研究内容和研究方向。下面我们将简要回顾近 100 年来中外地理学的发展，旨在从历史发展的脉络上分析地理学研究核心这一重要理论命题。

20 世纪前 50 年为近代地理学发展后期，有人称之为地理学发展的"三驾马车"时代：区域地理学、部门地理学、景观学的发展枝繁叶茂。赫特纳的区域因果描述、哈特向的区域差异认识论成为当时区域地理学的主要范式；部门地理学尤其是自然地理学继续分化，彭克以地貌为佐证的第四纪冰期说、柯本的气候分类、戴维斯的侵蚀循环论都是那个时代辉煌的学术成就和自然地理分化的标志；景观学方面，道库恰耶夫的自然地带学说奠定了理论基础，接踵而来的有景观学思想（贝尔格、卡列斯尼克）、自然综合体思想（伊萨钦柯）、文化景观思想（索尔）、景观生态学思想（特罗尔）。这些研究孕育了 20 世纪后半期地理学的综合研究趋势。

第二次世界大战后，全球地理学进入"动荡、革命、多样、多元"的时代。地理学发生了一系列以方法论为先导的"革命"运动，其研究的主要领域也随之发生转移。这些"革命"运动包括：20 世纪 60 年代的"计量革命""理论革命"；70 年代的"行为革命"；80 年代的"生态思潮"；90 年代的"信息革命"。用库恩科学理论来说，这是一个旧的范式被否定，新的范式还未得到认同或还未真正出现的时期。

综上所述，我们试图通过仔细梳理近 100 年来地理学关注焦点的变化来寻找地理学的研究核心。20 世纪 30 年代前，地理学主要研究各种自然环境要素和人文现象的分布；40 年代，地理学重点进行各种地理现象的地域差异研究；50 年代，在地域差异研究的基础上，地理学以自然和人文景观的分类和地域类型作为研究中心，并开展自然区划、农业区划和经济区划研究；60 年代，区位研究成为地理学特别是人文地理学的研究中心，并开始利用计算机和数学模型来处理多种变量；70 年代，系统论的观点被引进，加强自然与人文的联系和综合成为地理学的研究中心，区域地理学作为最能反映地理学地域性和综合性特点而得到复兴；80 年代，在世界资源供求失衡、环境质量恶化、城市扩张失控的时代背景下，区域综合开发研究理所当然地成为地理学的研究中心；90 年代，在可持续发展战略大背景下，区域可持续发展的理论与实证研究成为地理学的前沿课题；21 世纪，在科学发展理念的影响下，我国地理学家将编制并施行主体功能区规划作为地理学为社会经济发展服务的重要领域。

纵观近百年来中外地理学研究核心的变化，可以总结出以下两条规律：第一，虽然地理学研究的具体内容和名称有较大的差别，但却始终没有脱离人地关系问题，即人类活动与地理环境之间的关系；第二，地理学始终在关注区域或地域问题，但其关注的角度是一定区域或地域内的人地关系问题。由此可见，地理学的实践已经给出了地理学研究核心的答案，那就是，地理学的研究核心既不只是人地关系，也不只是区域或地域问题，而是二者的综合，即人地关系地域系统。

2.2.2 地理学的研究核心——人地关系地域系统

在今后的学习过程中，同学们将会不断遇到"环境变化""人地关系""空间""时间""区域和地方""尺度""系统""景观""全球化""发展""风险"等地理学关键概念。这些众多的关键概念一方面表明地理学的多样性，另一方面给我们带来困惑，地理学似乎缺乏研究核心？因此，中外地理学家历来都非常重视地理学研究核心的凝练。

美国地理学家帕蒂森用"地理学的四个传统"来归纳总结地理学研究的内容和核心。第一个传统是空间传统（spatial tradition），包括对事物位置的详尽记录、地理事物及现象的地图再现（空间关联）；第二个传统是地域研究传统（area studies tradition），包括对地域性质、地域特征地域差异、地域历史的研究，地域信息的接收和解释，等等；第三个传统是人地（关系）传统（man-land tradition），包括环境对人类的影响和人类活动对环境的影响；第四个传统是地球科学传统（earth science tradition），这个传统最为古老，源自古代地理学地表与近地表自然过程的广泛研究，现已发展成地球科学群。上述四个传统虽然在逻辑上各自独立，却相互产生作用。现今地理学的各分支学科，无不可以在这四个传统中找到相应位置。

美国当代著名地理学家特纳非常重视通过对地理学身份的界定和认同来凝练地理学的研究核心。他把有关地理学研究内容归纳为两种基本身份：作为研究途径的空间分布地理学和作为研究对象的人类环境地理学。他认为，如果地理学想要在学术贵宾桌上获得一个正式的席位，并保留其传统的广度，就必须在某种程度上寻求这两种主要身份的统一。空间分布地理学是一种认识的途径和方法，人类环境地理学是认识的客体或对象，两者是否可以统一是一个值得探讨的问题。

其实，我国著名地理学家吴传钧院士早在 1991 年就撰文指出地理学的研究核心是"人地关系地域系统"，从而统一了特纳所说的"两种身份"，也凝聚了地理学的上述若干关键概念。"人地关系"维系着"环境变化""景观""发展""风险"等人类环境地理学概念，而"地域系统"则凝聚了"空间""时间""全球化""区域和地方""尺度""系统"等空间分布地理学的关键概念。因此，我们可以骄傲地说，人地关系地域系统概念的提出是中国地理学家对全世界地理学的杰出贡献之一。

2.3 地理学的学科特点

任何学科都有其专属性的特点而与其他学科相区别，地理学也不例外。作为地理专业的学生，非常有必要掌握地理学的特点。

2.3.1 跨学科性

从学科整体上来看，按照中学的说法，地理学是一门兼有理科和文科性质的学科。科学地讲，地理学是一门兼具自然科学与人文社会科学性质的学科，也就是具有文、理跨学科性质的科学。中学所学的数学、物理、化学、生物、天文等都属于自然科学。而文学（语文）、历史、经济、法律、政治等则属于人文社会科学。地理学则不能简单地归入自然科学或人文社会科学，一般来说，自然地理学中的地貌、水文、气候、生物和土壤地理等属于自然科学的范畴，而人文地理学的各分支学科属于人文社会科学的范畴。

在中学，地理属于文科，目前以文科综合（历史、地理、政治）的方式列入高考科目。而高等学校的学科专业系统则相对复杂。西方国家，大学地理系有些归入文科，有些归入理科，这与他们开始设系时的传统和认识有关。但是，毕业生到底授予文科学位还是理科学位，则与其所学专业与毕业论文有关。受苏联影响，我国各高等学校早期地理系课程设置偏理科，因此，地理系（学院）均归属理科，而且沿用至今。但是，鉴于地理学跨学科特点，我国各高等学校地理类专业（特别是地理科学专业）在招生时均采取文理兼招的方式，既招收文科学生也招收理科学生。文科生中学地理知识扎实，诚然有利于其大学地理专业的进一步深造；理科生中学地理知识相对薄弱，但也不影响其大学地理专业的学习，某种程度上讲，他们的数理基础较好，更利于其大学地理专业的进一步深造。在大学的学习过程中，学生可以根据自己的文理科基础，选择主攻自然地理或人文地理。

2.3.2　综合性

地理学的综合性是指地理学不限于研究地球表面的各地理要素，更注重于把各要素作为统一的整体，综合研究各要素之间的相互作用、相互影响，地表综合体的特征和时空变化规律，等等。这种要素间的相互作用和相互影响可以分为同级层面和不同级层面两个方面。下面我们通过两个例子来理解地理学的综合性特征。

以湖南的植被类型为例，大家思考一下，为什么湖南较为普遍的植被类型是落叶阔叶林？其实，这是地理学领域的一个非常简单的问题。一个地方的植被类型（地理要素之一）首先要受当地降水、蒸发、气温等气候因素的影响，决定其属于森林、草原还是荒漠；然后，地貌、水文、土壤等地理要素亦对其有一定的影响。因此，我们可以这样理解，亚热带湿润气候决定了湖南的植被类型是落叶阔叶林而不是草原或荒漠，而具体到湖南的某个区域，植被类型亦会存在一定的差异，这就跟局部的地貌、水文和土壤要素有关了。这就告诉我们一个浅显的道理，地理环境中的各地理要素是相互影响和相互依存的。上述这个例子说的植被与气候、土壤、地貌、水文等要素的关系，属于同级层面的关系。

我们仍以湖南的某片落叶阔叶林为例，讨论其与人的关系。当地人们可能为了生产更多的粮食而一把火将其化为灰烬，将其开垦为农田；如果市场木材很畅销，人们则很可能将其砍伐后予以销售，获得经济收入；如果人们认识到这片森林涵养水源的作用，则有可能将其保护起来；如果人们认为它是一片价值极高的生态风景林，则会对其严加保护，甚至对森林内部的人类活动进行限制。这就是这片森林与人的关系，显然属于不同级层面的相互依存和相互影响。

上述两个例子都是自然地理学方面的实例。其实，人文地理学领域也一样，人文地理现象既要受自然地理要素的影响，同时也要受人文地理要素的影响，充分体现了地理学的综合性特征。

2.3.3　区域性

地球表面的自然现象和人文现象的空间分布不均匀性决定了地理学具有区域性特点。一种要素在一个地区呈现出的变化规律在另一个地区可能完全不同。例如，在我国的南方地区，水网稠密，河流、湖泊、池塘随处可见；而在我国的北方地区，则很难看到河流、湖泊和池塘，随处可见的却是人工井。同时，区域具有不同的大小和尺度，每个区域又都以其所属的更大区域为背景，受其影响和制约。例如，衡阳市四季分明、冬冷夏热，地表低平、降水丰沛，农业发达、广种水稻，这些区域特征很多是承袭其高级地域——亚热带湿润季风地区和江南丘陵区的特征而来的；当然，它也拥有区别于其他地区的独有特征，例如，紫色土分布广泛、降水相对偏少、地形呈周高中低的盆地地形等。

地理学的区域研究根据研究对象的范围分为大、中、小三种尺度：大尺度区域研究着重探讨全球或全大陆范围内的分异规律和内部结构特征；中尺度区域研究的是国家或大地区范围内区域总体特征和地域分异规律；小尺度区域研究则揭示局部地区区域特征和分异规律，以及该地区对中尺度区域分异的作用。

各地区尽管都由气候、水文、地貌、土壤、生物等共同要素组成，但是，我们可以毫不夸张地说，没有两个地区是绝对相同的。因此，深入了解和认识各地区的特点不仅对保护环境有利，对利用当地资源也是十分必要的。

2.3.4 动态性

正所谓"三十年河东，三十年河西""沧海变桑田"，地理环境是在不断发生变化的，因此，地理学必须用动态的观点进行研究。正像地理学非常注重空间变化一样，地理学也非常注重时间变化的研究。只是由于地理现象时间变化的周期差别巨大，有些用分钟甚至秒钟计，如洪水灾害的演变；而有些则要用 100 年甚至 10000 年来度量，如史前古气候的变化等。

现代地理学已经可以对某些区域的未来及一些地理要素的发展做出预测，并根据预测结果对区域地理要素进行控制和管理，以满足人们对区域建设的要求。因此，地理学研究将会越来越追求时间和空间的统一。

2.4 广为接受的地理学学科体系

自近代科学地理学建立以来，地理学发展十分迅猛，学科领域不断扩大，分支学科不断出现，已经形成一个非常复杂的学科体系，以至于难以建立一个包罗全部地理学研究领域和范围的学科体系。因此，目前有关地理学学科体系的划分方案很多，但很难找到一种大家公认的学科体系划分方案。虽然如此，在这个问题上还是有很多观点是一致的，作为一个初入地理学殿堂的新人，掌握这些为大家所公认的观点是最为重要的。

2.4.1 传统地理学的学科体系

早在瓦伦纽斯的地理著作中就将地理学分为通论地理学和专论地理学两部分。现在一般用系统地理学和区域地理学来代替通论地理学和专论地理学的名称，使其表达的意思更为明确。在系统地理学方面，两位地理学开山大师——洪堡和李特尔分别专长于自然地理和人文地理，并有相应专著发表，这就是系统地理学其后分化成自然地理学和人文地理学的由来。因此，如果我们从学科发展历史的角度来对地理学的学科体系做一个简要认识的话，就是我们通常所说的传统"二分法"（表 2－1），将地理学首先分为系统地理学和区域地理学，系统地理学又分为以地貌、气候、水文、生物、土壤等以自然地理要素为研究对象的自然地理学和以人口、经济、社会、文化、聚落等人文地理现象为研究对象的人文地理学。该体系现在仍广为应用。我国研究生教育的招生专业目录中，地理学一级学科下设三个二级学科，分别是自然地理学、人文地理学、地图学与地理信息系统。这种分法主要受传统地理学"二分法"影响，而其中的地图学和地理信息系统则是现代地理学在地图和地理信息技术方面快速发展的结果，其内容与传统自然地理学、人文地理学有较大区别。

表 2－1 "二分法"

地理学	系统地理学	自然地理学	研究地貌、气候、水文、生物、土壤等自然地理要素
		人文地理学	研究人口、经济、社会、文化、聚落等人文地理现象
	区域地理学		以具体区域为对象，综合研究自然、人文、经济地理现象

与"二分法"相对的还有"三分法"（表 2－2）。"三分法"将系统地理学划分为自然地理学、经济地理学和人文地理学三个分支。我国在 20 世纪 50—70 年代受苏联影响，长期取消人文地理学。改革开放以后，人文地理学得以恢复，因此，现在我国多采用系统地理学的"三分法"，将地理学划分为自然地理学、经济地理学和人文地理学三个二级学科。二级学科下属的分支学科则称为部门地理学。例如，自然地理学下属的地貌学、气候学等；人文地理学下属的文化地理学、聚落地理学等；经济地理学下属的农业地理学、工业地理学、交通地理学等。

表 2－2 "三分法"

地理学	系统地理学	自然地理学	研究地貌、地质、气候、水文、土壤、生物等自然地理要素
		经济地理学	研究工业、农业、商业、交通、能源、资源等经济地理现象
		人文地理学	研究人口、民族、聚落、文化、历史等人文地理现象
	区域地理学		以具体区域为对象，综合研究自然、人文、经济地理现象

2.4.2 现代地理学的学科体系

在传统地理学体系的基础上，吸纳现代地理学的新近研究成果，大体可以将现代地理学的知识体系划归 4 大类（一级分类）：系统地理学、区域地理学、技术地理学和地理哲学（或其他少数难以归类的分支学科）（表 2－3）。

1. 系统地理学

我国较多采用"三分法"，将系统地理学分为自然地理学、经济地理学和人文地理学。

（1）自然地理学：依据自然地理的 6 个要素又将自然地理学分为地貌学、气候学、水文地理学、土壤地理学、植物地理学和动物地理学。前三门代表地表的大气圈、水圈和岩石圈，后三门属生物圈。另外综合自然地理学、医学地理学、化学地理学和古地理学也可归入自然地理学。综合自然地理学是对自然地理的 6 个要素进行总体研究；医学地理学又称疾病地理学，研究那些呈地域分布特点的疾病与地理环境的关系；化学地理学研究自然地理过程中的水热平衡等；古地理学研究人类约 10000 年前的地理环境。

表 2-3　现代地理学的学科体系

地理学	区域地理学	按区域尺度分	世界地理、亚洲地理、中国地理、湖南地理、青藏高原地理等
		按内容分	中国地理、中国自然地理、中国经济地理、中国土壤地理、中国人口地理等
	系统地理学	自然地理学	地貌学、气候学、水文地理学、土壤地理学、植物地理学、动物地理学；综合自然地理学、医学地理学、化学地理学和古地理学；等等
		经济地理学	工业地理学、农业地理学、商业地理学、交通运输地理学、旅游地理学、公司地理学、金融地理学、能源地理学、资源地理学等
		人文地理学	人口地理学、人种地理学、乡村地理学、城市地理学、政治地理学、军事地理学、社会地理学、文化地理学等
	技术地理学		地图学、计量地理学、地理信息系统、遥感与全球定位系统等
	地理哲学		地理学史、地理学方法论、理论地理学、历史地理学、地名学、方志学等

自然地理学还可分为综合自然地理学（景观生态学）、部门自然地理学、区域自然地理学、类型自然地理学（沙漠学、冰川学、山地地理学等）和古地理学。

（2）经济地理学：以人类产业活动来划分其分支学科，有工业地理学、农业地理学、商业地理学、交通运输地理学、旅游地理学、公司地理学、金融地理学、能源地理学、资源地理学等。其中，旅游地理学是随着旅游业快速发展而形成的；经济全球化背景下，跨国公司和企业集团出现，它们跨行业、范围广，从而出现公司地理学；金融地理学、能源地理学和资源地理学也是随着金融、能源和自然资源问题的日趋严峻而出现的。

（3）人文地理学：首先是研究人类本身的人口和种族的人口地理学和人种地理学；其次是研究人口集聚形成聚落的乡村地理学和城市地理学；另外还包括研究国家的政治和军事的政治地理学和军事地理学，以社会的行为和感应为研究对象的社会地理学，以文化中的宗教、语言、民俗、民族为研究内容的文化地理学。

2. 区域地理学

区域地理学是按照区域范围及其内容来划分的。在范围上，大尺度的有世界或洲的地理，如世界地理、亚洲地理等；中尺度的有国家或大区地理，如中国地理、华北地区地理等；小尺度的有省或者更小区域的乡土地理，如湖南地理、衡阳乡土地理等。

从内容上，区域地理学可以是自然的、经济的、人文的地理，也可以是综合的或某一地理要素的地理。以自然地理为例，可以是世界自然地理、亚洲自然地理、中国自然地理、青藏高原自然地理等，也可以是世界土壤地理、中国土壤地理、青藏高原土壤地理等各自然地理要素的区域地理。人文、经济和综合的区域地理也一样可以有相应的分支区域地理。由此可见，区域地理学的范围具有不同等级，而其研究内容则既可以是某一地理要素，又可以是某一类或整体地理要素的综合。

3. 技术地理学

从地理学的发展历史来看，最初的技术地理学只有地图学，其主要研究地图的制作原理。后来，技术地理学得到扩展，分化出：计量地理学，研究地理的数学计量方法；地理信息系统，研究地理数据的收集和分析；遥感与全球定位系统，研究远距离地理信息获取和定位。这些学科目前发展速度很快，对人类社会的发展和居民的生产生活影响强烈。国外的地理信息系统就是一个较吸引学生的专业，学生多、就业领域广；我国的地理信息系统专业也日益得到越来越多的认同。

4. 地理哲学

地理哲学包括地理学史、地理学方法论、理论地理学、历史地理学、地名学、方志学等。其中，地理学史、地理学方法论是地理学和哲学之间的边缘学科；理论地理学研究地理学理论的方案、体系与特点；历史地理学利用历史文献资料与实物来研究历史时期的自然、经济、人文环境的变化；地名学研究地名的起源、演变、分布、标准化以及地名与地理环境的关系；方志学的研究对象是我国过去官方记录地方地理及各方面情况的志书，其量大、内容广泛，是宝贵的历史遗产。

以上划分主要从学术角度对地理学的学科体系进行梳理，但是，第二次世界大战以后，地理学的应用领域发展迅速，其发展形式主要有两种：一种是学术性学科内部向应用方向发展，例如，地貌学中的应用地貌学、气候学中的应用气候学等；另一种是以新的学科形式出现专门的应用学科，例如，国土整治、土地利用、环境保护与管理、城乡规划、景观设计、资源开发与利用、城市地理信息系统等。

 国外地理人物（2）：

洪堡

洪堡是德国科学家，也是近代地理学创建人之一。他 1769 年 9 月生于柏林，1859 年 5 月卒于同地，出身贵族家庭。1789 年进入德国格丁根大学，1790—1792 年在弗雷堡矿业学院学习地质学，并旅行西欧各地。后到普鲁士矿产部任职，从事植物学、地质学、气象学研究。1793 年任矿产部高级矿务师。1797 年辞职，筹划外出旅行。

1799 年 6 月—1804 年 6 月，洪堡和法国植物学家邦普朗去美洲考察奥里诺科河流域和安第斯山等地区，到过委内瑞拉、哥伦比亚、智利、秘鲁、巴西、古巴、墨西哥和美国，广泛观察自然现象和居民生活，采集了大量植物和地质标本，测定经度、地形高度、地磁和其他地球物理现象，做了大量的考察记录、图表和日记，这些资料成为他后来几十年撰写科学论著的主要资料来

洪堡
（1769—1859 年）

源和依据。1808—1827 年，他与邦普朗在巴黎用近 20 年时间整理分析考察资料，用法文写成 30 卷的《新大陆热带地区旅行记》。1827 年，他回到柏林，在柏林大学举办自然地理专题讲座，参与建立柏林地理学会的工作，并组织第一次国际科学会议。1829 年，他应俄国

政府邀请，到西伯利亚考察，曾到达中国边界，并在回途中考察里海。晚年在柏林从事著书和讲学，写成《宇宙》（5卷）一书。洪堡的科学活动涉及地理学、地质学、地球物理学、气象学和生物学等各个方面。他认为有关自然或物质世界的知识可分为3类：①按形态和内容作分类研究的现象，即根据相似特点而分类的现象（例如植物学、动物学、地质学）；②讨论现存的各现象组合的历史科学——动物、植物和岩石的发展史；③地球科学，研究地表各种现象的分布或排列。

洪堡在科学上的主要贡献包括：首创世界等温线图，指出气候不仅受纬度影响，而且与海拔、离海远近、风向等因素有关；研究了气候带分布、温度垂直递减率、大陆东西岸的温度差异、大陆性和海洋性气候、地形对气候的形成作用；发现植物分布的水平分异性和垂直分异性，论述气候同植物分布的水平分异和垂直分异的关系，得出植物形态随高度而变化的结论；根据植被景观的不同，将世界分成16个区，确立了植物区系的概念，创建了植物地理学；首次绘制地形剖面图，进行地质、地理研究；指出火山分布与地下裂隙的关系，认识到地层越深温度越高的现象；发现美洲、欧洲、亚洲在地质上的相似性；根据地磁测量得出地磁强度从极地向赤道递减的规律；根据海水物理性质的研究，用图解法说明洋流，并发现秘鲁寒流（又名洪堡寒流）。《宇宙》是洪堡一生中最重要的著作，反映了他追求自然界统一的思想，汇集了洪堡一生的研究和发现，全书共5卷。第1卷是关于宇宙全貌的概述；第2卷是历代学者对自然风光的论说和人类致力于发现及描述地球的历史过程；第3卷论述天体空间的法则；第4卷讲地球；第5卷是根据他去世后遗留下的大量笔记整理的。此书总结了自然地理学的研究原理和区域地理研究的法则，是近代地理学最为重要的著作。此书曾被译成多国语言，几乎包括所有欧洲语言。

 国内地理人物（2）：

黄秉维

黄秉维是我国的地理学家、中国科学院院士，1913年2月生于广东惠阳县（现惠州市），1934年中山大学毕业，1938—1943年在浙江大学任教，1943—1949年任国民政府资源委员会专门委员，1953年后历任中国科学院地理研究所研究员，副所长、所长、名誉所长，并当选为中国科学院学部委员、中国地理学会理事长，1964年当选为罗马尼亚科学院通讯院士，1980年当选为英国皇家地理学会名誉通讯会员。

黄秉维
（1913—2000年）

他长期致力于中国自然环境和自然资源的研究。20世纪50年代起，他研究黄土高原土壤侵蚀与保持，主持中国自然区划，主编《中国综合自然区划》。50年代后期，他提出自然地理学应分别探讨地表的物理过程、化学过程和生物过程，并加以综合研究。60年代，他在中国开拓地表水热平衡研究和化学地理研究。70年代，他致力于发展农业自然生产潜力研究。80年代，他探索坡地改良和利用的途径。他主编了《中华人民共和国自然地图集》和《中国自然地理》，主要论著有《编制黄河中游流域土壤侵蚀分区图的经验教训》《论中国综合自然区划》《中国农业生产潜力与环境因素、阳光、温度和土壤湿度的分析》（英文）、《华南坡地利用与改良：重要性与可行性》。

思 考 题

1. 请从地理学的综合性特征角度分析某个城市的形成与发展。
2. 谈谈你对地理学研究核心——人地关系地域系统的认识。

第3章　地理高等教育与地理职业

地理教育国际宪章

国际地理联合会地理教育委员会 1992 年面向全世界发布了《地理教育国际宪章》（以下简称《宪章》）。《宪章》主要内容如下。

序言阐述了地理教育委员会的基本观点和《宪章》制定的宗旨。深信：地理教育为今日和未来世界培养活跃而又负责任的公民所必需；意识到：地理在各个不同级别的教育中都可以成为有活力、有作用和有兴趣的科目，并有助于学生终身欣赏和认识这个世界；知道：在一个日渐缩小的世界上，学生需要更高的国际交往能力，以便在经济、政治、文化、环境和安全等广泛的项目上进行有效的合作；关注：地理教育在世界上一些地方受到忽视而在另一些地方则缺乏组织和连贯性的现象。

第 1 章　挑战和反应，介绍《宪章》制定的背景和相关支持文件。下列问题都有很强的地理成分：人口动态、城市化、经济差异、文盲、贫困、失业、性别歧视、人口迁移、伐木、土壤侵蚀、荒漠化、自然灾害、气候变化、空气污染、臭氧空洞、土地利用等。

第 2 章　地理问题和概念，介绍地理学关注的是人与环境在特定地点和位置的相互作用。地理学者提出以下问题：它在哪里？它是什么样子？它为什么在那里？它是什么时候发生的？它产生了什么作用？怎样使它有利于人类和自然环境？

第 3 章　地理对教育的贡献，说明地理教育的意义，包括对个人、国际、环境与发展教育的贡献。

第 4 章　地理教育的内容，介绍地理教育的内容及原则。世界各地地理课程的结构主要有两种方向：区域学习和专题学习。在教导学生时，应以原理来说明现实，并鼓励学生采用质疑或探究的方式进行学习。

第 5 章　实施的原则与策略，讲述面对时代和上述地理教育目标的挑战，地理教师不但要掌握基本的地理专业知识，也要在地理教育方面达到合格的水平。为了保证能够为将来做好准备，地理在中学、小学都应该是一门核心学科。

第 6 章　地理教育研究，讲述地理教育研究旨在改进初等、中等、高等、职业和成人等教育阶段地理科的教与学两方面的工作。它也应对一般性的教学理论做出贡献。为了达到此目的，有必要进行基础和应用两类研究。

第 7 章　国际合作，讲述地理教育工作者应该支持《赫尔辛基协定》（1977）所提出的目标，推动双边或多边交流，彼此交换包括义务教育、继续教育和高等教育等各个教育阶段的教学经验、教材以及有关课程发展、教学方法、评估方法和知识论的研究结果。

地理学是研究地理环境以及人类活动与地理环境相互关系的一门科学，研究领域相当广泛，因此，其就业机会具有多样化特征。就业与高等教育紧密相连，本章将就地理高等教育以及地理就业问题进行阐述和说明。

3.1　国内外地理高等教育概况

3.1.1　发达国家地理高等教育近况

1. 地理高等教育得到普遍重视

17 世纪末，地理作为独立的学科开始列入西欧普通高等学校课程，并于 18 世纪初传入俄国。经过 300 多年的不断发展，西方发达国家的地理高等教育已趋成熟。英国、德国、美国、日本等发达资本主义国家都普遍重视高等学校的地理教学。尤其是近几十年，随着全球人口、资源、环境、发展问题日益严峻，地理学以其综合性和区域性特点契合了社会发展的需要，地理学研究迎来"黄金时期"，地理学人才需求日盛，地理学高等教育得到前所未有的重视。以美国为例，地理学被确定为美国高等学校教育的核心课程，地理从业人数持续增长，地理的社会地位明显提高。据统计，1986—1994 年，美国主修地理学的本科人数增加了 47%，有博士学位授予权的地理系增加了 60%；1985—1991 年，地理学研究生注册人数增加了 33.4%，而环境科学则减少了 5.4%。美国 US News 排名前 100 的学校中约有 50 所在本科阶段开设了地理学。

2. 德克萨斯大学奥斯汀分校地理学本科教学计划

课程数量要求：至少 10 门课程（至少 6 门课程是高级难度水平，核心课程 8 门）。

（1）从自然地理、人文地理、方法和技术这 3 个方向各选 2 门课程

① Physical Geography 自然地理

Complete GRG 301C The Natural Environment and one of the following.

完成 GRG 301C 自然环境这门课，然后在以下课程中再选择 1 门。

GRG 301K Weather and Climate

GRG 301K 天气和气候

GRG 304E Environmental Science：A Changing World

GRG 304E 环境科学：变化的世界

GRG 309 Topics in Geography（when topic is appropriate）

GRG 309 地理主题（有明确主题时会再公布）

GRG 333C Severe and Unusual Weather

GRG 333C 恶劣异常的天气

GRG 333K Climate Change

GRG 333K 气候变化

GRG 334C Environmental Hazards

GRG 334C 环境公害

GRG 334K Soils

GRG 334K 土壤

GRG 335C Quaternary Landscapes

GRG 335C 第四纪景观

GRG 335K Mountain Geoecology

GRG 335K 山地地质生态

GRG 335N Landscape Ecology

GRG 335N 景观生态学

GRG 338C Rivers and Landscapes：Fluvial Geomorphology

GRG 338C 河流和景观：河流地貌

GRG 339 Process Geomorphology

GRG 339 过程地貌学

GRG 356 Archaeology of Climate Change

GRG 356 气候变化考古学

GRG 356 Water & Watersheds

GRG 356 水与流域

GRG 356 Water Res：Latin America/Caribbean

GRG 356 水资源：拉丁美洲/加勒比

GRG 356T The Environmental Change and Management of Large Rivers

GRG 356T 大型河流的环境变化与管理

GRG 356T Primate Conservation

GRG 356T 灵长类动物保护

GRG 366K Biogeography

GRG 366K 生物地理

GRG 366C Comparative Ecosystems

GRG 366C 比较生态系统

GRG 367K Vegetation Ecology

GRG 367K 植被生态学

GRG 476T Natural Resource Management

GRG 476T 自然资源管理

② Human Geography 人文地理

Complete GRG 305 This Human World：An Introduction to Geography and one of the following.

完成 GRG 305 人类世界：地理导论这门课，然后从以下课程中再选择 1 门。

GRG 303K Introduction to Cultural and Historical Geography

GRG 303K 文化和历史地理介绍

GRG 306C Conservation

GRG 306C 保护

GRG 307C Introduction to Urban Studies

GRG 307C 城市研究导论

GRG 309 （When topic is appropriate）

GRG 309 （等课题明确的时候再公布）

GRG 319 Geography of Latin America

GRG 319 拉丁美洲地理

GRG 320K Land and Life：The American Southwest

GRG 320K 土地与生命：美国西南部

GRG323K Geography of South America

GRG323K 南美洲地理

GRG 324 Cultural Geography of North America

GRG 324 北美洲文化地理

GRG 325 Geography of Texas

GRG 325 德州地理

GRG 326 Regions and Cultures of Europe

GRG 326 欧洲的区域和文化

GRG 326K Feast or Famine?

GRG 326K 盛宴还是饥荒?

GRG 327 Geography of Former Soviet Union

GRG 327 前苏联地理

GRG 328 Geography of the Middle East

GRG 328 中东地理

GRG 328C Pathways Toward Extinction

GRG 328C 走向灭绝之路

GRG 331 Geography of Asia

GRG 331 亚洲地理

GRG 331K Cultural Ecology

GRG 331K 文化生态

GRG 331K Nature，Society，and Adaptation

GRG 331K 自然、社会和适应

GRG 334 Conservation，Resources，and Technology

GRG 334 保护、资源和技术

GRG 336 Contemporary Cultural Geography

GRG 336 现代文化地理

GRG 336C National Parks and Protected Areas

GRG 336C 国家公园和保护地

GRG 337 The Modern American City

GRG 337 现代美国城市

GRG 339K Environment，Development，and Food Production

GRG 339K 环境、发展和食品保护

GRG 341K Landscapes of Mexico and Caribbean America

GRG 341K 墨西哥和加勒比美洲的风景

GRG 342C Sustainable Development

GRG 342C 可持续发展

GRG 344K Global Food，Farming & Hunger

GRG 344K 全球粮食、农业和饥饿

GRG 346 The Human Use of the Earth

GRG 346 人类对地球的利用

GRG 347K Spanish Background of Hispanic America

GRG 347K 西班牙裔美国人的西班牙背景

GRG 348C Geography of South Asia

GRG 348C 南亚地理

GRG 350K Geographies of Globalization

GRG 350K 全球化的地理

GRG 356 Reporting on the Environment

GRG 356 关于环境的报告

GRG 356 Children's Environmental Health

GRG 356 儿童的环境健康

GRG 356 Environmental Health

GRG 356 环境健康

GRG 356 Commons/Environment Latin America

GRG 356 公共/环境拉丁美洲

GRG 356T Topics in Geography（where appropriate）

GRG 356T 地理主题（有明确主题时会再公布）

GRG 357 Medical Geography

GRG 357 医学地理

GRG 358 Cities in Developing Countries

GRG 358 发展中国家的城市

GRG 358E Geography and Religion

GRG 358E 地理和宗教

GRG 372K Proseminar in Environmental Geography

GRG 372K 环境地理学专题讨论会

③ Methods and Techniques 方法和技术

Complete any two of the following courses.

从以下课程中选择 2 门。

GRG 308 Computer Cartography

GRG 308 计算机制图

GRG 308C Introduction to Computing in Geography

GRG 308C 地理计算导论

GRG 309 Topics in Geography（where appropriate）

GRG 309 地理主题（有明确主题时会再公布）

GRG 310C Spatial Data and Analysis

GRG 310C 空间数据和分析

GRG 312 Maps and Map Interpretation

GRG 312 地图和地图解释

GRG 339C Principles of Environmental Conservation

GRG 339C 环境保护原则

GRG 356 Topics（where appropriate）

GRG 356（有明确主题时会再公布）

GRG 356T Topics（where appropriate）

GRG 356T（有明确主题时会再公布）

GRG 460C The Geographer's Craft

GRG 460C 地理学家的手艺

GRG 360G Environmental Geographic Information Systems

GRG 360G 环境地理信息系统

GRG 360L Spatial Analysis

GRG 360L 空间分析

GRG 360N Computer Applications in Geography

GRG 360N 地理的计算机应用

GRG 368C Spatial Analysis and GIS

GRG 368C 空间分析与地理信息系统

GRG 373F Field Techniques

GRG 373F 田间技术

GRG 462K Remote Sensing of the Environment

GRG 462K 环境遥感

（2）GRG 301C The Natural Environment（physical）

GRG 301C 自然环境（自然地理）

（3）GRG 305 This Human World：Intro to Geography（human）

GRG 305 人类世界：地理介绍（人文地理）

（4）小方向专业课程

从以下 7 个小方向中选择 1 个，然后加上以上课程需要满足小方向的课程修够 4 门。

① Cultural Geography 文化地理

② Earth Science 地球科学

③ Sustainability 持续性

④ Geographic Information Science 地理信息科学

⑤ Landscape Ecology and Biogeography 景观生态学与生物地理学

⑥ Urban Geography 城市地理

⑦ General Geography 通识地理

3. 剑桥大学地理学本科教学计划

　　剑桥大学地理本科生课程包括范围广泛的讲座和实践课程，组成一个为期三年的完整课程体系，每年年底都有考试，修完即获得地理学荣誉学位。

学院的教学以导师为核心，指导学生分组讨论某一论题。导师通常要求学生在每一次讨论前完成一篇论文，这是一种很有价值的训练，学生不仅有机会接触前沿问题，还可以接受不同的教学风格、思想和见解的熏陶。

第一年：学生学习三大模块方面的内容，没有选择余地，每个学生开始于同样的基础知识学习，目的是为后两年的学习打基础。剑桥大学地理专业 2014—2015 学年的学习课程纲要如下。

模块一：人文地理——人、空间与地理差异

○ 全球化的历史地理（The Historical Geography of Globalization）

○ 经济全球化及其危机（Economic Globalization and its Crises）

○ 风险地理学（Geographies of Risk and Insecurity）

○ 当代城市地理学（Contemporary Urban Geographies）

○ 社会、环境和可持续发展（Society，Environment and Sustainable Development）

○ 理解文化地理学（Understanding Cultural Geographies）

○ 地缘政治与政治地理学（Geopolitics and Political Geography）

模块二：自然地理——环境过程与变化

○ 认识地球（The Earth）

○ 大气过程与气候学（Atmospheric Processes and Climate）

○ 海洋与海岸地理学（Oceans and Coasts）

○ 土地和水资源学（Land and Water）

○ 冰冻圈（The Cryosphere）

○ 生物地理学（Life on Earth）

○ 第四纪环境变化（Environmental Change during the Quaternary）

模块三：地理技能与方法

包括讲座、实验和计算机实习、野外考察等。具体内容涉及统计方法，调查和访谈方法，文本和档案资料调研方法，空间数据（地理信息系统和遥感）采集和分析方法，自然地理野外工作、实验室和室内研究技能。

第二年：学生可以开始专门化学习，但仍然鼓励学生保持对整体学科的兴趣。本学年学生必须选择 4 门课程，其中，自然地理和人文地理组均至少选择 1 门；另外，在第一年学习的基础上，必须撰写一篇地理学思想和方法的文章；此外，还要开始毕业论文的准备工作。同时，所有学生都参加为期 1 周的野外实习，经费由学生自己负担。学生还需在提供的 6 个选项中选择完成 3 篇课程论文。所有学生主修的主题是全球变化。课程主要分成三大块：核心理念课程、核心主题课程和核心技能课程。

第三年：学生可以选择自己喜欢的任何课程组合，可以进一步专门化学习，也可以维持整体学科某种平衡。学生必须从这一特定学年所提供的课程中选择 4 门（2014—2015 学年有 12 门课程供选择），还必须在研究的基础上撰写一篇不少于 1 万字的毕业论文。

4. 国外地理教育改革发展趋势

（1）地理教育理论的系统化、科学化、时代化

在国外，构成地理教育理论的主要依据大多源自同期的地理学理论，经历了环境决

论→二元论→或然论→人地关系和谐论的演变，学校地理教育也曾一度步入歧途。20 世纪 80 年代中后期尤其是 90 年代以来，可持续发展理论的提出进一步充实了人地关系和谐论的地理教育思想。1992 年，巴西里约热内卢举行的联合国环境与发展大会以可持续发展为主题并通过了世界《21 世纪议程》，标志着可持续发展理论取得了全球共识。因此，可持续发展的人地关系和谐论必将成为未来各国地理教育发展的基本理论，这种趋势表明具有鲜明时代性、科学性和系统性的现代地理教育理论的日臻完备。

（2）地理教育目的的全面化、综合化趋势

当代国外地理教育目的在教育理论系统化、科学化基础上表现出全面化、综合化趋势。

其一，不仅要求学生掌握人地协调发展的一些地理基础知识，了解人类生存环境，还要让学生发展地理思维能力和智力。例如德国地理教程不仅要求学生掌握地理空间，还要求学生参与空间设计与发展，他们认为今天的学生，将来的公民，应该能用地理知识来指导行动，因此空间结构成了地理教程中的重要组成部分，即知识与能力的全面发展。

其二，教育目的的全面化、综合化还表现在知识、能力与思想道德的全面发展上。正因如此，具备生态保护责任行为便成了德国地理教程的另一基本目标，他们认为德国风景区已受到空气污染和工业交通引起的噪声影响，森林受到酸雨侵蚀……因此，学校应教孩子学会如何尽可能地保护大自然，可见其思想教育乃至行为教育都已纳入地理教育的目的之内。

（3）地理课程结构的多样化、大纲（地理课程标准）、教材结构新颖化趋势

目前国外地理教育在课程结构上存在选修、必修、活动课程等结构多元化趋势，课程设置上既有综合课也有单独课程，如英国的地理课程单独设置，英国以法律形式规定包括地理在内的 10 门课程为核心课程和基础课程，并制定颁布了全国统一的"国家地理"课程，可见其地理教育地位之重要性；美、日、德等国地理课程大多融汇于社会学科，不过目前也存在走向单独设置的趋势。在地理课程安排上的模式也是多样的，如英国有统一标准，德国却各州自有安排，共同点是都强调要能加强地理基础知识教学和发展学生能力，并有利因材施教。

在课程结构多样化下，各国地理大纲（课程标准）和教材结构表现更加新颖化的发展趋势。大纲知识、能力要求目标具体，教材图文并茂，增大图幅比重，教材编排富于启发性、思考性并重视学生智能培养，如德国地理专题形式教材便于学生思考并能活跃思维。

（4）教学内容不断更新

首先，随着现代地理学发展，许多现代地理学的新知识、新成果将及时反映到地理教学内容之中，而环境、资源、人口、城市化、可持续发展等问题将成为地理教育的主要内容，以此体现出教学内容的时代特征。

其次，教学内容更加注重实践性知识，即那些涉及个人、公众及日后职业生活的内容将成为地理教材的取材范畴，以突出地理知识的实用价值，如德国巴登符腾堡州的地理教材中就编入了诸如垃圾处理、工业废水处理、城市工厂布局等大量与现实生活相关的内容。

最后，地理教学知识内容的人文化比重加强，这是世界各国地理教育发展的共同趋势。这种普遍重视人文地理的现象，体现出现代地理学以自然地理方法为研究手段，以人文地理为研究目的的发展方向，这种教学内容的权重更新也反映了地理学的发展趋势。

（5）地理教学方法和手段的现代化、智能化

目前，地理教学方法和手段尚处在传统与现代交替时期。即便是发达国家，传统地理教

学方法仍有不少用武之地，但随着现代科技成果的广泛运用，计算机技术、遥感技术、电化教学技术的大量推广应用将是必然趋势。如计算机辅助地理教学在英国和北美发展迅速，进入 20 世纪 70 年代以后，其硬件功能便已完全满足教学要求，软件质量逐步得到改进，到 1989 年仅全英国教育资料服务处储备的地理软件就达 165 个。

在地理教学方法上把诸多现代教学法和教学思想更加有针对性而又更广泛地运用于地理教学活动之中是目前国外地理教学方法的发展趋势。地理教学中越来越注重师生双边互动甚至更加强调学生的自主发现活动以激发学习兴趣，开展独立思考教育以提高学生智慧潜能。如在德国，就要求教师通过不同方法的教学活动以使学生学会如何与专家、科学家甚至政治家们交谈，并同他们一起做决定，目的重在鼓励学生参与，因此讨论和辩论便是学生获知的方法，这种交谈或讨论中获知的方法正是发现法等现代教学方法的演变。

总之，世界各国地理教育伴随世界教育的不断发展而表现出诸多特征和趋势，了解这些特征和趋势对促进我国地理教育改革和实践无疑是有借鉴意义的。

3.1.2 中国地理学高等教育发展回顾

我国地理学高等教育始于 20 世纪初，至今已有长足发展，但是与发达国家比仍有差距。

1. 1949 年以前

我国大学的地理教学始于 19 世纪末，其标志是张相文在一些学校讲授西方地理学。1902 年，京师大学堂师范馆开设历史地理专业（后称史地部、史地系）；1913 年，北京高等师范学堂建立史地系；20 世纪二三十年代，北京师范大学（1928）、中山大学（1928）、清华大学（1929）设置了归属理科的地理系。至 1949 年，全国开办地理系的大学 20 所左右。地理教师大多留学欧美，学生人数不多，学生毕业后多以地理教学为主。地理教学模式基本上效仿欧美国家的综合模式，学生不分专业，培养的人才多以综合能力见长。黄秉维、林超、周立三、周庭儒、任美锷、吴传均、施雅风、陈述彭等我国老一辈地理学术领军人物都是三四十年代在这一模式下培养出来的。

2. 20 世纪五六十年代

1952 年，我国大学按苏联模式进行大规模院系调整，一些综合性大学设立地理系，各省区的师范院校也普遍设立地理系。本科生分专业进行培养，加强数理化和自然科学基础，强化实践教学，地理学人才培养有了显著发展。

受意识形态影响，该时期人文地理专业被遏制，自然地理专业比较普遍。地理课程设置基本照搬苏联的教学计划，较少开设区域地理课程，不开设人文地理课程。

综合性大学主要培养理论研究与应用人才，师范大学以培养地理教师为主。

3. 20 世纪七八十年代

北京大学地理系于 1973 年率先在自然地理专业基础上设立环境保护方向本科专业，开启我国大学地理系开办应用型专业的先河。自此，我国大学地理系相继开辟环境保护、城市规划、遥感应用、国土整治、资源调查与评价等应用型专业或专业方向。

4. 20 世纪 90 年代以后

应用型地理专业或专业方向继续发展，出现房地产、旅游地理、区域开发等专业（或专业方向）。地理信息系统得到迅速发展，社会对地理信息系统的人才需求旺盛。按应用地理方向命名的专业对考生有更大的吸引力。

1998 年，教育部调整了本科专业目录，地理学类专业分为以基础理论为本的地理科学专业（包括师范专业）、统一各应用方向的资源环境与城乡规划管理专业（各校根据实际开设不同方向）、增设以新技术为主导的地理信息系统专业。

2012 年，教育部再次对本科专业目录进行调整，地理专业下设地理科学、自然地理与资源环境、人文地理与城乡规划以及地理信息科学 4 个本科专业。将统一地理学应用的资源环境与城乡规划管理专业拆分成自然地理与资源环境、人文地理与城乡规划两个专业，分别代表自然地理学和人文地理学的应用方向。各高等学校可根据自身实际情况，确定该专业的办学方向。

3.1.3 中国地理学高等教育现状

高等教育对地理学基础教育人才和科研创新人才培养起着重要作用。改革开放以来，我国地理学高等教育发展迅猛。

1. 地理学高等教育规模显著增长

近年来，在我国高等教育大发展和高等学校的体制调整中，我国地理专业人才培养得到快速发展，地理类专业本科高等学校的数量有了很大增长，主要表现在两个方面：一是部分高等学校的地理教育专科升格为本科，二是新增了一些地理类专业布点高等学校。据统计，2023 年，全国招收地理科学专业本科生的高等学校有 170 所，地理信息科学专业有 176 所，人文地理与城乡规划专业有 113 所，自然地理与资源环境专业有 56 所。其中，开办地理科学和地理信息科学专业的学校最多，其中，985 高等学校分别达到 5 所和 8 所（表 3-1）。

表 3-1 开办地理类专业的本科高等学校统计表

专业名称	开办学校/所	985 高等学校	211 高等学校/所
地理科学	170	北京师范大学、南京大学、武汉大学、华东师范大学、天津大学	18
自然地理与资源环境	56	北京大学、北京师范大学、兰州大学、南京大学	11
人文地理与城乡规划	113	北京大学、北京师范大学、兰州大学、南京大学、华东师范大学、武汉大学、	19
地理信息科学	176	北京大学、北京师范大学、兰州大学、南京大学、武汉大学、华东师范大学、中南大学、西北农林科技大学	40

2. 研究生教育情况

研究生教育分为学术型学位和专业型学位。学术型学位，地理学一级学科目录下包含自然地理学、人文地理学、地图学和地理信息系统三个二级学科专业；专业型学位，地理学一级学科目录下面包括自然资源、旅游地理、资源环境遥感、国土空间规划等众多专业。

截至 2023 年年底，全国共有 90 个地理学硕士培养单位（含学术型学位和专业型学位），78 个博士培养单位。其中，地理学一级学科博士点 40 个，自然地理学博士点 38 个，人文地理学博士点 37 个，地图学和地理信息系统博士点 41 个。

3.2 地理专业人才需求与培养目标

3.2.1 未来社会对地理学人才的需求

1. 科学研究前沿对地理学人才的需求

《国家中长期科学与技术发展规划纲要（2006—2020）》中有一系列与地理学有关的重大科技前沿问题。其中，与地理学有关的优先主题有：水资源优化配置与综合利用技术；综合资源区划；综合治污与废弃物循环利用；生态脆弱区域的恢复重建；海洋生态与环境保护；全球环境变化检测与对策；农林生物质综合开发利用；农林生态安全与现代林业；生态农业；农业精准作业与信息化；城镇区域规划与动态监测；城市功能提升与空间节约利用；城市信息平台；国家公共安全应急信息平台；生物安全保障；重大自然灾害监测与防御；等等。这些前沿问题的解决需要许多高层次的地理学人才参与研究和技术攻关。而且，随着经济社会的进一步发展，人口、资源、环境与发展问题会更加突出，以人地关系研究为核心的地理学将大有作为。

2. 国家经济社会发展对地理学人才的需求

随着社会和经济的发展，理科学生就业从传统的教育与科研部门转向更广泛的领域是社会发展的必然趋势。一方面，它反映了科学与社会有更广泛的联系，社会对科学有更迫切的要求；另一方面，它也反映了社会对人才的需求，社会要求人才具有较广的基础知识和扎实的基础理论。我国未来的低碳经济发展、产业优化与升级、农业发展、高技术产业发展、国际贸易、城市化、人口健康、资源综合利用和社会可持续发展、能源结构优化、环境保护、国家安全等领域都需要地理学人才做出贡献。

3. 地理教学和咨询业对地理学人才的需求

大众科普教育、中小学地理教育和大学地理教育都需要大批新型地理学教育人才。

在当代全球化和环境变化背景下，从国家到地区再到企业，从生活到生产和管理，各行各业都需要地理学咨询，以至于在发达国家已形成强大的地理学咨询队伍，我国在这方面的需求也开始显现，且来势凶猛。土地利用规划、旅游规划、城乡规划、环境影响评价与生态环境规划、区域发展规划、行业发展规划、防灾减灾规划等都需要地理学咨询。目前，这些咨询工作大多由研究单位和大专院校承担，少量由一些咨询公司和事务所承担，可以预料，今后这种咨询公司会越来越多，吸纳的地理专业人才也会日益增长。

3.2.2 地理专业人才的培养目标

1. 地理学人才的培养目标

高等学校地理专业需要培养各种层次的人才，地理学人才的培养目标可以用"究天人之际""经世致用""稻粱谋""修身"几个层次来分别加以概括。

（1）"究天人之际"

"究天人之际"泛指发现和认识自然界和人类社会的规律。在此比喻高等学校地理专业要培养能够了解人类环境及其变化、人地关系格局和动态变化规律、空间过程和关联的人才。也就是说，学生需要掌握地理学的基本理论和基本原理。

（2）"经世致用"

"经世致用"指学问必须有益于国事，也就是它具有实用功能。高等学校地理专业要培养能够解决当前社会发展所面临的一系列重大实际问题的能力的学生。这些问题包括：区域可持续发展、城市化、产业布局、资源环境保育、和谐社会建设、人类健康、全球变化、教育、公共管理等。地理学发挥作用的主要领域有：企业尺度的布局、选线和市场营销，区域和地方尺度的城市政策、自然资源利用、零售营销、冲突化解；国家尺度的能源政策、经济重构与竞争力、技术危害、灾害防御、信息基础设施等；国际尺度的应对全球环境变化、全球经济和政治重构、技术服务与信息转让、饥荒等。

（3）"稻粱谋"

"稻粱谋"指地理学者的生存之道和地理专业学生的就业门路。高等学校地理专业要培养学生的就业能力，除一般的人才素质外，地理专业要有针对性地培养如何提高学生的就业能力。师范大学的地理专业要重点培养学生宽厚的专业基础知识和地理师范技能；自然地理与资源环境、人文地理与城乡规划专业则要重点培养学生的应用技能，以提高其在国土资源、环境保护、农林、水利、城乡规划、旅游、测绘、公共管理等部门工作的能力；地理信息科学专业则要侧重培养学生对地理数据的分析、整理、制图、规划等方面的能力。

（4）"修身"

"修身"指大学生的地理修养。高等学校地理专业一定要培养具有地理素养和地理意识的合格公民。这些体现在学生的资源环境意识、全球意识、空间感和地方感，以及对自然和社会的鉴赏能力，缺乏这些能力的人就是"地理盲"。

2. 地理学的人才结构

社会对地理学人才的需求是多方面的、多层次的，因此，地理学的人才结构也应该是多方面、多层次的。既需要"究天人之际"的研究型人才，也需要"经世致用"的应用型人才；既需要教学和科研人才，也需要决策与管理人才；既需要独领风骚的高层战略型、开拓型人才，也需要埋头苦干的基层技术型、实干型人才；既需要自然地理学人才，也需要人文地理学人才，还需要地理信息科学技术人才。地理学人才既可以是白领、骨干、精英式的杰出开拓者，也可以是平实、安分、乐天的普通工作者。

从地理学人才的知识结构来看，地理学人才应该具备"干"字形知识结构，上面的"一横"代指地理学基础理论和基本知识，下面的"一横"代表地理学方法，两者构成地理学人才特有的认知视角、思维方式、解题方式和知识基础；"一竖"是指地理学领域广泛，任何人都难以全部掌握，因此，地理学者必须在某一方向上进行深入钻研，从而形成自己的特长，可称之为适应社会需求和提高自身竞争力的"看家本领"。

3.3　地理专业学生的就业

3.3.1　地理相关职业

地理学毕业生的就业门路很广，既可以在中小学地理教育甚至大学地理教育中工作，也可以在国土资源、环境保护、农业、林业、水利、城市、旅游、测绘、公共管理乃至军事、海洋等部门工作；地理学毕业生既可在管理机构和科研机构工作，也可在企业工作。从表3-2和表3-3可以看出，无论是美国还是我国，地理专业人才的就业领域都比较宽广，这当然与地理学的综合性特点及其研究内容的宽泛性分不开。但是，比较而言，美国作为一个发达国家，其对地理专业的人才需求量更大、需求面更广。我国作为一个发展中国家，各项工作将日趋成熟和完善，因此，各行各业对地理专业人才的需求肯定会逐渐增多，这从近几年来地理类专业学生就业情况也可以得到印证。地理专业毕业生近10多年来的就业形势一直看好，而且还有很多毕业生在深圳、广州等沿海大城市的重点学校就职。地理信息系统专业和人文地理与城乡规划专业的毕业生就业门路日渐打开，只要不过于挑剔，找一份与专业相关的工作完全没有问题。

表3-2 地理专业人才的就业领域（美国）

地理学关注的领域	就业领域
地图学与地理信息系统	联邦政府各部门（如国防制图局，美国地质勘探局，环境保护署）或者私营部门制图师（如环境系统研究所，ERDAS公司，Intergraph公司），地图管理员，规划师、土地开发师、房地产局、设备公司、地方政府服务的地理信息系统技术员、遥感分析师、测量师等
自然地理学	天气预报员、户外向导、海岸带管理员、土壤保护与农业推广员
环境研究	环境管理员、林业技术员、公园保护员、有毒废料规划师
文化地理学	社区开发师、美国和平部队志愿者、卫生保健分析师
经济地理学	企业和工业选址分析师、市场研究员、交通/路线调度管理员、房地产中介/经纪人/评估师、经济开发研究员
城市与区域规划	城市与社区规划师，交通运输规划师，住房、公园与休闲规划师，医疗保健规划师
区域地理学	联邦政府区域专家、国际业务代表、旅行社、旅行作家
地理教育	中小学教师、普通地理学高等学校教授、海外教师

表3-3 我国的地理专业人才的就业领域

专业	就业领域
地理科学	中小学地理教师，中职、高职地理教师，公务员，自主创业，出版社编辑
自然地理与资源环境	土地、规划、园林、测绘等企事业单位，水利、国土资源、环保、气象等政府部门，中小学、中职、高职等地理教师，房地产公司，金融公司（项目评价、投资咨询），中介咨询机构（评估公司）
人文地理与城乡规划	城乡、园林、建筑、旅游等规划（研究）设计院，国土、城市、园林、旅游等规划设计公司，城乡规划、国土资源等政府部门，房地产公司，金融公司（项目评价、投资咨询），中介咨询机构（评估公司）
地理信息科学	测绘、环境、信息、土地、规划、遥感等公司或企业，地质、国土资源、交通、公安等政府机关，地理教师，自主创业

3.3.2　地理专业毕业生就业情况

从国外情况来看，以英国为例，英国政府和企业部门对地理专业毕业生的需求数量大增，政府部门所管理的环境、城市、交通、就业、住房、经济发展等一系列问题都与地理学有关，因此吸收地理专业毕业生比吸收专门某一学科领域的毕业生更能发挥作用。在企业部门，管理人员要注意分析原料、制造、销售、市场、劳动力供应、地区经济前景等问题，在研究国内市场的同时还要注意国外市场，为此，企业部门也愿意使用地理专业的毕业生。

从我国的情况来看，可以从近年来各专业的就业形势来进行简单分析。根据麦可思研究院近年发布的《中国大学生就业蓝皮书》中的数据。可以发现近年的 10 大红牌和黄牌专业，均没有地理类专业，且没有与地理类相关的专业。这充分说明，地理类专业近年的就业形势良好。

 国外地理人物（3）：

戴维斯

戴维斯是美国地理学家、地质学家，美国地理学奠基人。他 1850 年 2 月 12 日生于美国东部城市费城，1934 年 2 月 5 日卒于洛杉矶地区的帕萨迪纳。戴维斯 1869 年毕业于哈佛大学，1890—1912 年任哈佛大学教授，还先后担任过加利福尼亚理工学院教授和德国柏林大学、法国巴黎大学访问教授，曾去法国、英国考察和讲学并旅行世界各大洲，组织过 1912 年美国地理学会（AGS）横贯北美大陆考察。戴维斯是美国地理学家协会（AAG）的发起人之一，曾任美国地理学家协会主席和美国地质学会（AGI）会长。1889 年和 1890 年，戴维斯先后发表《宾夕法尼亚的河流和河谷》《新泽西北部的河流和河谷》两篇论文，提出侵蚀轮回说，用发生学观点解释地貌的发生和发展，推动了地貌学的发展，并产生广泛影响，后又发表多篇论文补充和修改侵蚀轮回说。

戴维斯
（1850—1934 年）

戴维斯深入研究了美国西部和东部地区的地貌发育，探讨了珊瑚礁成因等问题。他致力于改进教学方法，推动了地理教育在美国的发展，主要著作有《自然地理学》《地理学论文集》《珊瑚礁问题》等。

 国内地理人物（3）：

李春芬

李春芬是我国地理学家、地理教育家，1912 年 10 月生于江苏兴化县（今大丰县），1937 年从中央大学毕业留任助教，1940 年入加拿大多伦多大学研究生院，1943 年获加拿大第一个地理学博士学位，1946 年回国任浙江大学史地系教授。1949 年起，他先后主持浙江大学地理系、浙江师专地理科（杭州大学地理系前身）工作，创建华东师范大学地理系，任华东师范大学地理系教授兼系主任、副校长及西欧

李春芬
（1912—1996 年）

北美地理研究所所长、名誉所长，当选为中国地理学会副理事长及其世界地理专业委员会主任、地理教育工作委员会主任，以及国际地理联合会地理教育委员会通讯委员等。

李春芬从事地理教育50余年，对区域地理和美洲地理有深入研究，在《南美洲地理环境的结构》专著中，提出了地理环境结构的整体性和差异性的学术见解，发表"加拿大安大略省西部格兰德河中游的区域地理研究"（英文）、"安大略省西部格兰德河中游的土地利用"（英文）、"秘鲁200海里海洋权的地理分析""区域地理：问题和展望"以及"地理学的传统和近今发展"等。为表彰他在发展加拿大和中国地理学方面所做的贡献，1987年，加拿大地理学家协会授予他特别荣誉奖状。

 思考题

1. 学好地理学为什么能够从事多种多样的职业？
2. 从国外大学地理专业本科教学计划中，你能够得到什么启发？

第4章 自然地理学导论

青藏铁路

青藏铁路是世界上海拔最高、线路最长的高原铁路。青藏铁路自青海省西宁市至西藏自治区拉萨市，线路全长1956km，沿线海拔大部分在3000m以上，大部分线路处于高海拔地区和"生命禁区"，青藏铁路建设面临着三大世界铁路建设难题：多年冻土的地质构造、高寒缺氧的环境和脆弱的生态。青藏铁路要穿越连续多年冻土区550km，不连续多年冻土区82km，其中平均地温高于−1.0℃的多年冻土区275km，高含冰量多年冻土区221km，高温高含冰重叠路段约134km。冻土在冻结状态下体积膨胀，夏季时冻土融化体积缩小。在这两种现象的反复作用下，地基就会出现破裂或者塌陷（自然现象）。青藏高原纬度低、海拔高、日照强烈、地质构造运动频繁，其多年冻土的复杂性和独特性举世无双（自然地理现象）。在这一地区施工，至少要考虑两方面因素：一方面，人类工程活动会改变冻土相对稳定的水热环境，使地下水位下降，土壤水分减少，导致植被死亡，将波及更大面积的冻土消融；另一方面，全球变暖带来的气温升高，会使冻土消融（生产中与发展中的自然地理现象）。为了攻克冻土难题，自青藏铁路开工建设以来，我国先后安排了上亿元科研经费，并组织多家科研院校的多学科专家对青藏铁路五大冻土工程实验段展开科研攻关，最终取得重大进展，青藏铁路的冻土研究基地已成为我国乃至世界最大的冻土研究基地。青藏铁路海拔4000m以上的地段占全线49%左右，年平均气温在0℃以下，大部分地区空气含氧量只有内地的50%～60%。高寒缺氧、风沙肆虐、紫外线强、自然疫源多，被称为人类生存极限的"禁区"。为了战胜高寒缺氧的恶劣环境，保障铁路建设者的生命健康，青藏铁路沿线的所有重点施工段，基本配有高压氧舱等先进设备，有效地解决了建设者缺氧难题；青藏铁路穿越了青海省可可西里、三江源国家级自然保护区和西藏色林错自然保护区，因地处世界"第三极"，生态环境敏感而脆弱。对此，青藏铁路从设计、施工建设到运营维护，始终秉持"环保先行"理念，如为保障藏羚羊等野生动物的生存环境，铁路全线建立了33个野生动物专用迁徙通道；为保护湿地，在高寒地带建成世界上首个人造湿地；为保护沿线景观，实现了地面和列车的"污物零排放"；为改善沿线生态环境，打造出一条千里"绿色长廊"。这些独具特色的环保设计和建设运营理念，使青藏铁路成为中国第一条"环保铁路"。截至2006年3月25日，青藏铁路工程累计完成投资285亿元，其中用于环保工程投资达12亿元，确保青藏铁路开工建设以来，沿线冻土、植被、湿地环境、自然景观、江河水质等得到了有效保护，青藏高原生态环境未受明显影响。

4.1 自然地理现象与案例

从人的认知规律来看，认识事物的本质往往需要经历从感性认识到理性认识的过程。初识自然地理学，最好从对自然地理现象的感知入手。现象是事物表现出来的、能被人感觉到的外部形式和表面特征。如何形成地理人的专业素养，以其独有的认知敏感与专业自觉，在生活、生产和发展中辨识自然地理现象、描述自然地理特征、发现自然地理规律和分析自然地理问题，这需要通过大学阶段的自然地理学的系统知识学习、训练与实践养成。

4.1.1 自然地理现象概述

自然界有着不以人的意志为转移的客观现实与规律，需要不同学科的人员从不同视角在现实中去发现、分析与归纳。自然地理现象是自然地理原理与自然地理规律的外在表现。感知自然地理现象是认识自然地理事物本质特征与规律的基础。

1. 自然地理现象的概念

自然地理现象是自然地理事物表现出来、能被人感觉的表面特征与外部联系。自然地理事物指与自然地理环境要素及其组成的自然地理环境系统相关的一切事物。自然地理环境要素包括地球表层气候、水文、地质、地貌、植被、土壤等。自然地理现象即自然地理环境要素及其组合环境系统的空间表现、时间演化的形式与特征。只有基于地球整体环境要素的空间表现及其时间演化的形式与特征，才是自然地理现象，否则只是自然现象或自然事件。例如青藏铁路案例中的"冻土在冻结状态下体积膨胀，夏季时冻土融化体积缩小。在这两种现象的反复作用下，地基就会出现破裂或者塌陷"，描述的就是自然现象及可能出现的自然事件。而"青藏高原纬度低、海拔高、日照强烈、地质构造运动频繁，其多年冻土的复杂性和独特性举世无双"才是描述青藏高原这一特定空间表现出来的原生性自然地理现象。在"青藏铁路修建中所面临的人类工程活动和全球气候变暖双重作用将加速青藏高原的冻土消融"，则描述的是生产和发展与人类活动影响相联系的次生性自然地理现象。

2. 自然地理现象的特征

概括来说，自然地理现象具有空间性、自然性、系统性、多样性和发展性等特点。

（1）空间性

自然地理现象是地球表层自然环境系统空间特有的现象，区域性、空间分异性和时空多维性是自然地理现象的突出特点，区别自然地理现象与一般自然现象的关键之处在于其是否为某一自然事物的空间表现，如地震是地壳运动过程中产生地震波的一种自然现象，而某些特定区域由于地壳不稳定导致地震频发则属于自然地理现象。

（2）自然性

地理现象发生的宏观空间区域是由大气圈、水圈、生物圈、岩石圈上部和人类智慧圈构成的地球表层，其中自然地理现象的主体事物属于大气圈、水圈、生物圈、岩石圈的自然组成要素，区别自然地理现象与人文地理现象的关键在于地理事物主体要素的自然性与人文性。如由地质、地貌、水文、气候、土壤、植被等自然地理环境要素为主体事物的特征外在表现是自然地理现象，由城市、聚落、人口、产业、文化等人文地理环境要素为主体事物的特征外在表现则是人文地理现象。

（3）系统性

自然地理现象往往是自然地理系统中各种自然地理要素相互作用的产物，认识自然地理现象，不应局限于地表自然环境系统各单要素组成、结构、特征等外在表现，而忽视其各要素间的相互作用、驱动力量等成因过程与机制。任何具体区域的自然地理现象总是以自然景观的系统形式呈现，其自然景观系统中的要素联系与运动规律紧密联系，自然景观就是结构化的自然地理事物，因此描述区域自然景观形式的自然地理现象，一方面应采用结构化特征表达，如某些地区是多山还是多水，是地震频发还是洪水频发，等等；另一方面应逐一描述其景观相关要素成因特征，如地质构造、气候、水系等特征。

（4）多样性

基于自然地理环境要素及其内外联系的复杂性和各种自然地理现象形成演变过程的阶段性，整个地球表层系统不同地域、不同主体要素、不同时空维度和不同表现形式下的自然地理现象千差万别，自然地理现象及其内在特征、机制与规律复杂多样，这既是自然地理学研究的学科价值所在，也是形成世界各地丰富景观与资源的重要基础。学习自然地理学，不仅要系统掌握自然地理学科知识，更要训练和养成随时随地观察、发现并能综合、系统、全面认知地球表层种种自然地理现象的专业眼光和学科素养。

（5）发展性

基于自然地理现象形成机制的复杂性与动态性，显现自然地理事物表面特征与外部联系的自然地理现象不仅存在自身的动态形成过程，其过程与结果也往往是变化与发展的，尤其是人类活动的加剧、城市化与全球变化的发展，会改变和丰富自然地理形成因素，加速或延缓自然地理现象的形成演化过程。一方面自然地理环境要素及其系统景观的自然过程因叠加人类活动的影响过程，形成变化的自然地理现象，如次生林、耕地沙漠化和水土流失；另一方面，人类活动通过改变自然地理环境要素性质而影响自然地理环境系统要素之间的关系及其过程，营造出过去没有的自然地理现象，如城市人工地貌的形成与不透水面积的增加使城市热岛效应更为突出，一定程度上改变了原有的地带性规律。

3. 自然地理现象的分类

按照成因机制与人类活动的影响，自然地理现象可区分为原生性自然地理现象、次生性自然地理现象和复合性自然地理现象。

（1）原生性自然地理现象

原生性自然地理现象是指自然地理环境系统依照自身规律与自然过程所形成的自然地理事物外在表现与外部联系，其不因人类活动而根本改变，是随处可见的、生活中的自然地理现象，多以自然环境特征与自然地理规律为外在表现。如我国冬冷夏热、北寒南暖、东湿西干等气候变化与分布的常规自然地理现象，以及某些环北回归线沙漠地带出现绿洲、某些濒临海洋地区出现沙漠等特殊自然地理景观现象。生活中的自然地理现象要与地质、地形、气候、水文、土壤或生物等自然地理要素相联系，可以从生活中的衣食住行等诸方面获得感知，但都必须聚焦于地点或区域差异。如"世界那么大，我想去看看!"你要根据各地的地质、地貌、气候、水系、植物、土壤等自然地理要素及其景观特点，确定你将去哪里、何时去、怎样去以及衣食住行各相关事项，从中观察与感知生活中的自然地理现象。

（2）次生性自然地理现象

次生性自然地理现象是指自然地理环境系统与人类活动相互作用下所呈现的自然地理现象，与特定自然环境背景下的人类生产活动相关联，多以资源、环境与灾害为主要表现形式，为生产中的自然地理现象。生产中的自然地理现象的观察与感知，要从自然地理要素的地区差异与生产布局的关系入手，与生产中的农业、工业、交通等产业部门相联系。一方面与自然地理要素对不同生产部门生产布局的资源优势相联系，如南方水稻、北方大豆、西北棉花等资源优势；另一方面与生产布局所面临的问题相联系，如青藏高原的交通建设分别在地质、地貌、气候、生态等各方面面临的困难与灾害。

（3）复合性自然地理现象

许多自然地理现象既反映了其自然地理特征和过程，又反映了人类活动的过程与结果，这种自然地理事物的外在表现与外部联系属于复合性自然地理现象，多为发展中的自然地理现象。发展中的自然地理现象的观察与感知不仅要与人类活动紧密联系，还要与自然环境系统变化和人口、聚落、经济、文化等人类社会发展要素变化相联系。如长江流域的特大洪水灾害既反映了我国基于南方地形、雨带、水系与水文过程等综合特征的原生性自然地理现象，也体现了全球气候变暖背景下的长江流域降雨异常，人类活动加剧河床泥沙淤积与洪水位抬升，行洪道人口聚落、产业聚集所致的灾情扩大。

4.1.2 自然地理现象案例

1. 浙江永嘉县的"脑石"

2016年的东海之滨，浙江南部的永嘉县在一场暴雨的洗礼下，类似大脑的巨石赫然出现在雁荡山和括苍山之间的楠溪江。这块巨石位于溪流一侧，岩石表面分布着稀奇古怪的图案，弯弯曲曲、凹凸不平的纹路酷似人类大脑，当地村民就形象地称其为"脑石"（图4-1）。永嘉的"脑石"颜色灰白，敲下一块置于放大镜下，可以看到长石、石英、云母等矿物成分，是典型的石泡流纹岩，属于火山岩的一种，是岩浆喷出作用或火山活动中（挥发成分大部逸失）形成的岩石，亦称为喷出岩。火山岩与侵入岩都属于岩浆岩。岩浆岩的形态与岩浆运动和岩浆成分有着紧密联系。岩浆是一种黏稠的熔浆，其主要成分硅酸的多少决定着岩浆的流动速度。硅酸含量多的岩浆为酸性岩浆，黏性大、不易流动；硅酸含量少的岩浆为基性岩浆，黏性小、易流动。"脑石"就是酸性岩浆冷却、凝结而成的一种岩浆岩，硅酸含量大于65％，是石泡流纹岩经历神奇地质变化的产物。

(a) (b)

图4-1 浙江永嘉县的"脑石"

关于这种神奇石球的成因，科学界尚没有定论。专家猜测，大约1亿年前，浙江南部，包括仙霞和永嘉一带，发生了大规模的岩浆喷出作用和剧烈的火山活动，岩浆喷出之后，黏稠的酸性岩浆缓慢流动，在岩浆喷发即将结束时，自身的气液堆积及接近地表处可能遭遇了大量的水，于是在稳定的环境下，岩浆缓慢降温，在表面张力的作用下，淬碎成一个个球体，然后在球体里面逐层结晶，形成石泡。这些石泡密集堆积，就形成了异常坚硬的石泡流纹岩，加上此地处东南沿海，气候潮湿温润，经过水流长期的切割风化，流纹岩中出现许多裂隙，石泡经长期周缘风化产生脱落，并被山谷洪水搬运，进一步形成石球状"脑石"，其中一部分石球在热液侵蚀下，内部的各种岩石成分发生蚀变，形成空腔，石球内部逐渐形成一些细小的石屑，这些颗粒掉落在空腔里，摇动起来就会叮当作响，人们称作"响石"。

"脑石"和"响石"这些特殊的岩石构造都是大自然的鬼斧神工，均记录了罕见的岩石运动方式，是展示地球变迁的天成画作，是发生在地球表层岩石圈，以地质要素为主体，结合我国东南部地貌、气候和水文等自然地理环境作用所形成的原生性自然地理现象。大自然中还有哪些神奇的地质现象？它们各有着怎样的结构形态、地质过程与分布状况？以及其对于人类有着怎样的经济和社会价值？这些都是我们在今后"地质学基础"课程中进一步学习的内容。

2. 雅丹"魔鬼城"

"雅丹"是我国维吾尔族语，意为陡峭的土丘。20 世纪初，西方探险家斯文·赫定等在罗布泊考察时，发现古老湖泊周围有许多成群分布的东北—西南走向的覆舟状土丘，长数百米、高 2~3m，形态各异，当地人将其称为"Yardang"，从此"Yardang"一词便流传于国外地学界，译回中文就成了"雅丹"，雅丹地貌从此也成为这一类地貌的代名词。雅丹地貌（图 4-2）是一种典型的风蚀地貌，又称风蚀垄槽，或者称风蚀脊。雅丹地貌以罗布泊西北楼兰附近最典型，有些雅丹地貌的沟深度可达十余米，长度由数十米到数百米不等，外观如同古城堡，遇有风吹，鬼声森森，人们俗称"魔鬼城"。

（a）

（b）

图 4-2 彩图

（c）

（d）

图 4-2　雅丹地貌

雅丹地貌的形成有两个关键因素：一是发育这种地貌的地质基础，即由沙及沙黏土堆积层形成的、结构疏松的水平状河湖相沉积地层大规模出露地表；二是外力侵蚀，即荒漠中强大的定向风的吹蚀和流水的侵蚀，在极干旱地区的湖积平原和冲积平原常因干缩而龟裂，在定向风的长期吹蚀下，裂隙愈来愈大，使原来平坦的地面发育成许多不规则的背鳍形垄脊和宽浅沟槽。除了最早在罗布荒原地区发现的典型雅丹地貌群，世界各地的不同荒漠，包括突厥斯坦荒漠和莫哈维沙漠都有雅丹地貌。我国西北地处亚洲腹地，属典型的大陆干旱气候，干燥、多风、日温差大，雅丹地貌广泛发育，面积约 2 万 km^2，主要分布在青海柴达木盆地西北部、疏勒河中下游地区和新疆罗布泊周围，如克拉玛依市东北部的乌尔禾的魔鬼城、吉木萨尔县北沙窝的五彩湾、奇台县西南沙漠中的风城等，成为我国西北地区重要的地质地貌类地质遗迹旅游景观资源。

雅丹地貌可进一步分为两种类型：一种是高不过 10m，形成年代较短，称为"雅丹"；另一种是年代古老，高 10～30m，称为"迈赛"。这两种类型反映了雅丹地貌的初级阶段和高级阶段。另外，形成雅丹的外力因素，一般认为是强大的盛行风在起主导作用，但经对罗布荒原雅丹地貌的考察，证明形成雅丹地貌的外营力不仅仅是风，还有水，并且存在三种类型：一类是以风力侵蚀为主形成的雅丹地貌，如洼地走向为东北—西南，与盛行风向一致的著名罗布楼兰丹霞；另一类是以水流侵蚀为主形成的雅丹地貌，如走向与盛行西北风向垂直，而与山地洪水流方向一致的阿奇克谷地东段三垄沙雅丹地貌；还有一类则是风和水流共同作用形成的雅丹地貌，以著名的白龙堆雅丹地貌、龙城雅丹地貌为典型代表，在这里水流作用先将平坦的地表冲刷成无数的沟谷，再经风的侵蚀，形成如今的外貌，雅丹地貌的走向，既与洪水沟走向一致，又与当地盛行风向一致。

神秘的雅丹"魔鬼城"是我国西北部地区以地貌要素为主体，结合气候、岩层及水文等自然地理要素的综合作用所形成的复杂原生性自然地理现象。大自然中还有哪些神奇的地貌现象？它们各有着怎样的结构形态、地貌过程与分布特征？其对于人类有着怎样的社会和经济价值？这些都是我们在今后自然地理学有关地貌学课程中进一步学习的内容。

3. 张掖"七彩丹霞"

甘肃张掖丹霞地貌区是我国唯一的丹霞地貌与彩色丘陵景观复合区，这里集广东丹霞山的雄、险、奇、幽、美于一身，揽新疆五彩城的色彩斑斓为一体，被《中国国家地理》杂志评为中国最美的七大丹霞地貌之一，是我国干旱地区最典型和面积最大的丹霞地貌景观。其中的"七彩丹霞"景区主要分布在临泽县倪家营乡，面积约 $200km^2$，数以千计的悬崖山峦全部呈现出鲜艳的丹红色和红褐色，造型奇特，五彩斑斓，展示出"色如渥丹，灿若明霞"的奇妙地貌景观。

丹霞地貌（图 4-3）是由我国学者创立发展与学术命名的地貌类型。"丹霞"作为专业术语兼指"丹霞地层"与"丹霞地貌"。1928 年，我国第一代地质学家冯景兰在广东省韶关市仁化县丹霞山注意到分布广泛的第三纪红色砂砾岩层及其该地区独特的地貌景观，并将构成丹霞山的一套红色岩系命名为"丹霞层"。1939 年，构造地质学家陈国达第一次将这种红色岩层上发育的地貌称为"丹霞地形"，并把这种地形作为判断丹霞地层的标志。1983 年《地质辞典》首次提出丹霞地貌的定义，即"厚层、产状平缓、节理发育、铁钙质混合胶结不匀的红色砂砾岩，在差异风化、重力崩塌、侵蚀、溶蚀等综合作用下形成的城堡状、宝塔状、针状、柱状、棒状、方山状或峰林状的地形"。从 20 世纪 90 年代开始，丹霞地貌在我国得到广泛研究与普遍认可，并从 2009 年开始逐渐走向世界。但对于丹霞地貌的概念和定义，学术界一直众说纷纭。从 2011 年开始，我国丹霞地貌研究出现了向红层地貌及红层问题拓展的趋势，并进入将丹霞地貌融入国际化红层地貌研究以及地质-地貌-生态-资源一体化综合研究的新阶段。

图 4-3 彩图

图 4-3　丹霞地貌

红层地貌是指在红层上发育的侵蚀地貌，丹霞地貌是红层地貌中一种以丹崖赤壁为标志的典型类型，广义的丹霞地貌可被看作红层地貌的同义语。丹霞地貌的形成条件包括 3 个方面：一是深厚的红层发育，"红层"即中生代侏罗纪至新生代第三纪陆相沉积为主的红色岩系，其岩层垂直节理发育，岩性软硬相间，全球性广泛分布，是当时全球地质环境相对稳定、气候普遍温暖的产物；二是地壳在经过先期稳定下降接受厚层沉积后，第四纪呈水平状或倾斜状轻微抬升以便红层出露并接受侵蚀；三是气候温暖湿润，侵蚀作用强烈，水平或变动轻微的厚层且富有垂直节理的红色砂砾岩经长期流水侵蚀及重力崩塌，形成具有丹崖赤壁的丹霞地貌。我国丹霞地貌总数达 1005 处，集中分布在东南、西南以及西北地区的 26 个省区。其中，广东省韶关市东北的丹霞山以赤色丹霞为特色，由红色砂砾陆相沉积岩构成，是世界丹霞地貌命名地，在此设立的丹霞山地质公园，总面积 292km²，2004 年被联合国教科文组织批准为全球首批世界地质公园；张掖丹霞地貌群以彩色丹霞为特色，由红色砾石、砂岩和泥岩互层组成，在此设立的张掖丹霞地质公园，总面积 536km²，2020 年被联合国教科文组织批准为世界地质公园。2010 年，由湖南崀山、广东丹霞山、福建泰宁、江西龙虎山、贵州赤水、浙江江郎山中国南方湿润区 6 个提名地联合以地貌类型申报的"中国丹霞"，经第 34 届世界遗产大会表决，正式列入联合国教科文组织《世界遗产名录》。

张掖七彩丹霞既体现张掖特殊多彩丹霞和红层地貌发展演化及其区域差异等原生性自然地理现象，又以世界地质公园景区形式体现了其附加人类活动影响的次生性自然地理现象。大自然中还有哪些特殊的地貌现象？它们各有着怎样的结构形态、成因机制及其区域差异？如何有效挖掘和保护各种特殊地貌的资源潜力并附加其文化价值与社会价值？这些都是我们在今后"地貌学""中国地理""综合自然地理学"以及有关资源、生态、环境、灾害等拓展性相关课程中进一步学习的内容。

4. 厄尔尼诺和拉尼娜

"厄尔尼诺"和"拉尼娜"分别是西班牙语 El Niño 和 La Niña 的译音，原意是"圣婴"和"圣女"，是秘鲁、厄瓜多尔一带的渔民用以形容两种相对应的异常洋流与气候现象的名词。厄尔尼诺现象和拉尼娜现象均为海洋和大气相互作用后不稳定状态的表现，其中厄尔尼诺现象表现为太平洋东部和中部热带海洋的海面温度异常地持续变暖，造成一些地区降雨过多而另一些地区又干旱严重。拉尼娜现象则表现为该区域海面温度持续异常偏冷，出现干旱，对应的太平洋西部海面温度上升，降水量比正常年份明显偏多，与厄尔尼诺现象正好相反。拉尼娜现象好似一种厄尔尼诺年之后的矫正过渡现象，总是出现在厄尔尼诺现象之后。厄尔尼诺现象和拉尼娜现象是一种准周期性的自然地理现象，每隔 2～7 年出现一次，往往持续好几个月甚至 1 年以上。

厄尔尼诺现象和拉尼娜现象是热带海洋和大气共同作用的产物。其中厄尔尼诺现象与太平洋东部和中部海面温度升高、信风的减弱相联系，而拉尼娜现象却与太平洋东部和中部海面温度降低、信风的增强相关联。发生这种海面温度与信风异常变化从而导致厄尔尼诺现象和拉尼娜现象的根本原因是什么？科学界有多种推测。根据对近百年来太阳活动变化规律与厄尔尼诺现象关系的研究，国外科学家发现太阳黑子减少期到谷值期是厄尔尼诺现象的多发期，并有 2～3 次厄尔尼诺现象发生，反之则与拉尼娜现象的出现相关。我国科学家提出了一种假设，认为厄尔尼诺现象和拉尼娜现象的出现可能与地球自转速度变化有关，从地球自转的年际变化与厄尔尼诺现象和拉尼娜现象的发生规律之间的相关统计来看，地球自转减慢与加快有可能分别是形成厄尔尼诺现象与拉尼娜现象的原因。科学家还认为厄尔尼诺现象并不是一个孤立和局部的现象，许多观测事实表明，厄尔尼诺现象或拉尼娜现象通过海气作用的遥相关，会影响相当远的地区，甚至引起北半球中高纬度的环流变化，乃至引发全球性的天气异常；同时，有科学家认为厄尔尼诺现象的发生也是全球性气候异常的一个方面，并与人类自然环境的日益恶化有关，是地球温室效应增加的直接结果，与人类向大自然过多索取而不注意环境保护有关。

厄尔尼诺现象和拉尼娜现象的影响虽然以环赤道太平洋地区最为显著，但每次较强的厄尔尼诺现象和拉尼娜现象都会导致全球性的气候异常，并给人类带来巨大的灾害、资源破坏和经济损失。如在正常年份，秘鲁西海岸的太平洋沿岸在秘鲁冷洋流控制下形成了以冷水性鱼类为主的广大天然渔场，一旦厄尔尼诺现象发生，该区域常态下的寒流被表层暖流所代替，冷水性鱼类因环境改变和食物减少而大量迁徙或死亡，给渔业造成巨大损失。厄尔尼诺现象还可能导致拉丁美洲引发洪水、澳大利亚出现干旱和印度的农作物歉收。对于我国来说，厄尔尼诺现象和拉尼娜现象往往带来"暖冬"和"冷冬"，并引起极端天气和特大灾害的发生。厄尔尼诺现象发生时，通常会发生反向性极端天气，"该热不热、该冷不冷、该雨不雨、该旱不旱"等，如 1997 年厄尔尼诺现象出现，第二年就发生了长江中下游地区的特大洪水。拉尼娜现象发生时，则通常会发生加剧性极端天气，"该热更热、该冷更冷、该雨更雨、该旱更旱"等，如 2008 年在拉尼娜现象影响下，我国南方出现百年不遇的大雪灾。

　　厄尔尼诺现象与拉尼娜现象的特殊性、成因的复杂性与影响的广泛性充分体现了地球表层环境的整体性，即一个圈层的变化会导致其他圈层的变化，一个地区的变化会引起其他地区的变化，局部的变化也会引致半球甚至全球环境的变化。大气圈和水圈及其相互之间存在着哪些复杂的物质能量交换循环过程？其会产生哪些特殊气象气候现象与水文现象？这些现象与人类活动有什么关系并对人类社会产生什么影响？这些都是我们在今后"气象与气候学""水文与水资源""综合自然地理学"以及有关资源、生态、环境、灾害等拓展性相关课程中进一步学习的内容，厄尔尼诺现象与拉尼娜现象也还有待于进一步深入探索。

　　5."到武汉去看海"

　　2016 年 7 月 6 日，武汉遭遇特大暴雨袭击，一天的降雨量相当于 40 个武汉东湖的水量（最大容量约为 1.2 亿 m³）。降雨导致城区主干道、小巷出现不同程度积水，大大超过武汉市排水能力，全市呈现出"一片汪洋"的景象，人们在网络上戏称"到武汉去看海"（图 4-4）。这一特殊景观与现象的出现，与武汉市特定的地理位置、地貌、水文、气候等自然因素和城市建设发展、管理等人类活动因素有关。

图 4-4　武汉"一片汪洋"

　　武汉市位于江汉平原东部，长江与汉江在境内交会，地形属于残丘性河湖冲积平原，地势低洼，河流纵横交错，湖泊星罗棋布。这里位于东部季风区，夏季多雨，降水集中，因受极锋雨带控制和水汽充足等因素的影响，梅雨季节暴雨频繁、强度大，每到雨季，长江和汉江同期受汛导致水位急升，水位极易高出部分城区地面，形成倒灌。武汉市号称"百湖之城"，众多的湖泊、河网、洼地等是天然的雨水调蓄设施，具有良好的涵养下渗量、调蓄径流量的功能。但由于长江中上游植被破坏，水土流失严重，加上流域内围湖造田，河湖淤积现象严重；随着城市化发展与城市建设，城市不透水面积增多，越来越多的湖泊被填筑破坏，大大降低了雨水自然下渗与河湖自然调蓄作用；以上因素极易造成武汉内涝。同时全球气候变暖和超强厄尔尼诺的影响，导致极端天气的发生频次增加，暴雨强度、持续时间都明显增长，加上城市排水系统不够完善，减灾应急保障能力不足，进一步加剧了武汉内涝。

　　随着城镇化的快速发展，城市人口逐步增多，城市的发展压力越来越大，而早期的城市建设规划设计不足，越来越成为限制城市发展的重要因素，尤其是给水、用水、排水问题已经成为众多城市的发展"顽疾"，致使我国许多城市每到雨季，就会频发暴雨内涝灾害，其中武汉尤为明显，每逢暴雨内涝时节，就开启了城市"看海"模式，不仅给市民生活生产带来不便，更给社会经济造成极大损失。对于饱受城市内涝之苦的武汉而言，提高城市"韧性"、建设"海绵城市"已经成为城市发展的迫切要求与必然选择。城市内涝是发展中的自然地理现象，是自然因素和人为因素叠加作用的结果，城市内涝体现了哪些自然地理要素及其过程机制、普遍规律和基本原理？城市发展中还存在哪些自然地理现象及其对人类社会会造成什么影响？人类应该怎样协调自然生态与社会经济之间的关系？什么是城市"韧性"和"海绵城市"？这些问题不仅涉及有关地质、地貌、气候、水文、植物、土壤等自然地理课程和综合自然地理学相关知识，也是"可持续发展与环境教育"等有关资源、生态、环境、灾害等综合性与拓展性课程中进一步学习的内容。

6. "回归沙漠带上的绿洲"

地球上南北回归线附近地区，由于处在副热带高气压带或信风带控制下，盛行下沉气流，降水量小而蒸发量大，气候干旱。世界上的沙漠多分布在这一带，如撒哈拉沙漠（图4-5）、鲁卜哈利沙漠、内夫得沙漠、纳米布沙漠、澳大利亚沙漠、阿塔卡马沙漠等，故称为"回归沙漠带"。但是，这一带并非到处都是少雨气候与干旱景观。我国的湖北、湖南、广东、浙江、四川等，虽然地处北回归线附近，非但不是沙漠，反而有着"湖广熟、天下足""上有天堂、下有苏杭""天府之国""人间天堂"。这里气候温暖湿润，水源充足，植被繁茂，资源丰富，赢得"回归沙漠带上的绿洲"之美誉。广东省肇庆市的鼎湖山国家级自然保护区现已加入联合国教科文组织"人与生物圈计划"，成为全人类共同拥有的宝贵财富（图4-6）。

图4-5　撒哈拉沙漠

图4-6　广东省肇庆市的鼎湖山国家级自然保护区景观

我国广大亚热带地区成为"回归沙漠带上的绿洲"这一奇特现象，是优越的海陆位置、特殊的地貌地势与高大的青藏高原综合作用的结果。首先，我国位于世界上最大的大陆——亚欧大陆的东部、世界上最大的大洋——太平洋的西岸，海陆之间巨大的海陆热力差异，形成东亚近地面层显著的季风环流，打破了太阳辐射所导致的行星风系在近地面的纬向分异；其次，我国地势自西北向东南倾斜，一方面助长发源于西北干旱区的寒冷冬季风在重力作用下顺势而下，另一方面有利于来自海洋的暖湿夏季风沿着有利地势及其顺势发育的大江河谷长驱直入，扩大了季风环流对我国东部的控制范围；最后，我国西北部高大的青藏高原耸立，使我国东南部成为一个独立的气候单元，其对西风带的动力分流作用及其近地面层与其周围同高度大气层之间的热力差异所造成的季节性环流，均与我国东南部近地面层的季风环流相叠加，进一步加强了我国东南部季风环流，致使亚欧大陆东部相对于其他大陆东部而言形成最强和最典型的季风环流，在强大的夏季西南季风和东南季风的影响下，我国南方地区虽然地处北回归线附近，但降雨充沛、雨热同期，从而未形成同纬度带在长期受副热带高压单一控制下出现的亚热带干旱荒漠与草原景观，而是在亚热带湿润季风气候下形成了亚热带常绿阔叶林景观，并成为全球亚热带降水最充沛、气候最优越、亚热带资源最丰富的地区。

季风气候是大自然赋予我国的最大恩惠，但季风环流的不稳定性也是造成我国旱涝灾害频繁的根本自然因素，季风环流的强弱在很大程度上仍受到高空副热带高压的控制、青藏高原和厄尔尼诺现象等其他因素的影响，其中青藏高原对东亚季风环流乃至对区域自然分异和全球变化的影响是目前全球气候变化领域重要的国际学术课题。全球和我国的大气环流有怎样的结构与运动规律？其怎样影响着气候与天气过程？青藏高原影响季风环流的具体原理、动态机制与基本过程是什么？全球变化自然地理学领域还有哪些重要研究课题？这些问题涉及"气象与气候"等部门自然地理课程内容和"中国地理""世界地理"等区域自然地理相关内容以及"综合自然地理""全球气候变化"等统一自然地理学课程内容，属于瞄准原生性自然地理现象研究兼具基础性、理论性与创新性的知识领域。

7."生物移民"

"生物移民"是指生态系统中的外来入侵物种，即通过自然或人为的方式将一些生物从原栖息地引入另一个新地区。外来生物对入侵地区的生态系统多样性造成破坏或生态损失，危害农业、林业、畜牧业、渔业以及人类健康的过程称为生物入侵，而以任何方式传入原栖息地以外的国家或地理区域，并在那里定植，建立自然种群的生物即可称为外来入侵物种，简称外来种。这些外来种都有一个共同的特点，即生命力和繁殖力极强，随时都有可能大面积暴发。我国面积大，气候条件多样，生态系统类型丰富，从世界各地来的潜在外来种都可能在我国某个地方找到适宜栖息地，使得我国容易遭受外来种的入侵。目前我国各省、自治区、直辖市均发现外来种，从森林、农田、水域、湿地、草原到城市居民区，几乎所有的生态系统中均可见到，特别是在南方热带、亚热带地区的水域生态系统最为常见。据中国环境与发展国际合作委员会估算，这些生物界的"合法和非法移民"导致的损失非常严重，我国每年因它们损失达数千亿元，其中"头号外来种"就是水葫芦（学名凤眼莲）（图4-7）。

（a）　　　　　　　　　　　　（b）

图4-7　泛滥成灾的水葫芦

生态系统中的有机体与环境之间通过能量流动与物质循环的相互作用构成一个整体，任何一个生物的改变都会通过食物链的连锁反应而影响其他物种乃至整个环境和系统的改变。外来种或通过竞争排挤本地种，或直接扼杀本地种，或分泌他感化学物质抑制本地种生长，从而减少本地种的种类和数量甚至造成本地种的濒危与灭绝，危害本地生物多样性，尤其是一些有害外来种会给农业、林业、畜牧业、渔业和人们生活造成多方面的危害。例如水葫芦因具有净化水质、美化环境的功能,被誉为"美化世界的淡紫色花冠",早期被我国从南美洲引进,主要分布于珠江流域和长江以南地区,种群规模较小,未带来大的入侵危害,也取得了较好的净化水质效果。但后期由于缺乏管理、没有天敌,水葫芦呈现出极强的繁殖能力,加上告别了粮食短缺的农民不再打捞水葫芦,同时工业化使江河湖泊水质恶化,水体富营养化程度提高,水葫芦因此迅速蔓延,从乡村间的内河内湖"杀入"大江大河,最终泛滥成灾。除了让水中生物缺氧而亡和堵塞航道外,水葫芦还由于能够吸收大量有害重金属等物质,其死后腐烂沉入水底,对水体造成二次污染,破坏自然水质,影响生活用水。

外来种带来的危害严重,已成为当前生态退化和生物多样性丧失等的重要原因和研究课题,属于有关生物要素的次生性自然地理现象与问题。外来种入侵涉及哪些自然特征、生态演替与区域分异等地理学知识和原理?外来种入侵有哪些途径与方式?造成外来种入侵危害的综合因素有哪些?如何控制外来种入侵并有效降低其对生态系统和人类的危害程度?学生可在"生物地理""自然资源学原理"和"可持续发展与环境教育"等课程中对相关知识进行系统学习与探究。

8. 海洋的"蓝眼泪"

每到夏季,我国东海沿岸地区,特别是福建沿海一带的海面上频繁出现蓝色荧光,仿佛进入了"阿凡达"的世界,这种奇特的现象被称为海洋的"蓝眼泪"。"蓝眼泪"是一种夜光藻的俗称(图4-8),每年春夏之交,气温上升、阳光照耀,海中的养分源增生,夜光藻快速繁殖。这种藻类多为群聚,每逢夜幕降临,随着波浪的拍打,海面不断出现蓝色的荧光点,特别是在岸边浪花集合之处。目前,我国的福建厦门、长乐、平潭,广东惠州,浙江温州等地都可以看到这种奇观,而且范围有扩大的趋势。"蓝眼泪"并不是大自然馈赠给世间的奇妙与美好,从某种意义上来说是海洋向人类发出的一种生态警告。

图4-8 彩图

(a)

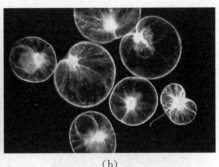
(b)

图 4-8 夜光藻

夜光藻引发的"蓝眼泪"现象本质上是一种赤潮。赤潮是海洋生态系统中的一种异常现象,它是由海藻家族中的赤潮藻在特定环境条件下爆发性地增殖造成的。夜光藻就是全球性的赤潮生物,是我国沿海最普遍的赤潮生物种类,也是福建海域出现频率最高的赤潮生物种类,其中以平潭海域出现该种赤潮生物种类的次数最多。虽然夜光藻无毒,但是会粘附在鱼鳃上,导致鱼类呼吸困难,甚至窒息死亡,鱼类死亡腐烂导致海水变质,进一步造成鱼类、虾类、贝类和藻类死亡。有些赤潮生物还会产生毒素,导致各种海洋生物死亡。赤潮一旦发生，则会破坏海洋生态系统的平衡。赤潮生物开始爆发性增殖时，水体中大量的二氧化碳会被消耗，使海水的 pH 逐渐升高，影响其他海洋生物的正常生长与繁殖；大量的赤潮生物聚集，会严重降低海水的透明度，导致海洋生物无法获取充足的阳光，严重危害海洋生物的生存；死亡的赤潮生物被需氧微生物分解，会大量消耗海水中的氧气，使海水中的溶解氧含量大大降低，造成海洋生物缺氧窒息而亡，极大地破坏海洋渔业资源，同时死亡的赤潮生物在分解过程中会产生氨、有毒有害物质，危害水体环境和海洋生物的健康。此外，赤潮通过食物链进入人体，威胁人类的健康和生命安全；通过影响海洋渔业养殖和海洋旅游业，给人类社会造成重大经济损失。目前，研究人员暂时还无法确定"蓝眼泪"绽放的全部原因，但认为长江下游的农业污染可能是最重要的因素。农业肥料随着河水大量进入海洋，导致海水富含营养，让夜光藻微生物得以"繁荣昌盛"。一个明显的证据就是在 2000—2003 年三峡大坝第一次蓄水期间，长江水流量明显减少，"蓝眼泪"绽放的面积就很小；而随着三峡大坝的建成，长江水越来越多地注入大海，"蓝眼泪"绽放的面积越来越大。

海洋是地球表层生态系统的重要组成部分，海洋生态系统要素之间及其与人类之间密切相关，任何海域任一要素发生变化，都可能对邻近海域或者其他要素产生直接或者间接的影响，人类的每一个行动都对大自然和其他生物产生着巨大的影响。人类活动影响下的赤潮频发，是当前危害海洋生态系统持续发展和海洋资源可持续利用的全球性问题之一。我国及世界海洋具有哪些属性特征、空间结构与自然资源？海洋与陆地、海洋圈与整个地理壳组成部分之间具有哪些物质循环与能量转换过程及其时空特征与分布规律？造成海洋"蓝眼泪"现象的原因有哪些？全球海洋生态系统及其可持续发展还面临其他哪些生态、资源、环境与灾害问题？应该怎样合理利用海洋资源与保护海洋环境？这些问题涉及"水文与水资源""世界地理""中国地理""自然灾害学"和"可持续发展与环境教育"等课程的相关知识，有待同学们系统地学习与探究。

9. "耕地中的大熊猫"

东北黑土（图 4-9）是我国最肥沃的土壤，适种性广，尤适大豆、玉米、谷子、小麦等生长，黑土分布区是我国重要的粮食基地。近年来由于自然因素和人为活动的综合影响，东北黑土分布区水土流失日益严重，生态环境日趋恶化。经相关研究和调查发现，由于掠夺经营、水土流失等原因，东北黑土层厚度已由 1949 年初期的 60～70cm，减少到现在的20～30cm，土壤有机质含量也明显降低，而且非法盗挖倒卖黑土的行为时有发生，不法之徒以 30～50 元一卡车的价格，将黑土跨省售卖给城市居民为阳台菜园所用。因此，既珍贵又面临危机的黑土地被誉为"耕地中的大熊猫"，保护黑土地刻不容缓。2022 年 8 月 1 日，《中华人民共和国黑土地保护法》正式实施，这是我国首次对黑土地保护进行立法，明确任何组织和个人不得破坏黑土地资源和生态环境，禁止盗挖、滥挖和非法买卖黑土，为保护黑土资源和保障粮食安全提供了有力的法治保障。

黑土属于温带半湿润草甸草原环境下的地带性土壤类型。我国是世界上第三大黑土分布区，主要分布区为东北黑龙江和吉林省域松嫩平原，总面积约 103 万 km²，其中典型黑土区面积约 17 万 km²，是我国最大的粮食生产基地。

图 4-9 彩图

(a)　　　　　　　　　　　　(b)

图 4-9　东北黑土

东北黑土是温带半湿润季风气候和平原草甸草原环境下强烈腐殖化和特殊草甸化成土过程的产物。东北地区纬度较高,属于温带季风气候,气候冷湿,四季分明,雨热同期;夏秋温暖多雨,有利于植被生长,草甸草本植物繁茂,土壤有机质来源丰富;冬季寒冷漫长,微生物活动受到抑制,有机质分解缓慢,有利于腐殖质累积,土体上部形成深厚的黑色腐殖质层。东北平原地形平坦,土壤母质黏重,有季节性冻土层,土壤常形成上层滞水,土体内盐基遭到淋溶,碳酸盐也移出土体,土壤呈中性至微酸性。季节性上层滞水引起土壤中铁锰还原,并在旱季氧化,形成铁锰结核,特别是亚表层表现更明显。自然状态下,黑土腐殖质层可厚达 1 m,养分含量丰富,肥力水平高。黑土开垦后,腐殖质含量下降;因母质黏重,土壤侵蚀明显。这些都是黑土地利用中需注意的问题。

土壤是母质、气候、生物、地形等自然地理因素综合作用的产物,土壤肥力是土壤最本质的特征,是土地资源的重要基础。由于我国及全球成土环境及至成土过程的复杂多样性,土壤类型复杂多样,其中,黑土是地球上最珍贵的土壤资源。地球上还有哪些土壤类型及各有什么土壤形状、成土过程和分布规律?我国的土壤资源有什么特点和区域差异以及存在什么问题?世界上有哪些主要黑土分布区?其与我国东北黑土分布区相比各有什么特点及其土地资源利用问题?这些问题涉及内容与"土壤地理学""世界地理""中国地理""综合自然地理"和"自然资源学原理"等课程相关,有待同学们进一步系统地学习与探究。

10."红色荒漠化"

我国南方亚热带地区,由于受东亚季风的影响没有形成世界同纬度地区那样的亚热带干旱半干旱气候和草原荒漠景观,而是形成了高温多雨的亚热带湿润季风气候和常绿阔叶林景观。在高温多雨的季风气候条件下,岩石和土壤地球化学过程中的化学风化作用和淋溶作用强烈,红色风化壳和红色土壤广泛发育,地貌外营力中流水侵蚀作用普遍。同时该区地貌以山地丘陵为主,生态环境脆弱,而在良好的气候环境下,人类历史悠久,人口密度大,人类活动强烈。在这样的环境背景下,由于长期的人类活动和不合理的土地利用,我国南方亚热带地区广泛发育的红壤丘陵区植被被破坏,水土流失严重,以致不少地方出现了土地质量下降甚至完全丧失生产力并以侵蚀劣地为标志的类似荒漠景观,人们将这种现象称为"红色荒漠化"(图 4-10),这种现象主要发生在我国云南红壤丘陵性高原、四川紫色丘陵性盆地以及广泛的江南红壤丘陵区的红色花岗岩风化壳、第三纪红层和第四纪网纹红土出露的地区,江西、湖南、福建、浙江、广东、广西等省、自治区内均有出现。

图 4-10 彩图

图 4-10 "红色荒漠化"

　　"荒漠化"的明确定义最早在 1977 年联合国第一次荒漠化会议上被正式提出，并明确荒漠化的实质是土地生产潜力下降、土地资源丧失和地表类似荒漠景观的出现。此后，科学家们围绕荒漠化定义和内涵进行了深入探讨，并根据各自的专业背景相继提出了 100 多个定义。直到 1992 年联合国环境与发展大会才提出为世界各国所公认的荒漠化定义，即指"包括气候变异和人类活动在内的种种因素造成的干旱、半干旱和具有干旱的亚湿润地区的土地退化"。该定义明确强调了人类活动在荒漠化过程中的重要影响。1994 年 3 月，在荒漠化防治国际公约亚太区域执行附件讨论会上，亚太经合组织和联合国环境署重申"荒漠化还应包括湿润半湿润地区由于人为活动引起环境向着类似荒漠景观的变化过程"。虽然在荒漠化的范围上有所规定，但 1994 年 6 月《联合国防治荒漠化公约》谈判会议在采纳这一定义的同时，指出荒漠化是一个"全球范围问题"，并表明对荒漠化的认识要结合本国、本地区的特点与实际。因此，我国学者在相关研究实践中结合实际，将荒漠化定义为："人类不合理经济活动和脆弱生态环境相互作用而造成土地生产能力下降直至土地资源丧失，地表出现类似荒漠景观的土地资源衰退演变过程"，该定义打破了"干旱、半干旱和具有干旱的亚湿润地区"的范围限制，重点强调荒漠化定义的内涵，即①以土地退化为本质；②与人类活动相关联；③以类似荒漠景观为标志；④以脆弱生态环境为背景。在此基础上，有学者从"在脆弱生态环境背景下，由强烈的人类活动所造成的严重土地退化"的荒漠化定义理解出发，将"红色荒漠化"定义为"我国南方红壤丘陵区在人类不合理经济活动和脆弱生态环境相互作用背景下，以流水侵蚀为主导作用而形成、以地表出现劣地为标志的严重土地退化"，并将其归类为区别于风蚀荒漠化的水蚀荒漠化和区别于沙质荒漠化与石质荒漠化的土质荒漠化。

　　荒漠化是重要的全球性生态环境问题，尤其在亚洲和非洲的一些受干旱影响面积大和人口稠密的发展中国家尤为突出。我国是世界上荒漠化严重的国家之一，也是《联合国防治荒漠化公约》的缔约国之一。我国荒漠化发展、防治现状、区域差异、分布规律如何？荒漠化与沙漠化、石漠化、盐渍化、土地退化、水土流失以及脆弱生态环境之间有何联系与区别？"红色荒漠化"的性质、发生机制与人类活动的关系及其发展趋势如何？荒漠化、水土流失与土地退化等生态环境问题的防治措施涉及哪些方面？这些问题在"全球气候变化""综合自然地理学""可持续发展与环境教育""自然资源学原理"和"自然灾害学"等有关自然地理学课程中有不同角度的知识关联，学生需要理论联系实践，进行探究性学习。

4.2　自然地理学理论与方法

发生于地球表层陆地空间系统的任何现象，都需要自然地理学者对这些自然地理现象进行系统探索和研究。自然地理学的价值就在于，揭示大自然的壮丽秀美、基本原理和时空规律，引导和指导人们对世界的欣赏，理解我们生活的自然环境背景，更好地适应、利用与改造自然地理环境。

4.2.1　自然地理学概述

地理学是研究地球表层陆地空间系统地理要素或者地理综合体空间分布规律、时间演变过程和区域特征的一门学科。自然地理学作为地理学的分支学科，既具有从属于地理学的共同属性与特征，又具其特有的研究对象、内容、理论体系与应用领域。

1. 自然地理学性质

自然地理学是一门研究自然地理环境的组成、结构、空间分异特征、形成与发展变化规律，以及人与环境相互关系的学科。自然地理学研究自然环境的学科独特性在于其整体性视角、侧重空间过程及区域差异，具有综合性、区域性特征；同时，当代自然地理学特别关注全球环境变化及其区域响应和适应，广泛地参与资源、环境管理，应用性强。自然地理学的研究对象是自然地理环境，自然地理环境是指包含土壤圈、岩石圈、水圈、大气圈、生物圈在内并相互作用、相互渗透的一个特殊圈层，由地质、地貌、气候、水文、植被和土壤等自然地理要素构成。作为自然地理学研究对象的自然地理环境包括原有自然面貌未发生明显变化的天然自然地理环境和受到人类直接影响而使原有自然面貌发生重大变化的人为自然地理环境。

2. 自然地理学研究内容

自然地理学的任务是用系统的、综合的、区域联系的观点与方法，去审视与研究人类赖以生存的地球表层自然环境的组成、结构、区域分异特征、形成与变化规律、人与环境的相互作用，从而对地表自然环境进行评估、预测、规划、管理、优化、调控。其具体研究内容如下。

（1）研究各自然地理要素（地貌、气候、水文、土壤、植被等）的特征、结构、成因、动态和发展规律，或分别研究特殊的自然环境和自然现象（例如沙漠、冰川、灾害等），及其空间过程和区域差异，是自然地理学基础研究。

（2）研究各自然地理要素之间的相互关系，彼此之间的物质循环与能量转化的动态过程，即研究不同尺度自然环境和自然地理学不同分支中过程、物质和结果相平衡的方式，聚焦于过程、物质与结果或环境条件之间的相互作用，属于自然地理学综合理论研究。

（3）研究自然地理环境的地域分异规律，揭示陆地表层要素相互作用形成的自然区域格局，在此基础上进行部门和综合自然区划以及各种实用区划，属于自然地理学区域综合理论研究。

（4）研究各个区域的部门自然地理和综合自然地理特征，并进行自然条件和自然资源的评价，为区域资源环境开发利用、生态系统保护和国土整治等提供科学依据，属于自然地理学区域综合应用研究。

（5）研究受人类干扰、控制的自然环境变化特点、发展趋势、存在的问题和治理措施，在城市化快速发展和环境变化背景下形成的有别于原生自然地理格局的城市自然地理格局及其变化过程、机制和效应，属于发展自然地理学理论与应用研究。

3. 自然地理学科体系

根据研究对象和内容，自然地理学可分为部门自然地理学和综合自然地理学两大分支学科。

（1）部门自然地理学

部门自然地理学以构成自然地理环境的某个组成要素为研究对象，分别研究各自然地理要素的组成结构、成因特点、时空运动、地域分布规律及其在整个地球表层中的作用，如地质学、地貌学、气候学、水文地理学、土壤地理学和生物地理学等。部门自然地理学是边缘科学，如地貌学是地理学与地质学之间的边缘科学，气候学是地理学与气象学之间的边缘科学，研究方向往往各有侧重，因此部门自然地理学既要分析又要综合。部门自然地理学的综合研究方向是指以自然地理环境整体作为背景，考察自然地理环境各组成成分的特性及发展变化，对特殊自然环境类型进行综合研究，从部门自然地理学中分化出类型自然地理学分支，如沙漠学、冻土学、冰川学、沼泽学等。此外，在各部门自然地理学中还有一些属于更低一级的分支，如地貌学中还有构造地貌学、河流地貌学、气候地貌学、海岸地貌学等。

（2）综合自然地理学

综合自然地理学是以自然地理环境整体为研究对象，从综合角度研究自然环境综合特征的学科，其着重研究自然地理环境各组成要素间的物质、能量关系，是在部门自然地理学的基础上进行综合研究，同时也为高层次的综合地理学提供基础。对自然地理环境整体进行综合研究的分支学科包括狭义综合自然地理学（也被称为景观地理学）、区域自然地理学、古地理学、历史自然地理学等。综合自然地理学研究自然地理环境各组成要素及各组成部分之间相互联系和相互作用的规律，侧重于自然地理环境系统结构及其时空格局分析与区域综合开发应用研究。区域自然地理学从世界、国家、省市、乡镇等不同尺度的特定区域出发，从系统角度阐述区域各自然地理要素的主要特点、相互联系、形成演化及其地域分异规律，如世界自然地理、亚洲自然地理、中国自然地理、湖南自然地理等。古地理学又称为第四纪古地理学，是通过地质考古方法，研究和重建地质时期地球表面自然地理现象的学科，如第四纪地质学、第四纪地貌学、第四纪气候学等，无论侧重于哪个自然地理环境要素，都建立在地质考古自然环境综合分析基础之上。历史自然地理学是结合地质考古和文献考古方法，研究人类历史时期自然地理环境及其演变规律的学科。随着区域人地关系系统研究的深入，还发展了医学地理学、化学地理学、城市自然地理学、文化自然地理学等自然地理环境综合研究分支学科。

4.2.2 自然地理学的基本原理

原理通常是指在某一领域、某一个具体方面所具备的规律，经人们总结而理论化、固化后，形成的一种知识体系。自然地理学基本原理包括自然地理环境系统与景观原理、自然地理环境过程与演化原理、自然地理环境分异与空间结构原理和人地关系与可持续发展原理等。这些原理贯穿于自然地理各学科，是各自然地理学科都涉及和必不可少的内容，也是地

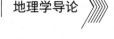

理学与其他学科的重要区别。了解和掌握自然地理学基本原理，有助于我们建立正确的地理思维，提高我们的科学素质和能力，是学好自然地理学知识的重要基础。

1. 自然地理环境系统与景观原理

自然地理环境系统与景观原理即整体性原理。自然地理环境整体性原理是自然地理学最基础性的原理，既体现了自然地理环境的整体性客观特征，也是自然地理学分析的先进思维方式，更是自然地理学应用中的基本观念与基本原则。

（1）自然地理环境是由地质、地貌、气候、水文、植被和土壤等自然地理要素构成的统一整体

自然地理学的研究对象是自然地理环境系统，自然地理环境系统是由地质、地貌、气候、水文、植被和土壤等自然地理要素构成的统一整体。自然地理环境系统的各个要素不是彼此孤立的，而是作为一个整体存在并发展变化的，其中某一要素的变化会导致其他要素甚至整个自然地理环境状态的变化，即具有"牵一发而动全身"的效应。同时，一个地区的某一要素变化也会对其他地区的自然地理环境产生一定的影响。如在河流上中游地区砍伐森林，导致水土流失，会对下游地区的自然地理环境产生影响：下游地区的河床水位增高，加剧洪涝灾害；河口泥沙堆积，使河口三角洲面积不断扩大；河流出现断流；河流两岸土壤盐渍化加重；等等。某一要素可以是自然地理环境的组成要素，还可以是外在的人为活动影响。因此人类活动不仅要遵循自然地理环境的整体性规律，而且应预测受人类活动影响后的自然地理环境的发展变化趋势。只有了解自然地理环境的整体性，才能更好地理解自然地理环境对人类活动的影响，正确地评价人类活动的合理性，也才能在生产、生活中因地制宜地处理好人地关系。

（2）综合性是分析复杂自然地理现象的基本思维方式

基于自然地理环境的整体性特征，在分析、解释一些自然地理现象时，需要采取综合性思维方式，即综合性因果推理和发散思维能力，如澳大利亚东北部的热带雨林，就是在大气、地形、洋流等要素综合作用下而形成的。在分析某一自然地理现象或人类活动可能产生的影响时，往往是"一因多果"，需综合分析可能造成的多方面影响，如分析森林破坏对自然地理环境的影响时，从气候、水文等五大要素进行分析，建立思维模型。综合性的思维方式是分析区域特征的一般方法，当分析某一个区域的自然地理特征时，必须弄清楚自然地理环境由哪些最基本的要素组成，并且要了解各个要素的特征及其对这个地区自然地理环境的影响。同样，分析某区域的发展条件、评价某区域自然地理环境对人类活动的影响等问题，也需要坚持整体性和综合性的思维方式。理解与掌握自然地理环境的整体性，有利于提高学生的综合思维能力。

（3）整体性是解决自然地理系统问题的基本原理

系统是指相互作用和相互依赖的若干要素所组成的具有特定功能的有机联系的整体。整体性原理是系统论的核心观念，即指系统要素之间相互关系及要素与系统之间的关系以整体为主进行协调，以实现整体功能大于各部分功能之和的效果。从自然地理系统的角度看，整体性原理体现了自然地理系统的功能性特征与规律。按照整体性原理，自然地理系统不是各自然地理要素及其子系统物质的简单集合，而是会通过各自然地理要素及其地域之间的相互作用和联系，实现各要素子系统不具备的整体系统结构、功能和效应。因此，整体性是解决自然地理系统问题的基本原理。例如当人类在某地开发利用某一自然地理要素资源时，必须

考虑其活动将引起的系统整体利益，并做到局部利益服从全局利益、个别利益服从整体利益。当今人类面临的各种环境问题和资源问题，几乎都是人类在进行区域性活动时缺乏整体观和全局观，忽视了地理环境系统的整体性功能的结果。

（4）自然景观是整体分析自然地理环境系统的具体空间单元

地表自然地理环境系统是一个内容非常庞大、结构和层次极其复杂的有机整体。整个自然地理环境系统在地表按一定的层次发生分化并按确定的方向发生有规律分布。自然地理景观就是在具体空间单元由地貌、气候、水文、土壤、生物等自然地理要素有规律地组合而成的整体，即地域自然地理系统或地域自然综合体。所以，自然景观是抽象自然地理环境的具体化，是整体分析自然环境系统的具体空间单元。例如：分析自然地理环境系统的复杂性、结构性与层次性，需要具体分析地表自然景观的复杂性、结构性与层次性；分析自然地理环境地域分异规律需要具体分析地表各种尺度自然景观的地域分异的规律性；分析自然地理环境系统的物质循环与能量流动过程及其系统自组织功能，需要具体分析不同层次自然景观系统内部和外部自然环境要素之间的物质循环与能量流动及其系统耗散结构功能过程。

2. 自然地理环境过程与演化原理

自然地理环境过程与演化原理是揭示自然地理环境动态过程特征的基本原理，具体为自然环境物质循环与能量流动原理，是自然地理环境整体性原理的进一步深化。自然环境的物质循环与能量流动原理从传统的定性描述自然环境内在联系的整体性，发展到系统结构和功能的整体性和耗散结构理论非平衡有序系统的整体性，引导人们从物质、能量、信息在耗散结构系统中的运动、变化、发展的客观过程中，去认识自然地理环境的整体性、关联性、等级结构性、动态、平衡性及时序性等基本特征、发展机理与演化规律。其主要观点与规律如下。

（1）自然地理环境是动态发展的有序开放系统

自然地理环境是由岩石圈、大气圈、水圈与生物圈相互作用而形成的一个动态的、成等级的、有层次的、可实时反馈的有序开放系统，是一个结构与功能密切相连的统一整体，其中物质、能量、信息的传输和转换是维持结构存在和发展的基础，系统结构则是完成系统物质、能量和信息的传输和转换功能的框架和渠道。自然地理环境系统通过其内部结构之间的能量流动、物质循环、信息传递，具有一定的保持和恢复自身结构和功能相对稳定的能力。一个自然景观系统的成分越多、结构越复杂、联系越有序，这种反馈性自调节能力就越强。但一个自然景观系统的自我调节能力具有一定限度，当外界干扰超越了其自我调节能力阈值时，系统就会丧失自我调节能力，从而造成系统失衡甚至崩溃。按熵值法原理，用熵来测度其系统的有效能，即熵越大，有效能越小，系统越无序；熵越小，有效能越大，系统越有序。例如：在地球不断接收太阳能并将其做各种转化的过程中，地球的熵不断下降，形成自然资源；而在人类对自然资源的开发利用过程中不断向环境散热，使环境的熵增加。高质量的自然资源就是由"负熵资本储存"所组成的，在自然资源的开发利用中，如果其负熵的耗散超过了来自太阳能的负熵补充，将使自然资源系统走向无序和退化。认识自然地理环境系统这种结构与功能的关联性与规律性等有序性特征，有利于合理调整地域自然环境系统结构，协调各要素关系，优化自然景观系统结构，避免其系统结构及至系统功能的破坏。

（2）物质迁移与循环是地表圈层相互联系的纽带和相互作用的形式

自然地理环境系统中的物质是流动的，地表圈层之间存在着不断的物质迁移与循环，包括水循环、气态循环和沉积循环。水循环是地球表层系统中最重要的物质循环之一，其不仅发生在水圈，而且跨越了大气圈、生物圈和岩石圈。如：降水发生在大气圈，水汽的运移是由大气运动完成的，径流发生在岩石圈表层（地表径流）和岩石圈内部（地下径流），植物的蒸腾也是水循环的重要方面；任何物质的运动和循环，都离不开水的运动和循环。如泥沙的搬运、沉积，岩石的风化、分解，元素的迁移，等等，大多是在水的参与下完成的；大气圈与岩石圈之间也在进行着物质交换，如岩石圈通过风化作用从大气中吸收二氧化碳，同时岩石圈中的某些元素通过自然活动或人类活动释放到大气圈中，其中以碳、氮、氧、磷、硫、氯等元素的循环最为典型；生物圈与三大圈层之间的物质交换表现为，生物生长过程中不断地从三大圈层吸收营养物质，同时生物的新陈代谢不断向三大圈层排泄物质，生物死亡后被分解，物质返回三大圈层。以上圈层之间的物质循环可分为生物地球化学循环和生物化学循环两类，其中生物地球化学循环在区域甚至全球范围内进行，涉及范围大、速度慢、周期长；生物化学循环则在生态系统内进行，涉及范围小、速度快、周期短。

（3）能量流动与转化是自然地理环境系统联系、演化与发展的动力

物质迁移与循环带动了能量的活动与传输，并导致能量的转化与交换，反过来能量驱动地球表层系统的物质迁移与循环，是自然地理环境系统联系、演化与发展的动力。地表圈层之间普遍存在着热能、动能、化学能和势能的传输与交换。如大气圈与水圈之间、水圈与岩石圈之间均存在着由温度差导致的热能、由摩擦力导致的动能、由物质交换中化学反应所导致的化学能和由气压差引起水位差所导致的势能等的传输与交换，大气圈与岩石圈之间同样存在着热能、化学能、动能的交换，生物圈与三大圈层之间，普遍存在着热能与化学能的交换。整体来看，地表系统中的能量主要来自太阳能，很小部分来自地球内能，其能量流动和转化，遵守热力学第一定律，即能量守恒定律，能量既不能消失，也不能凭空产生，只能将能量由一种形态改变为另一种形态，也只有消耗能量才能得到能量。能量转化同时遵守热力学第二定律，即能量在转换、流动过程中总存在衰变、逸散的现象，能量在系统中的流动是单向的、递减的，例如在自然生态系统中，食物链内营养级间能量转化的效率为10%，即存在生态系统中生物能量之间关系的"金字塔"现象。

（4）自然地理环境发展演化是一个具有方向性的复杂过程

自然地理环境作为一个整体，其发展演化是具有方向性特征的一个十分复杂的过程。这种复杂性主要表现在新的组成成分或要素的出现以及由此导致的结构复杂化，如沉积过程加强，岩石圈厚度增加，水圈含盐量增加和离子成分发生有规律的变化，大气成分发生质的变化，地貌复杂化和气候多样化，生物从低级形式向高级形式发展，新物种产生和一些旧物种灭绝，地域分异越来越显著，等等。从自然地理环境发展演化的基本规律来看，首先，自然地理环境所有组成成分的发展都是互相联系的，所以在组成成分发展的同时，成分间的物质循环和能量交换也得到了加强；其次，这种发展具有前进式发展的特点，表现为新组成成分的陆续出现、太阳能的逐渐积累和自然界的地域分异日益强化；再次，发展是突跃式的而非直线过程，周期现象并不决定主要发展方向；最后，自然地理环境的发展是事物矛盾斗争的结果。

3. 自然地理环境分异与空间结构原理

自然地理环境分异又称自然地域分异，是自然地理环境整体性与差异性的客观体现。自然地域分异规律也称空间自然地理规律，是指自然地理环境整体及其组成要素在某个确定的方向上保持特征的相对一致性，而在另一确定方向表现出差异性，因而发生更替的规律。自然地域分异规律是地理学家特别是自然地理学家尤其是综合自然地理学家逐步认识与发展的最基本的自然规律之一，深刻影响和决定着若干其他自然地理规律、人文地理规律和若干与空间有关的基本规律，是地理学对人类最重大贡献之一，是自然地理空间结构认知与自然地理区划的理论基础。

（1）自然地理环境分异是自然地理环境整体性与差异性的对立统一

自然地理环境既有同一性的整体一面，也有差异性的个体一面，二者是对立统一的关系。自然地理环境的整体性就是指全球地表各圈层之间或区域自然环境各要素之间，通过物质循环和能量交换所实现的相互联系和相互影响，构成了一个统一的整体。自然地理环境的整体性并不等于均一性，不同区域之间的自然地理环境，无论是自然地理过程，还是在自然地理特征，都存在着显著的地域差异，且这种地域差异存在着不同的尺度，如海陆差异是全球性的地域分异，陆地上的自然带是次一级尺度的地域分异，陆地自然带内还有更小尺度的区域差异。任何区域自然地理环境内部，都存在更小尺度的自然地理环境差异，所以，整体性是相对的，差异性是绝对的。认识自然地理环境整体性与差异性的对立统一关系，有助于帮助我们更加科学地分析地理问题。例如在区域自然地理环境分析中，既要分析区域自然地理环境整体特征及其过程，又要分析其区域内部及其与不同区域之间的自然地理环境差异，其中，被选择进行比较的区域，在空间尺度上要有可比性，这样通过区域差异性比较，就可进一步加深对区域自然地理环境整体特征的理解。

（2）自然地理环境分异规律取决于自然地理环境分异的主导因素

自然地理环境的地域分异是有规律可循的，在地球表面，基本地域分异规律具体表现为纬向地带性、经向地带性和垂直地带性。导致地表自然地理环境差异的因素：一是地球的球形以及地球的自转与公转，导致太阳辐射和地表热量从赤道向两极呈纬向规律性递减；二是海陆热量热力差异和海陆位置，导致地表水分状况由海向陆呈径向规律性递减；三是海拔高度对地带性水热状况的重新分配，导致山地热量与湿度均随高度有规律地递变。水热组合结构决定气候类型，气候影响水文、生物、土壤及其综合自然景观，作为区域自然地理环境要素相互作用整体表现结果的景观分异规律，取决于水热组合结构中的主导因素，当地势起伏不大、热量的纬向分异作用大于水分的径向分异作用时，自然景观呈纬向地带性分异规律，如中国东部平原季风湿润区自然景观的纬向地带性显著；当海陆位置导致的水分径向分异作用大于热量纬向分异作用时，自然景观则呈径向地带性分异规律，如中国北部温带地区自然景观的径向地带性分异显著；虽然所有山地自然景观都会呈现垂直分异规律，但也会因其水热垂直分异的主导因素差异，呈现出不同特征的自然景观垂直分异规律，如在水平地带性类型基础上，可分为主要随热量更替的海洋性山地景观垂直带谱和主要随干湿性更替的大陆性山地景观垂直带谱（图 4-11）。

（3）自然地理环境分异的地带性与非地带性相互联系

各种自然地理环境分异规律并不是彼此孤立的，而是随着各种自然地理环境分异因素的相互作用，存在地带性与非地带性相互交织、水平地带性与垂直地带性相互作用等现象。从

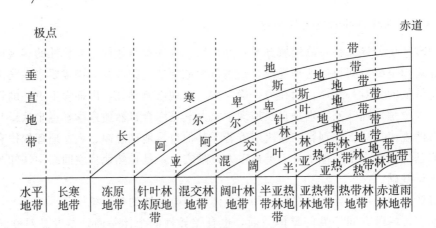

（a）海洋性山地景观垂直带谱

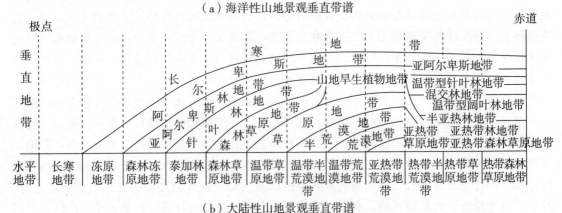

（b）大陆性山地景观垂直带谱

图 4-11　海洋性和大陆性山地景观垂直带谱

热量带界定的狭义地带性来说，当以非地带性为条件时产生的地带性分异，被称为带段性；当地带性为条件时产生的非地带分异表现，被称为省性。例如：在我国海陆热力差异造成的非地带性季风区，受热量纬向分异影响，形成区内南北方向更替的不同热量带下季风性自然景观带，即为非地带性中的带段性表现；在我国亚热带常绿阔叶林-红、黄壤景观带内，四川紫色盆地和云南石灰岩地区在地质、地貌、水文、气候干湿性及成土母质等非地带性因素影响下，分别形成了湿性亚热带常绿阔叶林-紫色土景观和亚热带干性常绿阔叶林-石灰土景观，即为地带性中的省性表现。带段性和省性是地带性和非地带性互为条件、互为因果共同作用的产物。带段性和省性的主导因素不同，但两者又有联系，共同构成了大陆水平分异的基本图式。而在大面积的高原地区，同时受到热量的纬向地带性因素和海陆干湿性的经向地带性水平地域分异影响，并叠加了垂直方向的非地带性影响，常常出现垂直地带性与纬向地带性、经向地带性相互作用、共同支配的自然地理环境三度空间地域分异，被合称为三维地带性。如我国青藏高原由东南向西北依次分布着山地森林景观、高原草甸景观、高原草原景观和高原荒漠景观。同时不同地理位置的山地有不同的垂直带谱，虽属非地带性因素引起的地域分异，但有水平分异因素影响的烙印。

（4）纬度地带性在自然地理环境空间结构演化中发挥主体作用

广义的自然地理环境空间结构，包括垂直空间上自然环境要素的组成结构和水平空间上自然地理要素及其组成综合自然景观的地域结构，即指时间上稳定的自然地理要素及其组成的综合自然景观的分布格局，是自然地理环境要素整体性与地域差异性的本质反映。在自然地理环境的水平结构中，以地带性特征为主的结构称为显域性结构，代表当地所处纬度地带的地域结构特征。与显域性结构相对应的是隐域性结构，它是指由局部非地带性因素导致的，在各个纬度地带均可出现的地域结构类型。虽然属于非地带性水平结构，处于不同纬度的隐域性结构都表现出某些地带性特点或烙印，是具有地带性特点或烙印的非地带性表现。如不同地带的沼泽，其水温、植被、泥炭化现象和发育程度都有很大不同。除了那些短暂而急剧的自然地理过程（如火山爆发、泥石流、山崩、滑坡、雪崩、洪水泛滥、野火蔓延等）以及大规模的人为过程（如采伐森林、围海造田、建筑施工等），一般说来，处于某一发展阶段的各种自然综合体及其组成要素都是相对稳定的，即随着时间的推移，没有发生本质上的演化而被另一种类型的自然综合体及其组成要素所替代，以致形成这样一种在时间上稳定的自然综合体及其组成要素，并在空间上形成一定的分布格局，也就具有一定的空间结构。虽然影响地域分布格局的主导因素存在纬向地带性、经向地带性和垂直地带性及其他非地带性等差异，但对于各地任何尺度和类型的自然综合体来说，影响其景观组成要素演化发展的主导因素均为纬向地带性。

4. 人地关系与可持续发展原理

人类与自然地理环境的关系是最直接、最密切的人类与自然的关系，在地理科学中被表述为人地关系。针对人类与自然地理环境变化相互依存和相互作用关系而形成的有关理论称为人地关系理论。人地关系理论是地理学的核心理论与中心问题，更是可持续发展的重要理论基础。

（1）环境生态和资源灾害是自然地理环境与人类关系的具体表现

人地关系是指人类与自然地理环境之间的联系与相互作用，其包括人类对自然地理环境的依赖性和人类的能动作用。人类对自然地理环境的依赖在于自然地理环境为人类提供了生存的环境、生产的条件和发展的资源，而这一切均以自然地理环境生态系统功能为基础而整体发挥作用。人类的能动作用主要在于对自然地理环境的适应、自然条件的改造和自然资源的利用，其影响包括正负两个方面：或通过合理利用自然资源和改造自然地理环境，改善环境生态系统功能、趋利避害；或由于不合理利用自然资源和改造自然地理环境，导致环境生态系统恶化、自然灾害加剧。因此，环境、生态、资源和灾害是自然地理环境与人类关系的具体表现形式。虽然它们是分属不同学科范畴的不同概念，但其彼此之间存在着禀赋依存关系，实为同一系统物质体。这个系统物质体从相对于人类的周围条件和状态而言，是自然地理环境；从其自身结构与功能来说，是生态系统；从其相对于人类的需求价值而言，是自然资源；从其相对于人类的不利危害，是自然灾害，其中，自然资源与自然灾害均具有自然-社会双重性的本质属性。基于自然地理环境、生态系统、自然资源与自然灾害的关联性质，作为人地关系矛盾表现的广义环境问题，往往也是生态问题、资源问题和灾害问题。理解这些问题之间及其与人类活动之间的关联性，有利于从环境、生态、资源和灾害等不同角度深入研究自然地理学应用问题，并自觉地通过调节人类自身行为来避免、缓解或消除人类所面临的各种自然环境问题。

（2）自然地理环境与人类社会的关系是复合生态系统

人类生态系统强调人是生态系统的组成部分，当人类把自然地理环境中的某一要素作为资源来开发利用时，必然在其环境生态系统中引起一系列变化，包括有利的变化和不利的变化，这种资源过程作用于其中的生态系统就是人类生态系统。人类生态系统又称社会-经济-自然复合生态系统，是由人类社会、经济活动和自然条件共同组合而成的生态功能统一体，是由两个或两个以上的相互联系组成的一个以自然生态系统为基础，与社会、经济系统相互融合，人类社会、经济活动与自然地理环境相互作用的高级的循环式复杂系统，其依赖能量的转换而共存，具有动态演化、非线性发展、自反馈功能、可循环再生、协同共生等自组织特征。复合生态系统理论是深刻理解与认识人地关系及人类生态系统发展与演化的系统理论，突破了传统的单一生态系统和自然资源管理的局限，注重复合生态系统构成要素之间的联系以及演化发展，并突出了可持续发展目标。例如，温室气体排放、下垫面改变和人工取水增多等日趋严重，打破了自然水循环系统原有的规律和平衡，极大地改变了降水、蒸发、径流等水循环过程，使水循环系统由受自然单一主导的循环过程转变成受自然和社会共同影响、共同作用的新的水循环系统。在此背景下形成的"自然-社会"二元水循环理论，作为水文学方向的前沿理论，不仅成为国际水文循环跨学科研究领域的热点问题，而且对保持流域水循环系统的健康和经济社会发展的可持续性具有重要的实践指导意义。

（3）人类活动是人地复合生态系统演化的主导因素

人类社会系统是以人的行为为主导、自然地理环境为依托、资源流动为命脉、社会体制为经络的人工生态系统。自然地理环境系统通常因其组成要素之间以及各地域自然综合体之间的相互联系、相互作用维持着相对稳定的发展状态。目前复合生态系统面临着人类活动对自然生态环境条件的相对稳定性的要求与当前自然生态环境急剧变化的矛盾。其中，由于人类活动对复合生态系统影响的普遍性与深刻性，在影响复合生态系统演化的自然干扰与人为活动的两方面动力机制中，人类活动发挥着主导作用，尤其是人类活动频繁的流域生态系统、城市生态系统和海岸生态系统等。河口三角洲地区是处于海陆交互作用强烈的特殊地带，是地球岩石圈、水圈、生物圈和大气圈交汇的地带，是地球系统中各个界面要素相互渗透、相互作用的典型区域。作为全球环境系统的关键组成部分，该区域在气候变化和人类活动双重背景下的物理过程、化学过程、生物过程和地质过程交织耦合，其发育过程与演化机制极为复杂。科研人员在黄河、长江和珠江河口三角洲获取的大量实测资料及其对三大河口三角洲的发育演化过程分析研究清晰地表明，在气候变化和人类活动对河口三角洲地区海陆交互作用的影响中，人类活动强力塑造了河口三角洲的形态，正在成为河口三角洲演化的主导因素。认识人类活动是人地复合生态系统演化的主导因素，可促进人类通过对景观变化的方向和速率进行有目的的调控，实现人地复合生态系统的定向演化和持续发展。

（4）人地协同进化是人地关系协调与可持续发展的基本原则

关于人地关系的理论思想主要有地理环境决定论、或然论、适应论、文化景观论、人地协调论（人地协同共进论）5种具有代表性的经典理论。随着人类社会文明的不断进步和人类对人地复合生态系统的普遍认知，人地协同共进论逐渐发展成为目前人地关系理论的主流思想，其以复合生态系统认知为基础，认为自然界是一个有机整体，自然界的一切事物都有目的性和不以人的意志为转移的客观规律，自然界中没有等级差别，人是生物共同体中的普通一员。人类对自然的开发与利用必须遵循客观规律，以保持其生态系统的动态平衡，人类对长时间、大范围和大规模的能流和物流没有能力调节，只有通过共生来实现人类与自然的和平共处、互惠共生。人地协同进化是人地关系协调与可持续发展的基本原则。因此，可持续发展建立在正确认识人地关系，正确处理人口、资源、发展与环境的关系及合理、持久利用自然资源的基础上，已被世界各国公认是解决人地关系问题的最佳途径和未来人类社会发展的正确模式。可持续发展作为"既满足当代需求又不损害后代并满足其未来需求的能力"的发展，以人地复合生态系统认知与人地协同共进为理论基础，涉及人类社会思想观的各个方面：就其经济观而言，主张在保护地球自然生态系统基础上保持经济持续发展；就其社会观而言，主张公平分配，当代人与后世人都具有平等的发展机会；就其自然观而言，主张人类与自然和谐相处、共同进化，是基于"社会-经济-自然"时空视角下多维复合的协调发展。

4.2.3　自然地理学的基本方法

自然地理学的基本方法可分为自然地理学研究的传统方法、自然地理学研究的现代方法、自然地理学研究的系统分析方法和自然地理学研究成果的表述形式。

1. 自然地理学研究的传统方法

（1）野外调查

野外调查是自然地理学研究的传统方法，一般来说有线路考察和样地调查两种方法。线路考察就是研究区范围内按不同方向选择几条具有代表性的线路，可以徒步亦可借助交通工具沿着线路进行沿线观察和实地调查。样地调查（图 4-12）是以一定标准化面积为代表的实地点状调查，主要调查植物类型和土地结构，前者包括植物种类、密度、盖度、胸径、高度、间距和根系分布特征等有关植物群落结构的样地调查，这些相关性状和指标的获取通过划分样地、现场识别、估量与测算等环节完成；后者包括地层岩性、质地、温度、含水量、各种营养盐含量等有关土壤结构的样地调查，这些相关性状和指标的获取通过开挖样坑、分层取样、现场测试和室内化验等一系列环节完成。一般高等学校地理专业都会在部门自然地理实习和区域综合地理实习中安排各类自然地理野外调查专题项目，如对岩石、地质构造与地貌类型的识别，植物群落与生态演化的样地调查，土壤空间分布的调查与土壤剖面的观察与采样，土地类型调查与分析，区域景观生态、资源环境与灾害等线路考察与实地调查，等等。通过有关地理野外调查的专业实习，使学生系统掌握自然地理野外调查的基本方法、程序和要领，验证自然地理学相关理论与方法知识，培养其科学精神，开展国土资源教育，提高学生综合素质。

（a）　　　　　　　　　　　　　　　　（b）

图 4-12　样地调查

（2）地理实验

基于自然地理系统的复杂性与动态性，实验是必不可少的自然地理学方法。地理实验是借助科学设备、材料与科学的方法来探索或验证地理现象和规律。地理实验包括野外地理实验与室内地理实验。野外地理实验是以现实地理环境为实验对象，以某一有代表性的地区为例，对现实各种环境要素共同作用结果进行实验，并对各种环境要素相互作用的相关实验参数和结果进行归纳、演绎并上升到理论、模型的过程，如在青藏高原进行户外冻土实验和在西北地区进行户外风沙实验等。室内地理实验是以参照野外原型构建的模型为基础，模拟出各种环境要素及其彼此作用，并得出相关结论或模型的过程，如有关地质、地貌、气象、水文、土壤、生物等各种自然地理要素结构与过程的传统室内实验。除了对单一要素进行实验研究，目前越来越重视开展对地理综合体的综合研究，如流域实验网络的建立、土壤-植物-大气连续系统的实验研究、生态系统实验研究、农田生态系统综合实践研究等。从应用角度而言，地理实验可分为地理科研实验和地理教学实验。地理科研实验是以科学研究为目的，以发现现实客观规律为主要目的。地理教学实验则是对地理科研实验的简化和重现，是在地理教学领域的应用。一般高等学校地理类专业都会配置地质地貌实验室、气象气候实验室、水文学实验室、植物与生态环境实验室、土壤理化分析实验室等，并开设相关实验课程。

（3）定位监测

在自然地理研究中，野外监测是获取地理事物数据的关键环节和手段，是地理学研究的基础，自然地理学家通过长期野外监测，揭示地表自然地理环境要素的物理过程、化学过程和生物过程，探索与这些过程密切相关的地理系统的物质迁移与能量转化规律，对完善自然地理学基础理论和指导社会实践均有重要意义。自然地理学的野外监测包括定位与半定位监测两类，其中定位监测是指为了对自然地理环境的结构、演化规律和过程进行深入系统的研究，在一个典型区域中，进行固定的连续精密观测，从中得到长期的、连续的、可靠的自然地理信息，我国自 20 世纪 50 年代起，陆续建立了不同类型的定位监测站，如冰川站、治沙站、积雪站、湖泊站、水土保持站、泥石流站、沼泽站、综合地理实验站、生态系统实验站等，中国农业科学院衡阳红壤实验站自 1960 年开始进行红壤生态系统定位监测和科学研究，至今长达 60 多年（图 4-13）。目前世界上持续 60 年以上的农业科学观测站有 30 多个，其中著名的有英国洛桑实验站、欧洲环境署建立的生物资源长期定位观测研究网络、美国伊利诺伊大学的摩洛试验站（该试验站自 1876 年开展农田生态系统物质循环定点观测研究，获得长达 146 年的动态观测数据）等。半定位监测是指由于人力、财力或自然条件等因素限制，加之定位观测站数量有限，而对于一些特殊的地段进行相对短期的、半固定的、不连续的观测和研究。半定位监测通常是为了获得某个特殊地段、某个特殊时段的地理信息的时空不连续的观测，如基于特殊自然环境改造或生产建设目标而开展的自然环境要素半定位监测。

2. 自然地理现代方法

（1）遥感调查

遥感技术是 20 世纪 60 年代兴起并迅速发展的一门综合性空间信息科学，可以不受地域限制而能获取大量地理信息要素，具有探测范围大、周期性成像和收集资料不受地域限制的特点，并随着大量卫星航天器的发射和不同分辨率遥感卫星的商用化，而逐渐成为地质、地理、测绘、气象、海洋、农林、水电、交通和军事等领域获取信息的常用手段。遥感技术的应用使地理综合调查发生了革命性的变化，过去先从小区域调查入手，现在却先从大区域进行综合分析和研究。特别是随着遥感技术的发展及其由实验应用型向业务服务型转变，面向

图4-13 中国农业科学院衡阳红壤站定位监测项目

生态环境资源灾害领域的服务卫星的发射运行与多光谱扫描系统在地理学中的应用，遥感调查成为分析自然地理环境的性质、结构、空间分布及时间演化，并进行整体性、系统性分析的重要方法。据《自然资源部卫星遥感应用报告（2020年）》，截至2020年，我国服务于国家资源、农业、林业等领域的在轨自然资源遥感卫星达到19颗。同时，根据中国运载火箭技术研究所发布信息，截至2023年，我国已陆续发射了8颗服务于灾害预防、应急管理和环境监测的"环境减灾卫星"。2022年8月4日，我国成功发射了陆地生态系统碳监测卫星，主要用于陆地生态系统碳监测、陆地生态和资源调查监测、国家重大生态工程监测评价，并为环保、测绘、气象、农业、减灾等领域提供业务支撑和研究服务。

（2）模拟实验

由于很多自然地理现象发生的背景极其复杂，无法通过传统实验来真实地还原或再现该地理过程，需要借助虚拟的实验环境与实验条件，对事物的内部结构和运动变化过程进行模拟。例如，利用已验证的黄河河口二维泥沙数学模型及以往对黄河河口泥沙运动研究的基础，通过对不同治理工程条件下的河口潮汐水流和泥沙运动模拟计算与对比分析，可优化其河口治理工程方案。模拟实验就是参照野外实验和室内实验，应用计算机对现实环境、现实环境要素以及其中各种关系和过程进行重构，应用计算机的计算和模拟能力，对实验过程进行模拟、得出结论并可继而反馈到客观现实的过程，诸如泥石流动力模拟实验、近地层海汽循环模拟实验、风洞模拟实验、流水地貌过程模拟实验等。

（3）地理信息系统

地理信息系统是地理科学、信息科学及计算机科学等交叉的新兴学科。它是一种特定的、十分重要的空间信息系统，广泛应用于地理学复杂人地关系地域系统的综合研究，又被称为地学信息系统或资源与环境信息系统。它是在计算机硬件、软件系统支持下，对整个或部分地球表层（包括大气层）空间中的有关地理分布数据进行采集、储存、管理、运算、分析、显示和描述的技术系统，地理信息系统有多种来源和不同特点，如从野外调查、地图、遥感调查、环境监测和社会经济统计多种途径获取地理信息，具有强大的信息处理、地学分析与图形呈现功能。例如将湿地的地图与机场、电视台和学校等不同地方记录的降雨量关联起来是很困难的，然而地理信息系统就能够描述地表、地下和大气的二维、三维特征。

3. 自然地理学研究的系统分析方法

要从整体上把握自然地理现象的实质和运动变化规律，需要了解和掌握自然地理研究的系统分析方法。

(1) 自然地理系统的构建

现代自然地理学定量研究的基础是构建自然地理系统。构建自然地理系统首先要明确系统要素与层次，并合理确定系统的边界；其次，分析判定系统物质、能量和信息的"流动"方向与过程，并判定和定量反映这种物质流、能量流、信息流的性质及其关系，如输入与输出的关系、系统内部对外界输入的响应变化，或各要素的相互作用、相互影响的定量关系；最后，还要具体确定各种变量，即系统指标或参数，如反映土壤系统状态的土层厚度、土壤化学或物理成分等系统状态指标；母质性质、气温等环境影响指标；灌溉、化肥等人为输入影响指标，水土流失和植物产量等输出指标，土壤水的渗透率、有机质的转化率等反映系统动态变化或物质、能量转化效率的指标。在指标确定中，要考虑各种变量指标或参数的可测度和可提取性，只有具有足够的、可精确获得的变量数据，才能使系统的定量研究和解析成为可能。

(2) 自然地理系统过程研究

自然地理系统研究的一个十分重要的任务就是对各种自然地理过程的性质、方向、速率等进行研究，并在此基础上开展地理预测、地理调控等应用方面的研究。如在气候变化和人类活动背景下的水文过程、气象过程、土壤过程、地貌过程及其自然与社会驱动因素、过程形式与方向、过程发生条件与范围、过程的速率等等。在进行自然地理过程研究时，要正确判定和选择空间尺度和时间尺度，确定过程所涉及的空间范围、空间维数，以及在实际研究中可能涉及恰当的取样面积单元，通过其自然地理过程的空间性质准确反映该过程进行的空间变化能力及特性，应根据选取的对象针对性地确定能准确反映所涉及过程基本规律的时间尺度，以清晰反映过程分析的分辨率和系统响应特征。如洪水是在数年或数十年的时间尺度上周期性发生的，干季和雨季是在一年内的时间尺度上交替的，某些局地小气候现象（如山谷风），则是在一日内的时间尺度上进行的。

(3) 激励变量与系统响应研究

激励变量即系统变化的外部因素。在激励变量作用下系统状态发生的变化，称为系统对外部作用的响应。系统的响应变化规律性是自然地理系统研究的一个重要内容，包括系统或要素对外界干扰作用的响应变化敏感性、系统或要素对外界干扰作用的响应变化恢复性以及导致系统变化的各种因素响应变化阈值研究。系统的敏感性越弱或恢复性越强，表明系统自动调节能力或保持稳定性的能力就越好；反之则越差。同时，系统阈值越大，系统响应外部干扰的敏感性越小；反之则越大。如果外部作用保持在一定的范围之内，其影响就不至于导致系统的根本性变化，但如果外部作用的影响超过了系统可自身调节的能力阈值，系统就不能恢复到原来的状态，系统则会失稳而发生方向性变化，且多数情况下这种系统的演变是不可逆的，除非这种超过系统阈值的外部作用被消除。因此，研究导致系统变化的各种因素阈值对于系统动态变化与系统可持续发展实践十分重要，与此相关的概念和研究还有脆弱性和韧性。脆弱性与韧性是表明系统响应外部作用整体性状特征的两个反向对应概念，系统响应外部干扰的阈值越低、敏感性越强、恢复力越小，则系统脆弱性越强、韧性越弱；反之系统脆弱性越小、韧性越强。

（4）自然地理系统研究的解析

自然地理系统研究的解析涉及许多方法，这取决于所研究的系统和过程的性质、行为，系统的非线性变化、非连续变化，系统的可测性、系统的稳定性和可控性等许多复杂的问题。其中，简单的统计学方法适用于处理经验性的"确定关系"问题，通过某种经验函数 $y=f(x)$ 的形式，借助统计软件进行单相关、复相关、多元回归分析等计算，以对系统进行综合和整体的认识。这种定量研究方法相对简单明确，取得资料也较为容易，但无法深刻揭示系统的内部运转过程，无法对系统进行动态描述，不适合进行系统内部机制的探讨。这种方法是介于统计方法与理论方法之间的一种概念性方法，可借助于逻辑推断和数学的工具，从相关物理学、化学、生物学、地理学等学科的基本规律和原理，对自然地理系统的内部机制，进行半经验、半理论的思考、推导和解释。这种方法严格以质量守恒律为研究基础，其关键是在各个有联系的地理要素之间建立起一种动态平衡的关系。通过建立微分方程和矩阵求解，对系统内部状态变化给予动态的刻画，即可实现预测的目的。鉴于真正的自然地理系统为一系列非确定性的随机关系所构成，以一定理论为基础的概率统计学方法可能是更接近于现实自然地理系统行为的解析方法，但这种关系分析的难度较大，还有待在自然地理系统分析应用中进行广泛的探索性研究。

4. 自然地理学研究成果的表述形式

自然地理研究成果的表述形式多种多样，研究任务不同，研究成果的表述形式也不一样。通过不同形式的研究成果表述形式，有利于成果之间的相互交流和讨论，也有利于成果的保存和继承。一般来说，自然地理科研成果的表述形式主要包括研究报告、学术论文、时空变化图、地图成果的编绘及整饰、研究成果汇报等。

（1）研究报告

研究报告是对课题研究的一个总结。无论是撰写科研课题报告、研究性学习项目研究报告、实验报告还是实习报告，都需要掌握研究报告的基本内容结构。一般来说，研究报告的构成由前置部分、主体部分和后置部分组成。在研究报告中，要反映在课题研究过程中所做的工作，包括课题研究的目的、研究步骤、需要解决的主要问题、问题的解决方法以及最终结论等。

（2）学术论文

学术论文是在研究报告的基础上，选择较小的论题展开论述，题目一定要收敛。无论待发表的科研论文、课程小论文还是毕业论文，都需要遵循学术论文撰写的基本规范。论文的基本构成包括题名、摘要、关键词、引言、正文、主体部分、结论、致谢、参考文献。

（3）时空变化图

时空变化图是地理研究的重要工具和研究成果的重要表述形式。自然地理学研究成果中通常都需要表达其研究对象的时空变化特征，主要可包括综合剖面图、时空变化图表、示意图、素描图等，并可借助三维动画、3S 技术丰富制图效果。

（4）地图成果的编绘与整饰

地图是把地球表面按比例缩小的图像。在地图上可以表示不同尺度地表事物的分布状况，是地学研究成果的直观表达和地理信息数据挖掘的直观而有效的载体。尤其是面向区域的自然地理学研究成果，其中通常需要绘制研究区域地图。在电子信息技术的推动下，地图成果的编绘及整饰过程逐步由手绘制图向电子制图发展。在研究成果的地图绘制中，要符合地图绘制的专业规范，做到地图要素完整、重点突出、简洁美观。

（5）研究成果汇报

幻灯片放映是目前研究成果汇报普遍采用的表述形式，包括项目结题、论文答辩、实习汇报等，都需要使用和制作多媒体课件。幻灯片具备对象的客观属性和特定的现实关系，因而具有较强的客观感、真实感、可信性和说服力，并且具有放映画幅大、色彩鲜艳、艺术效果强、易吸引观众注意力等优点。作为自然地理学研究成果展示的课件幻灯片制作，必须突出科学性，做到主题鲜明、重点突出、文字简洁、结论明确、图文并茂、画面和谐，画面色彩不超过3种为宜。

4.3　自然地理学应用与发展

基于自然地理学的综合性、区域性、环境性、系统性和应用性等学科特征，自然地理学有着广泛的应用领域。当代自然地理学特别关注全球环境变化及其区域响应和适应，其应用主要表现为广泛地参与资源、环境管理。随着学科研究与社会需求的发展，自然地理学为社会服务的应用研究领域不断拓展，分化越来越细，越来越趋向于多元化。

4.3.1　自然地理学应用方向

在当代社会与科技发展背景下，自然地理学可以在自然资源的开发利用与保护、生态脆弱区域生态系统功能的恢复重建、全球环境变化监测与对策、城镇区域土地利用规划与动态监测、城市生态居住环境质量保障、重大自然灾害监测与防御、人与自然关系的协调和区域可持续发展等领域发挥作用。按照自然地理学的应用方向及其在解决应用问题中的主要交叉学科领域，自然地理学的应用方向大致可划分为生态学、环境学、灾害学和资源学四大领域。

1. 生态学应用方向

自然地理学的生态学应用方向主要借鉴生态学原理与方法，解决区域性生态问题。人类对自然地理环境的盲目开发利用，干扰和破坏了生态系统的自然平衡和循环，对这一问题的重视和研究使现代自然地理学具备了生态化的趋势。目前自然地理学在生态学领域的应用主要是研究各类生态系统的空间分布、结构、功能及演化等规律与自然地理环境之间的协调平衡机制。运用生态学的基本原理和方法，围绕人类与自然地理环境的相互关系，研究生命系统与地理系统之间的整体性与相关性，生命系统行为的目的性及其相互作用、相互联系机理及调控方法与途径。自然地理学的生态学应用方向研究的目的是改善地理系统结构，达到生态学上的最佳结构状态和提高生产效率，协调系统内部联系，改善和保护人类生存的环境。自然地理学的生态学应用方向可包括景观生态学、流域生态学和城市生态学等方向的系列课程。

2. 环境学应用方向

自然地理学的环境学应用方向主要借鉴环境学理论与方法，解决区域性环境问题，研究各环境要素在人类活动影响下产生的主要污染问题和污染物在环境中的迁移转化与时空规律，揭示人口激增、资源和能源的过度开发利用与环境发展变化趋势之间的关系，阐明以环境评价与规划作为实现环境质量调控的手段，以可持续发展战略作为指导思想从根本上解决环境问题的对策和措施。自然地理学在环境学中的应用成果，如了解环境问题、计量环境污染（城市、农业及工业废物排放造成的污染）的分布等，主要在人类居住地（城市、村镇等）规划建设、农业生产、海洋产业、水利、气象气候等人类生产生活活动中得到广泛应用。自然地理学的环境学应用方向可包括环境评价、环境规划与管理、环境保护与可持续发展等方向的系列课程。

3. 灾害学应用方向

自然地理学的灾害学应用方向主要借鉴灾害学理论与方法，解决区域性灾害问题。从地理学角度看，自然灾害具有空间分布上的差异性、联系性、广域性和发生学上的关联性、群发性与连锁性，故灾害发生的地理规律与所采取的对策成为地理学研究的重要内容。自然地理学在灾害学领域的应用主要是研究地理环境中各类自然灾害区域分异规律、形成机制、本质联系、发生发展趋势，区域开发、国土整治等人类活动中的灾害地理预测与评价研究。人类活动的广度和深度在很大程度上依赖于与地理环境的协调程度和对自然灾害的抗御能力，人类要从科学的意义上认识这些灾害的发生、发展，以及尽可能减小其所造成的危害，已是国际社会的一个共同主题。自然地理学的灾害学应用方向可包括自然灾害学、灾害地理学、灾害评价与防治等方向的系列课程。

4. 资源学应用方向

自然地理学的资源学应用方向主要借鉴资源学理论与方法，解决区域性资源问题。资源学是以研究人类与自然界中可转化为生产、生活资料的物质与能量间相互关系的科学。自然地理在资源学领域的应用主要是研究自然资源的特征、性质及其与人类社会的关系，以单项和整体的重要资源为对象，研究其数量、质量、时空变化、开发利用及后果、保护和管理等。随着全球性和区域性资源危机的凸显，以及人地协同进化和可持续发展等理念被广泛认知，地理学与资源学的交叉融合不断深化，自然地理学的资源学应用领域研究获得长足发展，除了资源形成的自然地理背景与制约因素、区域自然资源结构、自然资源评价与区划、自然资源分布与制图等传统资源地理学，还从资源系统的角度，探讨资源系统各要素间的相互作用机制与平衡机理，揭示自然资源系统与人类活动及社会发展之间的关系，探索新技术、新方法在自然资源开发利用中的应用。自然地理学的资源学应用方向可包括自然资源学、资源地理学、自然资源评价与规划、自然资源遥感与信息系统等方向的系列课程。

4.3.2　当代自然地理学应用研究领域

目前资源环境问题的全球性关注和可持续发展面临的重大问题，对自然地理学提出了一系列需求。国际上实施的重大科学研究计划，如国际地圈生物圈计划、国际全球环境变化人文因素计划、世界气候研究计划、生物多样性计划等，包含着许多自然地理学的前沿研究领域。我国各类科技计划也提出了一系列自然地理学的前沿研究议题。归纳起来，当代自然地理学应用研究领域有以下几个方面。

1. 全球环境变化及其区域响应与适应

全球环境变化及其区域响应与适应涉及古地理环境演变、土地变化科学、减轻自然灾害、典型区域环境定位研究以及全球环境变化的对策等众多领域，其目标是为解决人类社会面临的巨大环境压力和挑战提供科学与技术支持。该领域的关键科学问题是：几十年至百年时间尺度的全球环境变化事件的发生规律和特征；全球环境变化的成因、人类活动的诱发机制及主导全球环境变化的相互作用的物理、化学和生物学过程；全球环境变化早期信号的捕捉、监测与预警；全球环境变化过程的建模、模拟与预测；重大全球环境变化事件的影响及后果；全球环境变化减缓、规避与适应对策。

2. 陆地表层过程机理与格局研究

陆地表层过程机理与格局研究强调不同空间尺度上多种自然过程的相互作用研究，以及自然过程和人文过程的相互作用研究，揭示陆地表层系统关键要素、过程的机制与演化规律，揭示区域可持续发展中人为作用与自然作用的关系。该领域的关键科学问题是：陆地表层系统关键要素变化过程与机制；陆地表层系统关键要素相互作用与模拟；界面过程与物质迁移转化规律；地理系统中界面过程的综合研究；格局与过程的综合研究，包括结构、功能、动态、驱动力、过程、机制。主要研究方向包括：陆地表层系统环境要素的演化过程与机理，陆地表层系统关键要素与过程的相互作用与模拟、生态过程与系统演化；尺度、结构、过程相互作用，自然、经济、社会相互联系，地貌、水文、生态过程相互耦合；流域水系统与生态系统和气候的相互作用，自然灾害风险管理与预案情景分析，自然地域系统的综合研究，典型地区环境演化过程，综合格局－过程的模型耦合、有效性检验与验证；等等。

3. 自然资源和生态系统服务与人类福祉关系研究

自然资源和生态系统服务与人类福祉关系研究自然资源空间格局及变化过程、生态系统服务功能形成机制、自然资源与生态系统服务功能对区域社会经济发展的影响。该领域的关键科学问题包括：主要自然资源形成与演化的地学基础与区域差异；区域发展的自然资源保障功能与承载力；区域开发自然资源引起的生态环境效应；不同类型和不同区域生态系统服务的价值及时空变化；不同尺度下生态系统结构与功能-生态系统服务-人类社会福祉的内在双向联系；生态系统服务通过什么样的内在途径与社会经济系统发生作用，进而影响到人类社会福祉？不同层次的主体如个体、家庭、企业和政府的权衡行为如何影响不同类型的生态系统服务？全球气候变化情景下，区域生态系统服务功能如何变化？

4. 灾害形成机制与综合风险防范管理

灾害形成机制与综合风险防范管理针对不同类型的自然灾害，从地球系统科学角度认识复杂的灾害系统，研究致灾和成害机制。该领域主要关键科学问题是：在全球开放系统下的人与自然相互作用过程和灾害风险形成机制，全球变暖背景下的世界灾害风险发展趋势及其时空格局的变化趋势，全球环境变化与自然灾害风险时空的可预报性，全球环境变化与生态灾难风险时空变化的可预报性，全球化进程与灾害风险在全球的传播与扩散机制，灾害发生后对区域乃至全球化的影响和反馈机制。自然灾害风险防范的重大管理问题包括：全球环境变化背景下的适应各种灾害风险的制度设计，适应不同区域防范各类灾害风险的标准体系，区域与全球灾害风险防范模式，区域防范灾害风险经验的总结与推广应用，考虑不同情景（时空尺度不同、成因机制不同、承灾体脆弱性与恢复性差别突出等）下的区域灾害风险模拟及高风险区划分。

5. 人类活动对环境变化的影响及其调控原理

该领域的关键科学问题是：资源利用对环境的影响，工程建设对生态与环境的影响，有毒污染物时空分布和环境风险，自然过程与人类活动导致环境异常的识别与调控。研究方向包括：城市化的空间格局演变及其环境效应，土地利用变化及其生态效应，污染物在圈层界面的迁移过程、动力学机制，环境中持久性有毒污染物的生态毒理和生态风险，地下水中典型污染物的迁移转化机理与修复原理，重大工程建设的环境效应及地质灾害防治，矿产资源、能源开发利用的环境效应与调控。

4.3.3　中国自然地理学应用研究成果

自然地理学研究的地球陆地表层系统与人类活动密切相关，广泛涉及环境、资源和社会经济在时空上的结构、演化、发展及其相互作用。自然地理学研究众多关系社会经济可持续发展的重大科学问题，也涉及众多关系民生的重大社会问题。1949 年以来，随着国家社会经济建设发展的需求，自然地理学相继在自然环境区域差异与自然区划、土地利用与覆被变化、自然灾害形成运动规律和风险防控、荒漠化过程与防治、黄淮海中低产田改造、多年冻土区工程建设、地球化学元素异常和地方病防治、自然地理要素定位观测、地理空间异质识别、地理探测器等领域开展了大量工作，取得了卓越的成就。自然地理学在实践和应用相关领域的研究加深了对我国陆地表层系统格局与过程的认识，同时有效支撑了对我国农业发展、区域发展、资源合理利用和生态文明建设，对我国社会经济可持续发展做出了重大贡献。其中最重要的特色应用研究实践与成果应用如下。

1. 综合自然区划服务国家国土空间开发利用

综合自然区划研究的主要对象是地表自然综合体，其主要目标是揭示地表自然要素的地域分异规律，按不同要素空间分布特征与组合，逐级划分区域，以达到将区域中复杂的自然环境系统化，构建地球陆地表层自然地域系统。我国地域广阔、自然环境条件差异显著，自然地域系统是国家重大资源环境管理和社会经济建设规划的基础。自 20 世纪 50 年代起，为了服务于国家因地制宜部署农林牧生产需求，我国自然地理学者在地域分异规律理论指导和深入调查的基础上，广泛开展综合自然区划研究，得出了一系列综合自然区划方案成果，有效地推动了国家国土空间开发利用。这些综合自然区划包括服务国家农业生产的综合农业区划、服务国家生态建设与环境保护的生态地理区划、服务国家社会经济可持续发展的综合区划和服务全球变化应对的未来综合环境风险区划。其中，中国自然区划的研究成果"中国自然环境及其地域分异的综合研究"获得 1987 年度国家自然科学奖二等奖。

2. 土地利用/土地覆被变化研究服务中国人地关系协调发展

土地是人类活动的载体，土地利用/土地覆被变化（LUCC）集中反映人类活动和自然因素变化及其相互作用与影响，LUCC 在全球气候环境变化和可持续发展中占有重要地位。1949 年后，随着我国农业受到普遍重视和大力发展，我国自然地理学者积极开展服务于人地关系协调发展的 LUCC 研究，为我国人地关系的协调发展提供大力支持：在土地资源的调查和研究基础上，先后制定《一九五六到一九六七年全国农业发展纲要（草案）》《中国 1：100 万土地资源图》《中国土地利用现状图》。这些成果主要反映农林牧副业的生产潜力，包括土地适宜性和局限性以及土地利用的基本状况，并进行潜力或质量分类。土地利用分类与制图直接影响土地利用现状确切性和使用价值，并指导开展土地质量分等定级工作，为农业生产布局和社会经济发展规划提供了科学基础。

3. 自然灾害过程和风险评估研究服务国家减灾救灾需求

我国自然环境的多样性使得我国成为世界上自然灾害最为严重的国家之一。1949 年以来，不同学科对我国的自然灾害，特别是致灾因子开展了深入探讨，自然地理学从重要自然灾害（如泥石流等）的致灾因子和过程研究，拓展到自然灾害的防、抗、救研究；由侧重灾情评估为主向综合度量致灾因子危险性、承灾体暴露度、脆弱性、减灾能力等的风险研究转变。自然灾害风险研究已经发展成为以自然地理学为主开展的一门新兴学科。自然地理学在自然灾害研究和防治应用方面的贡献与进展主要包括：①初步形成泥石流学科较为系统的知识体系，其减灾技术在汶川地震区典型泥石流防治等国内外减灾中产生良好成效；②灾害风险研究逐步从单灾种向多灾种综合风险转变，《中国自然灾害风险地图集》体现了我国开展综合风险防范的区域差异性，为区域防灾减灾决策制定提供更具针对性的科学依据；③综合气候变化灾害风险评价体系逐步形成，灾害风险评估支撑了国家防灾减灾管理。自然灾害系列研究成果获得 2018 年度国家科学技术进步奖二等奖。

4. 荒漠化过程研究与防治技术研发促进国家荒漠化治理科学化

荒漠化是全球面临的最为严重的环境-经济-社会问题之一。我国特殊的气候空间差异、多样的自然地理条件和悠久的人类活动历史，导致我国荒漠化问题具有严重性和多样性的特点。荒漠化主要包括西南地区为主的石漠化、西北干旱半干旱地区的风沙灾害和沙漠化，以及东部季风区的水土流失等问题，自然地理学家在以下几个方面均开展了卓有成效的基础研究和应用研究，为国家发展做出了重要贡献。包括：①石漠化过程与防治研究为西南喀斯特地区可持续发展提供科学支撑；②沙漠化和土壤风蚀研究直接服务西北地区的沙漠化防治；③水土保持研究为东部季风区农业和生态持续发展提供理论支撑；④塔里木盆地水资源调控与生态屏障建设初步遏制了土地沙漠化的趋势。"塔里木沙漠公路防护林生态工程建设技术开发与应用"获 2008 年度国家科学技术进步奖二等奖。

5. 地理综合研究推动黄淮海平原风沙盐碱地中低产田改造

黄淮海平原即华北平原，是我国典型的冲积平原和重要的粮食生产区，光照充足，热量资源丰富，地势平坦，土层深厚，开发历史悠久，是我国重要的农业区域之一。但长期以来受到洪涝、干旱、盐碱、风沙等多种自然灾害的危害，农业生产潜力难以发挥。1949 年后，我国对黄淮海平原 5.47 万 km² 退化土地进行了以改土治水为中心的大规模治理，取得了显著效果。20 世纪 50 年代以来，中国科学院先后在黄淮海地区建立了中国科学院地理科学与资源研究所禹城综合试验站、中国科学院石家庄农业现代化研究所栾城生态农业试验站、中国科学院农业资源研究中心南皮生态农业试验站、中国科学院南京土壤研究所封丘农业生态试验站和怀远农业生态试验站、中国科学院兰州沙漠研究所沙河试验站和延津试验站、中国科学院南京地理与湖泊研究所辛店试验站，在盐碱地改良技术应用和风沙地改良技术应用方面，自然地理发挥综合研究的学科优势，为华北平原主要粮食生产基地的建设做出了重要贡献。中国农业大学牵头的"黄淮海平原中低产地区综合治理的研究与开发"获得 1993 年度国家科学技术进步奖特等奖。

6. 冻土工程研究为我国冻土工程与寒区大型建设提供科学支撑

我国是世界第三冻土大国，多年冻土面积约为 215 万 km^2，多年冻土区的大型工程建设面临严峻挑战。自然地理学在冻土工程方面的研究成果应用于青藏铁路冻土路基工程、青藏公路冻土路基工程和寒区哈尔滨—大连季节性冻土区高速铁路路基工程中，代表着冻土区重大工程建设的世界先进水平。其中，青藏铁路是世界上海拔最高和线路最长的高原铁路，要穿越长度超过 550km 的连续多年冻土区。程国栋率领的团队在国际上创造性地提出了冷却地基的方法，从根本上解决了青藏铁路多年冻土筑路技术核心难题和高温-高含冰量多年冻土路基稳定性世界性难题，同时还提出了以调控冻土路基热传导、对流和辐射为理论基础的一整套筑路工程技术，解决了气候变化和工程热扰动影响下冻土路基修筑技术难题，保障了青藏铁路成功建设和安全运营，创造了世界冻土区铁路的最高时速。"青藏铁路工程"和"多年冻土青藏公路建设和养护技术"分别获得 2008 年度国家科学技术进步奖特等奖和一等奖。2014 年，程国栋获得国际冻土协会终身成就奖，标志着我国冻土工程研究跻身于世界领先水平。

7. 化学元素异常地理分布和机理研究服务国家地方病防治

人类的健康状况与其生存的地理环境密切相关，地理环境中化学元素异常和地域分异对人体健康的负面效应，导致地方病的发生。我国与地理环境化学因素有关的地方病有克山病、大骨节病、碘缺乏病、地方性氟中毒、地方性砷中毒等。自 20 世纪 60 年代末，中国科学院地理研究所与其他地学相关研究所及卫生和疾病控制部门通力合作，开始长达 50 多年的克山病、大骨节病等地方病的调查及其环境病因与防治的研究。在克山病、大骨节病、地方性甲状腺肿、地方性氟中毒、地方性砷中毒以及鼠疫等疾病的地理流行和防治方面做出了巨大的贡献，主要应用成果包括：①发现低硒带，确定环境病因，为克山病和大骨节病防治提供有效途径；②编制《中华人民共和国地方病与环境图集》，系统揭示中国地方病分布规律及其与地理环境的关系；③编制《中华人民共和国鼠疫与环境图集》，系统揭示了鼠疫流行的时空流行规律，阐明了鼠疫疫源地的类型、分布及其长期赋存机制；④建立了环境砷、氟暴露与地方性砷、氟中毒的剂量与效应关系，为地方性砷、氟中毒防治和国家饮水安全工程实施提供了科技支撑。

8. 空间定位观测与监测有力支撑国家生态文明建设

自然地理定位观测与监测研究是自然地理学过程分析、定量研究和机理解析的必要手段。黄秉维于 20 世纪 50 年代提出在地理学中引入数学、物理、化学、生物等学科知识和新技术，开展地表实验研究，探索表层陆地系统的物理过程、化学过程、生物过程，研究地表能量转换和物质迁移的规律性。基于此，中国自然地理学界开始重视野外定位实验研究，大力开展自然地理野外定位观测站建设，从沙漠、冰川与湖泊水文观测，到地表热量平衡与水分平衡、积雪与雪崩以及坡地侵蚀等定位观测与实验，再到农业综合试验站及其野外台站网络化建设，目前已经建成了一个国家尺度生态系统野外监测体系与数据共享系统，由 18 个国家农田生态站、17 个国家森林生态站、9 个国家草地与荒漠生态站和 7 个国家水体与湿地生态站共同组成，涵盖全国的主要生态系统类型与关键区域的自然地理要素和过程观测、试验和研究体系，推动自然地理过程的定量化研究，有力支撑和保障了自然地理学创新发展，为我国农业生产、生态建设与环境保护、可持续发展等提供了系统的科技支撑和理论依据，为保障国家粮食安全、生态安全等做出了重要贡献。

4.3.4 当前自然地理学热点研究领域

自然地理学的研究重点能够很好地反映现代自然地理学发展的趋势。面对更加深入的学科交叉趋势和可持续发展的战略需求，自然地理学研究主题已逐渐从传统的自然地理格局研究向格局与过程耦合、可持续发展议题深化，研究方法逐渐走向综合性与定量化，并正在实现微观过程机理与宏观格局的结合，未来重点研究领域包括：地表格局与过程耦合、气候变化背景下的区域响应与适应集成研究、地球系统人文要素的分析、基于地理视角的生态系统服务研究、多源数据集成和模型开发、地理单元集成研究、全球战略和国际研究计划等，出现了自然地理过程综合与深化、陆地表层系统集成、陆海相互作用研究和区域生态与环境管理应用等热点领域。自然地理过程综合与深化为自然地理学综合研究提供了基础支撑，表层陆地系统集成与陆海相互作用研究是自然地理学格局与过程耦合、地理单元集成研究、地球系统人文要素分析、基于地理视角的生态系统服务研究、多源数据集成和模型开发等重点研究领域的核心展现，区域生态与环境管理应用则是自然地理学面向气候变化背景下的区域响应与适应集成研究的重要体现。

1. 自然地理过程综合与深化

在应对全球变化的一系列国际研究计划引领下，自然地理学立足水文学与水资源、生物地理学与生态系统、地貌学与第四纪环境、冰冻圈等研究领域，在对水循环过程、生态水文过程、水文模型及不确定性、植被-气候关系、生物多样性维持机制及气候响应、生态系统碳循环、地貌演化历史过程、环境变化定量重建、冰冻圈生态系统、冰冻圈古气候重建、污染物空间过程等热点问题探索中，推动了自然地理过程的综合与深化研究，从单要素、单个过程的研究向多要素、多过程耦合与综合研究方向发展，并伴随着地理空间观测手段的不断进步和数理模拟算法的研发应用，表现出精细化、多尺度和模型化的特点。同时，基于人类活动对于自然地理过程有着深刻的影响，将人类活动纳入自然地理过程，对不同尺度自然人文要素进行集成分析，自然地理学与其他学科交叉融合过程中形成新的分支学科与领域，如社会水文学、生态水文学、地球关键带、人类地貌学、全球变化生物地理学等，均有效地推动了自然地理过程综合和深化研究。

2. 陆地表层系统集成

伴随着可持续性科学和全球可持续发展目标的提出，陆地表层系统科学与可持续发展已成为综合自然地理乃至地理学的核心领域和方向。其研究以人地系统研究为核心，以格局-过程-服务-可持续性研究为纽带，强调自然过程与人文过程的有机结合，注重知识-科学-决策的有效链接，研究主题涵盖气候变化、土壤、水文水资源、土地利用、碳循环、全球化、遥感、模型模拟等方面，往往以流域或区域集成的方式开展，通过不同尺度监测调查、模型模拟、情景分析和优化调控，耦合格局与过程、自然与社会多个方面，探讨流域/区域可持续发展的方向与途径。目前，陆地表层系统集成研究不仅强调格局与过程耦合、过程与服务耦合，更强调多要素、多尺度、多学科和多源数据集成。作为系统集成分析的关键，模型或模型系统的建立不仅需要模拟自然过程，也需要耦合生态、人文和社会经济模型，实现多模型集成。此外，陆地表层系统集成也依赖系统整体的分析方法，需要分析探讨系统的脆弱性、恢复力或韧性、适应力等。

3. 海陆交互作用

海岸带作为地球系统的重要子系统，其水文动力过程、生态系统过程、痕量气体交换过程以及人类活动过程的耦合作用研究涉及自然科学和社会科学的多个领域。面对全球变化和人类活动对河口与海岸地区的整体影响，海岸带作为地球系统物质、能量循环过程中的固态、液态和气态三相接触带受到国际社会重点关注。在国际地圈-生物圈计划（IGBP）的海岸带海洋陆地交互作用项目（LOICZ）和未来地球海岸（FEC）引导下，自然地理学将以构建可持续的海岸系统为目标，需充分发挥综合性、交叉性的学科特点，从海岸地貌塑造过程、陆海气生物地球化学循环、海岸带生态系统服务、海岸带环境及灾害风险等多个研究视角切入，致力于海陆交互作用研究的系统集成，切实服务于海岸带可持续发展。

4. 区域生态与环境管理应用

当前社会对资源环境问题的全球性关注和对区域可持续发展严峻挑战的高度重视，体现了全球和国家对自然地理研究的重大需求。我国现代自然地理学长期以来在综合自然区划、全国农业区划、国土综合开发和整治规划、生态功能区划、资源环境承载力评价等方面服务国家和社会需求方面表现突出。面对区域和全球尺度上环境、资源利用和可持续发展的重大挑战，自然地理学者立足地理空间视角，积极参与区域和全球生态环境管理与可持续性研究，从系统科学的角度探讨地球表层环境区域联系与圈层相互作用机制；以可持续发展为导向，探讨人与环境的协调发展，从地表环境的评估、预测、规划、管理、优化调控方面，强调自然地理学应用的理论与方法，基于格局-过程-服务-可持续性的研究框架，通过情景分析与模拟，设计维护区域和全球生态安全的地理空间格局，解决基于区域和全球人地系统观的资源、环境优化和减灾、防灾等重大应用问题。

4.3.5　自然地理学发展趋势

在全球环境变化驱动下，自然地理学研究形成气候变化、生态系统服务、格局与过程耦合、模型、尺度等研究热点，地貌学、气候学、水文学、生物地理学、综合自然地理学等分支学科在传承中得到新的发展，并出现城市自然地理学、文化自然地理学、流域与区域综合、全球气候变化研究等新兴方向。未来的自然地理学将是以先进空间信息获取与处理以及复杂性科学理论为技术和理论支撑，以地球表层各要素或子系统相互作用的复杂性、人文性以及可调控性为研究范畴，以解决全球及区域资源、环境、生态和社会问题为应用方向，在地球系统科学体系中具有可辨识独立地位的重要应用基础性科学。自然地理学科的发展主要表现出以下方面。

1. 学科发展的多元化趋势

随着人类活动对自然界扰动强度的不断增大，自然地理学研究对象的本体特征被重新解构，自然地理学出现了多元化发展的趋势。其表现为自然地理学的"文化转向""政治化""生态化"倾向等。其"文化转向"是顺应全球化发展趋势，解决人口、资源与环境之间的矛盾以及在自然地理学领域里出现的一系列重大问题而产生的地理学知识领域的学术变革和范式转折，也是对传统自然地理学研究视角和方法论的创新。其"政治化"倾向表征为自然地理学开始注重自然生态系统时空格局、自然资源利用强度的区域差异与人类福祉、社会公平正义的关系，如土壤侵蚀、土地退化的社会原因和后果，自然资源配置和利用及其后果，以及生态系统服务功能与生计之间的关系，等等。其"生态化"倾向表征为生态学的关系型范式在自然地理过程研究中得到广泛应用，生态（物）地理过程与地域划分研究在自然地理学中的重要性不断提高。自然地理学在大尺度生态课题研究中发挥越来越重要的作用，如全球尺度的碳格局研究等。区域性的生态模拟与评价、生态系统服务功能、LUCC 及区域可持续发展之间的关系，将会成为自然地理学关注的重要议题。

2. 研究视角的全球化趋势

当前世界各国共同面临着全球气候变化影响及其政策响应的影响问题，基于自然地理学的综合性、交叉性和区域性学科优势，自然地理学在全球气候变化研究中发挥着重要的作用。越来越多的自然地理学者认识到传统小尺度、短时期和当时状态研究在解决当代大尺度资源和环境问题时的局限，因此联系全球问题进行自然地理学研究，需要加强不同尺度间各种因素交互作用的研究，从而呈现出自然地理学研究视角的全球化趋势。自然地理学研究对象的全球化特质将进一步强化，其研究范围涵盖整个地球表层系统，包括陆地和海洋系统，全球尺度的诸多研究议题如自然和人文过程、真实与虚拟地理空间、地理关系与网络将在自然地理学中占据重要地位，将有助于进一步开展关于全球变化空间影响的研究和调查；有助于进一步开展多学科和跨学科研究，包括建立与社会科学间的联系。自然地理学研究方法技术的全球化趋势将全面彰显，如在地理信息获取及其定位上，全球观测网络、遥感和全球定位系统将发挥更大效能；在地理信息管理、分析与处理上，网络 GIS、云计算以及其他一些基于互联网的模型工具等将对全球尺度地理问题的解决提供技术支撑。自然地理学切入全球气候变化研究的关键包括：继续提供与全球气候变化相关的数据（特别是遥感数据）；建立大气环流模式与环境系统各部分模型之间的联系。

3. 学科研究的融合化趋势

当代大尺度资源和环境问题的解决依赖于多个学科的共同参与，自然地理学整体性的思维和分析方法与技术对于解决这些复杂问题的效能更高。多学科之间横向交叉、渗透和融合丰富了自然地理学的学科内涵，提高了研究水平，并不断开拓出新的研究领域，形成新的边缘学科和交叉学科。一些面向特定地理对象的研究，如湿地、山地、沙漠和冰冻圈，都融合了多种相邻学科，衍生出许多新兴学科；广泛采用相似的模型和概念方法，加强了自然地理学内部的联系：如提倡流域生态系统的概念，鼓励生物地理学、地貌学和水文学之间的联系；更广泛地参与国际重大科学研究计划如国际地学计划（IGCP）、全球变化人文计划（IHDP），包含大量涉及自然地理研究的跨学科研究和跨国家调查。

4. 应用领域的拓展化趋势

随着自然地理学应用于社会经济可持续发展的需求增强和高科技应用与学科交叉融合促进自然地理学应用能力的提升，自然地理学应用研究领域与范围将不断拓展，自然地理学服务社会的应用领域进一步趋向多元化。从传统的综合区划、荒漠化防治与农业增产、自然资源的开发利用与保护等领域扩展到全球环境变化监测与应对、重大自然灾害监测与防御、城市生态居住环境质量保障、生态脆弱区域生态系统功能的恢复重建、生态系统和自然环境服务价值、城镇区域规划与动态监测、区域可持续发展等与人类生产和生活密切相关的领域，为国家提供更加精准细致的决策依据和科学建议，为国家建设和人类美好未来做出积极的贡献。

 国外地理人物（4）：

彭克

彭克是德国地理学家、地质学家，1858年9月生于德国莱比锡，1945年3月卒于布拉格。彭克1878年毕业于莱比锡大学地质系，后受李希霍芬影响专攻地理学。1883年任慕尼黑大学讲师，1885—1906年任维也纳大学教授，1906—1926年任柏林大学地理学教授，并兼任由他创立的柏林大学海洋地理研究所首任所长，1917年任柏林大学校长，1910—1930年间曾先后3次任柏林地理学会会长。他致力于自然地理学，特别是地貌学的研究，首创"地表形态学"一词，著有《地表形态学》，探讨了地表形态的起源、形成过程以及各个区域内各相似形态的地理位置与组合情况。他研究了阿尔卑斯山冰川周期变化及其对地表形态的影响，在其学生布吕克纳的协助下，撰成《冰川时期的阿尔卑斯山》（3卷），将阿尔卑斯山的第四纪冰川时期划分为3个间冰期和4个冰期，创

彭克
（1858—1945年）

立了第四纪冰川地层学。这是他对冰川学和第四纪地质学的重要贡献。彭克还研究了莱茵河的河谷地形、气候变迁、气候分类、政治地理等问题，在国际地理大会上首倡编制1∶100万的世界地图。他曾被授予英国牛津大学荣誉科学博士、爱丁堡皇家学会会员、维也纳科学院院士、普鲁士科学院士和华盛顿国立科学院院士等。

 国内地理人物（4）：

施雅风

施雅风是江苏海门人，著名地理学家、冰川学家，被誉为"中国现代冰川之父"。他长期从事冰川学和地理学研究，是中国现代冰川学的开拓者和奠基人，并领导和促进开展冻土学与泥石流的研究，在发展中国地貌学、干旱区水文学、青藏高原综合科学考察、第四纪气候和环境变化研究等方面都有重大建树。他提出"开发高山冰雪水资源，支持西北农业生产"，并组织祁连山、天山、乌鲁木齐河等冰川考察，参与出版了我国第一本现代冰川专著《祁连山现代冰川考察报告》，1980年当选为中国科学院学部委员（院士）。

2011 年 2 月 13 日在江苏逝世，享年 93 岁。

1949 年后，施雅风历任中国科学院兰州冰川冻土研究所所长、研究员，中国科学院兰州分院副院长，中国科学院地学部委员、学部副主任。他曾组织领导了对祁连山、天山、喜马拉雅山和喀喇昆仑山冰川的考察，将亚洲中部冰川划为大陆性、海洋性和复合性三类，并对喜马拉雅山区冰塔林的成因做出了科学的解释。

施雅风
(1919—2011 年)

施雅风建立并应用波动冰量平衡法正确地预报了喀喇昆仑山巴托拉冰川的变化，并主持拟定了中巴公路通过巴托拉冰川区的实施方案。他首先指出了中国西部山区小冰期和末次冰期的冰川遗迹的位置，并为后来地质年龄资料所证实；推动冻土和泥石流研究，对四川西昌地区的泥石流进行了考察研究，并帮助有关部门选定了成昆铁路通过泥石流地区的线路；撰写了有关冰川学、地貌学、第四纪地质学及科普方面论著 200 余种，1987 年，《青藏高原隆起及其自然环境与人类活动的影响》成果获国家自然科学奖一等奖。

 思 考 题

1. 从地理学人地协调角度思考"韧性"城市、"海绵"城市建设的思路。
2. 结合相关自然地理学理论知识，谈谈如何应对生态移民问题。
3. 深入思考自然地理学与经济社会发展的关系。

第 5 章　人文地理学

地理与健康——我国克山病地理分布规律的发现

　　克山病是一种原因未明的、以心肌病变为主的地方病，于 1935 年首先在我国黑龙江省克山县发现。因其曾在黑龙江省克山县发生大流行，故名克山病，其病死率最高可达 92％ 以上，对人民的生命健康造成巨大威胁。中国科学院地理科学与资源研究所从 20 世纪 60 年代末起开展克山病病区的环境研究，发现克山病病区分布与一定的自然环境有关，具有明显的地区性。科研人员对病区和非病区内外环境中硒进行测定，发现病区的水和粮食中硒含量明显降低，病区人群的血硒和头发硒含量亦低，说明硒缺乏与克山病发病的关系密切。我国克山病的流行从东北的黑龙江沿岸一直延伸到西南山地，南北纬度相差达 30°，其自然环境虽有差异，却具有共同的自然特征。科研人员调查发现，在黑龙江、吉林、内蒙古、河北、陕西、甘肃、四川、云南等地的荒僻地区存在着一个低硒带，大体分布在我国地形的第二级阶梯，沿兴安岭、长白山、太行山、六盘山到云贵高原的山地，多位于海拔 200～2000m。科研人员的这一发现对我国克山病的防治提供了重要的科学依据。

5.1　人文地理现象

5.1.1　人文地理现象（一）：人口空间分布不均

　　"人稀逢客喜"与"十里鸣鞭过润州"这两句描写地方特色的诗句揭示了一个重要的地理现象——人口空间分布不均。"人稀逢客喜"是著名诗人方拱乾形容自己家乡黑龙江的百姓因人烟非常稀少，只要遇见来客便非常欢喜的情景。"十里鸣鞭过润州"描绘的则是清高宗皇帝南巡时人头攒动的壮观景象。从这两句诗中我们可以发现，我国的人口分布极度不均，东部地区人口众多，而西部地区则人烟稀少。时至今日，这种人口空间分布不均的现象依然存在，东部的人口依旧众多而西部地区的人口依然稀少。

　　人口空间分布不均现象在地球上普遍存在。首先，从全球来看，世界人口主要集中在东亚、南亚、西欧、北美东部等，这些地区人口稠密，形成了许多世界级的都市群，而其他地区的人口则相对稀疏。其次，国家内部不同地区的人口分布也有很大差异；我国的人口分布以胡焕庸线为界，其东侧地区人口稠密，其西侧地区则人口非常稀疏；俄罗斯的人口分布呈现出西部欧洲部分人口多，东部亚洲部分人口少的特征；加拿大则呈现出靠近美国的南部边界地区人口较多，其他地区人口较少的特征；而在蒙古国与韩国这样的国家，全国近一半的人口都集中在首都地区，其他地区人口则异常稀疏。最后，由于城镇化的发展，全球各地的人口分布基本上都呈现出城乡分布不均衡特征，人口大量集中在城市，而农村地区人口稀疏。

那么，是什么原因导致了人口空间分布不均的现象呢？根据现有学者的研究，引起人口空间分布不均的因素主要有以下几个方面。

1. 地形因素

相对于容易引发高原反应的高原地区与落差较大的山地地区，平原与丘陵地区更适合人类居住，人们在这种地区更容易开展生产、生活活动，同时也便于相互之间的交往。我国的人口分布就表现为以平原和丘陵为主的东部地区人口较多，而以高原及山地为主的西部地区人口较少的特征。

2. 气候因素

同其他生物一样，人类也必须在适宜的气候环境下才能生存与发展，太过于寒冷或者是湿热的气候都不利于人类的生存与发展。因此在历史上，高纬度的寒带地区以及低纬度的热带地区的人口较少且文明程度较低。直到今天，在高纬度的俄罗斯与加拿大的人口密度都较小，而气候温和的亚热带和温带地区的人口密度都较大。

3. 历史因素

历史上各个文明对其生活地区的开发，使得这些地区相对于其他地区而言，拥有了更完备的基础设施与文化底蕴，因此更适合人类居住和繁衍，同时也吸引了其他地方的人前来定居。例如在澳大利亚人口最多的是东南地区，也是当年英国殖民者最先开发和殖民的地区。

4. 经济因素

不同地区的经济发展程度不同，一般而言，经济发展水平高的地区会比经济发展水平低的地区有着更好的基础设施、更高的生活水准、更多的就业机会、更加丰富多彩的娱乐生活等，从而形成了强大的吸引力，吸引着经济发展水平低的地区的人口向经济发展水平高的地区移民。这也是目前世界上许多大城市人口增长的原因，在这些大城市中，人口机械增长率已经超过了人口自然增长率。

人口空间分布不均会对经济社会发展带来怎样的影响？逆城市化现象的出现又会对当前人口空间分布不均的格局产生怎样的变化？这些能给我们带来怎样的启示呢？"人文地理学"等课程中会有相关的学习内容，感兴趣的同学也可以通过课外阅读，自己去寻找答案。

5.1.2 人文地理现象（二）：人口回流

曾几何时，改革开放带来了城市经济发展的春天，进城务工成了许多农村乡镇居民特别是年轻人的时髦选择。众多农村人口涌入城市，特别是东部沿海城市。然而，随着西部大开发、中部崛起、乡村振兴等战略的实施，近年来，我国人口流动方向开始发生改变，出现城市流向农村和大城市流向中小城市的人口回流现象。许多人开始离开东部沿海城市，重新回到中西部城市，沿海大城市早已不是唯一选项。如果在春节前询问某些东部省份的服务业老板，会发现他们很多正在为用工难而挠头：不少工人在春节前辞工回乡，而且他们不准备回来了。这意味着，这些背井离乡的农民工，将重新在自己家乡或离自己家乡不远的城市中生活就业。2010—2019 年全国农民工输入地的农民工占比（图 5-1）显示，持续多年的人口由中西部向东部迁移流动的区域模式受到冲击，人口从东部向中西部回流的现象不断增多。

那么，是什么原因导致人口回流现象发生？哪些人口的回流意愿更强？根据现有学者的

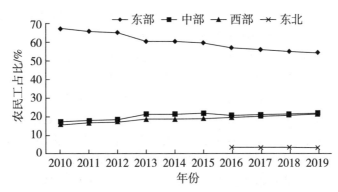

图 5 - 1　2010—2019 年全国农民工输入地的农民工占比
数据来源：2010—2019 年全国农民工监测调查报告

研究，引起我国人口回流的因素主要有以下四个方面：个人因素、流动因素、家庭因素以及制度因素。

1. 个人因素

年龄、性别、受教育水平和婚姻状况等个人因素对人口回流意愿产生影响。比如，回流人口年龄呈现倒 "U" 字形变化，具体表现为年龄较小和年龄较大的人，回流意愿较大；受教育程度越高的人，找到好工作的可能性、职业稳定性就越高，回流意愿较小。

2. 流动因素

流动因素则主要体现在外出务工时间长短和流动原因等方面，主要表现在外务工时长差异上，一般而言，在外务工时间越长，其回流意愿越低。

3. 家庭因素

家庭经济收入、子女数量、家庭照料等家庭因素会影响人口回流意愿。具体表现为，更高薪酬的迁移人口的回流意愿更小；有子女的家庭回流意愿更大，且随着子女数量的增加，流动人口回流的概率呈现波动上升趋势。

4. 制度因素

流入地和流出地的优惠政策、福利保障等制度条件差异会极大程度影响人口回流意愿。一方面，流出地对返乡创业人员的优惠政策会吸引更多的人口回流，同时，人口回流也为流出地的经济发展带来更多机遇，成为流动人口回流的重要拉力。另一方面，由于户籍制度的限制，流动人口无法享受当地居民的福利保障，而家乡的农村新型合作医疗等政策却可以为其提供良好的社会保障，因此，选择回流的人口就会增加。

人口回流的阻碍与动力有哪些？人口回流对流入地、流出地的影响如何？人口回流的出现会对我国社会经济发展带来怎样的影响？"人文地理学""经济地理学"等课程中会有相关内容。感兴趣的同学可以通过课外阅读，自己去寻找答案。

5.1.3　人文地理现象（三）：人口老龄化

在各类旅游景点打卡时，想必大家都能不时地看到某位拿着小红旗的导游带着身后一群戴着统一遮阳帽或系着同色绑带的爷爷奶奶们，这类以中老年人为主力的旅游现象被学者们统一称为"银发旅游"。在发达国家,"银发旅游"市场发展相对成熟,旅游已成为发达国家中老年人的重要生活方式之一。随着我国旅游市场的持续发展,"银发旅游"市场潜力也不断增强,激活"银发旅游"潜力已成为全国旅游企业的关注重点。而隐藏在"银发旅游"市场潜力不断增强之下的根本原因则是我国人口老龄化现象的不断加重。

人口老龄化是指人口生育率降低和人均寿命延长导致的总人口中因年轻人口数量减少、年长人口数量增加而老年人口比例相应增长的现象。当一个国家或地区 60 岁以上老年人口占人口总数的 10%,或 65 岁以上老年人口占人口总数的 7%,即意味着这个国家或地区的人口处于老龄化。随着人们生活压力加大以及受教育水平提高,生育观念及生育行为发生改变,生育率降低;生活质量的不断提高,预期寿命升高、死亡率降低、生育率降低、预期寿命拉长。这些因素导致人口老龄化问题不断加剧。据统计,全球人口老龄化问题普遍严峻(图 5-2),且尤以发达国家表现最为明显,日本已是全球人口老龄化最严重的国家,65 岁以上人口比例高达 27%(2019 年),排名世界第一。从我国第七次人口普查数据看,60 岁以上人口比例已达 18.70%(2020 年),据预测,2030 年,该比例将会到达 28.9%,人口老龄化问题也非常严重(图 5-3)。

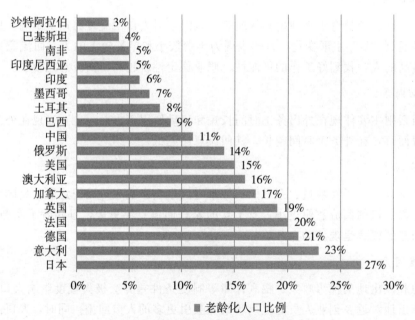

图 5-2 2019 年全球老龄化国家排行榜

人口老龄化现象的加剧给社会发展带来诸多影响。

首先,人口老龄化将导致人口结构性失衡,进而减少劳动力的供给。随着社会人口老龄化,适孕人口(青中年)比率低,出生率下降,导致年龄结构的高龄化。这种年龄结构的高龄化会进一步影响社会劳动力供给,各行业将会出现无人可用的用工荒,不利于经济社会的发展与进步。

其次,人口老龄化将加重社会保障压力。老龄化使国家、企业、社会、家庭与个人的养老负担加重,地方政府的财政负担会大大增加,用于医疗保险报销、养老保险支出以及离退休人员工资发放等方面的财政支出也会持续增长。在财政支出相对稳定的前提下,如果用于社会保障等方面的消费性支出不断增加,用于经济建设等方面的投资性支出必然减少,从而

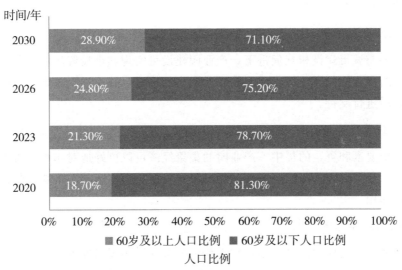

图 5-3 2020—2030 年我国人口比例

影响经济总量的提高，制约社会发展的同时又制约了社会保障能力提升。

最后，人口老龄化将加大代际矛盾，影响社会和谐发展。在中国传统文化和习俗影响下，将老年人送进养老院被视为"不孝"，而赡养多位老人与日常工作时间的矛盾又让人口比例小的中青年人感到分身无术。在养老、养小、工作、生活的矛盾拉扯中，很大程度上使代际矛盾复杂化，家庭与经济发展、社会进步以及个人全面发展之间的关系都将面临新的矛盾和冲突。

综上，随着人口老龄化社会的到来，我国该如何应对劳动力不足问题？养老政策又该如何转变？人口老龄化社会下的产业结构该如何调整？"人文地理学""人口地理学"等课程中会有相关内容。感兴趣的同学可以通过课外阅读，自己去寻找答案。

5.1.4 人文地理现象（四）：产业集聚

2012 年 5 月，大型美食纪录片《舌尖上的中国》介绍了柳州螺蛳粉的重要原料：酸笋。节目的热播导致柳州螺蛳粉一夜走红，进入了全民视野。螺蛳粉的实体店遍地开花，成为柳州最亮眼的名片之一，有关螺蛳粉的话题也时常登上网络热搜。2014 年年底，第一家袋装螺蛳粉诞生，打开了螺狮粉产业园的创建开关。目前，柳州市柳南区以螺蛳粉为核心的国家现代农业产业园，覆盖 3 个乡镇、10 万人口，以"一区一镇多基地"的发展大格局，集成了产业、生态、文化、旅游、基础设施和公共服务的融合，实现了全产业链的融合发展。种植、种养、加工、销售产业链的包揽创造了数以万计的就业岗位，推动了农业产业的生产，将农田变成车间，走出了一条崭新的发展道路，形成全国螺蛳粉产业链最长、链条最完整、效益链最强的产业带。2020 年年底，柳州螺狮粉的产值超百亿元，这离不开包揽全产业加工销售链的螺狮粉产业园的强力输出。

产业园是产业集聚的表现形式之一，是指某产业的聚集区或技术的产业化项目，简而言之，就是企业走向产业化道路集中的区域。它的类型十分丰富，包括高新技术开发区、经济技术开发区、工业区、现代农业产业园区、物流产业园区、产业新城等。作为产业聚集区的产业园可通过围绕主导产业进行综合开发，引导集中发展主导产业的人力、相关服务业、原材料和半成品供给、销售等环节供应者，能使园区在继续发展这一产业中拥有比其他地区更大的优势。

产业园的主要特点可概括为以下三点。

1. 外来生产要素聚集

在经济发展与城市建设相互促进下，产业园建设可实现城市投资环境和基础设施建设的优化，辅以不断优化的投资环境，成为技术、资本的核心，并通过引入外部经济潜力、聚集产业对经济发展进行支持。

2. 集约化经营优势发挥

通过对投资要素和资金的集中，产业园的集聚经济可以更好地对当地经济发展造成积极影响，在制度、政策、经济资源的充分利用过程中，能成为创新和经济增长的模范，充分发挥领导和榜样作用。

3. 辐射区域经济发展

产业园能够发挥辐射和窗口作用，在完整的投资环境和优惠政策支持下，产业园具备先进的管理经验和技术，辅以外资的引入，即可成为当地扩大对外开放、参与国际竞争的重要途径。

不同城市产业园的类型差别与哪些因素相关？如何在基于产业集聚化基础上保证产业园的特色？产业园在选址建设中，需要建设地满足哪些条件？"经济地理学"等课程中会有相关内容。感兴趣的同学可以通过课外阅读，自己去寻找答案。

5.1.5 人文地理现象（五）：产业转移

2021 年 3 月 24 日，以 H&M 为首的西方服装企业宣称因在新疆存在所谓的"强迫劳动"，所以要抵制来自新疆的棉花和纺织品。众所周知，这次的新疆棉风波，本质上是西方国家为了遏制我国发展而寻找的又一个借口，但这也使得此前不为大众所知的新疆棉花和纺织业进入了大众视野。事实上，今日的新疆纺织业已经成为我国该行业的代表。回顾历史，自从工业革命以来，世界上许多产业都得到了长足的发展，纺织业就是其中之一。工业革命时期的纺织业最先发源于英国伦敦，彼时的英国自称"日不落帝国"，是当时的"世界工厂"，拥有许多的先进技术与机器，如珍妮机等，而纺织业正是在这种情况下得到了飞速的发展。然而，第二次工业革命的到来，使得纺织业中心开始从英国向德国和美国转移，这一次转移也开启了以纺织业为代表的一系列产业转移进程。第二次世界大战后，美国随着产业升级，将纺织业等产业从美国转移到了日本，20 世纪 60 年代纺织业从日本向韩国、中国台湾地区等"亚洲四小龙"转移，到了 90 年代之后，随着中国大陆的改革开放扩大，纺织业从"亚洲四小龙"转移到了我国珠三角为首的东南沿海地区，之后随着我国的经济进一步发展，纺织业再度转移，一部分转移到了我国的新疆地区，另一部分则转移到了东南亚与南亚地区（图 5-4）。

企业将产品生产的部分或全部由原生产地转移到其他地区，这种现象被称为产业转移。产品生命周期理论认为，工业各部门及各种工业产品，都处于生命周期的不同发展阶段，要经历创新、发展、成熟、衰退四个阶段，在寻求最大经济利益的情况下，企业会主动将处于衰退阶段的产品部分或全部迁往其他相对落后的地区，以降低生产成本，从而获得经济效益。第二次世界大战后，美国将国内的一部分产业迁往日本就属于国际大范围的产业转移；而国内京津冀地区劳动密集型产业由中心城市核心城区沿交通轴带向中南部地区和中心城区

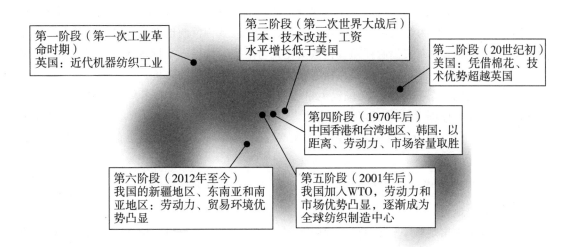

图 5 - 4　全球纺织业转移历程

外围县区扩展，中心城市核心城区产值密度下降，则属于小范围的产业转移。

那么，产业转移的原因有哪些呢？

第一，原有生产地的生产成本上升。随着原有生产地的经济发展，劳动力、土地等生产要素的价格随之上升，生产成本上升。企业为了追求最大利润，便会将产业转移到生产成本较低的地区。例如，20 世纪 70 年代，日本将以纺织业为主的劳动密集型产业转移到中国香港和台湾地区、韩国，就是因为这些地区、国家的生产成本远低于日本。

第二，产业迁入地的经济吸引。一些地区为了吸引产业的迁入，政府会利用行政手段来为产业提供支持，如税收优惠政策和基础设施的完善等。在改革开放初期，许多外企来到我国的东南沿海地区，就是因为东南沿海建有经济特区，并且有完善的基础设施。

第三，原有生产地的产业结构调整。原有生产地为了促进本地区经济的可持续发展，便会通过对原有产业的升级改造和引入新兴产业淘汰老旧产业等方式，使原有产业不得不向外转移。如深圳市通过将劳动密集型产业迁出，引入新兴科技产业，将自改革开放以来的老旧产业替换，完成产业的转型升级。

第四，国际局势的影响。全球化的当下，产业转移并不能单看迁出地与迁入地的影响，还要顾及整个全球形势的变化。如自 2018 年中美经贸摩擦以来，许多国内企业为了规避美国的高额关税，纷纷将产业转移到不受美国关税影响的东南亚地区。

产业转移会对迁出地与迁入地带来怎样的影响？产业转移又会遵循什么样的区位条件？不同类型的产业转移会存在怎样的差异？"经济地理学"等课程中会有相关的学习内容，感兴趣的同学可以通过课外阅读，自己去寻找答案。

5.1.6　人文地理现象（六）：五花八门的地名

黄山市，古称徽州市，历史上曾经两次改名。2016 年，《人民日报》刊文评"一生痴绝处，无梦到徽州。"呼吁黄山市重新恢复为"徽州市"，使近 30 年的黄山与徽州地名之争再次人声鼎沸。据调查，支持"黄山"复名为"徽州"的网民占 70%以上。两次更名错了吗？未必。改革开放之初，旅游业作为对外开放的先导产业，引起国家高度重视，而"黄山归来不看岳"的盛名传播,选择"黄山"作为地级市的地名不难理解。那持续多年的"复名徽州"动议错了?也未必。因为徽文化是中国最有价值、最具地域特色的地方文化之一,特别是以地方特色建筑为代表的地面文化遗存而言,徽文化无与伦比。如果一个行政区域,以深厚文化底蕴和历史信息的徽州存世,对作为徽文化的载体是一件文化传承的好事。

地名是人们赋予某一特定空间位置上自然或人文地理实体的专有名称。地名稳定性是地名识别性的基础,原则上地名不宜轻率改动。中国文化博大精深,市、县、镇、村,甚至区的命名均五花八门。作为传播区域自然、人文文化的标志——地名的类型有哪些?学者对其进行了深入研究。

1. 地名与自然地理环境要素相关,大体上有以下几种情况

(1)地形类地名

地形类地名中出现频率较高的字包括山、坪、沟、岭、岗、口、湾等,其中,"山"字出现频率最高,比如"鞍山市"。

(2)水文类地名

水文类地名指带有水体的地名,具体有泉、河、湖、江、溪等字,其中"河"字出现频率最高,且在全国乡镇地名中比较普遍,比如"泥河镇"(淮南市)。

(3)方位类地名

方位类地名用字丰富,上、下、前、后、东、北、南、中、西等字都可用在地名中,且我国以东、南、西、北方位指示词出现的频率最高,比如"南阳乡"(吕梁市)因位于山西省龙隐山南麓的阳坡而命名。

(4)动植物类地名

动物类地名涉及物种多样,可以是生活中家禽、牲畜,也可以是传说中的神物,比如"马村乡"(石家庄市);植物类地名则都是人们日常生活中熟悉的、常见的植物,比如"茅岭乡"(防城港市)即由遍地茅草而得名。

2. 地名与人文地理环境要素相关,大体上有以下几种情况

(1)建筑类地名

建筑类地名中有寺、桥、院、庙、塔等,其中以"桥"字出现频次最高,比如"板桥镇"(曲靖市)以"板筑城楼,桥通古今"首字得名;"关桥乡"(中卫市)因明代官府在今关桥村北修建"官桥"得名;等等。

(2)姓氏类地名

姓氏有着深厚的血缘和文化意义,在中国流传千年。姓氏类地名多与聚落、地形、水文类字连用,比如"张家河镇"(汉中市)、"叶集镇"(六安市)等。

(3)工程、军事类地名

工程主要为改造人们生活环境的不利局面。工程类地名出现频率最高的是"坝"字,如"坝头乡"(开封市)。军事则涉及战争、军事部署等。与军事类地名相关的字有"营""寨""堡"等,如"堡子镇"(怀化市)因为古时曾设烽火堡,该地属烟堡脚下,故名堡子脚,简称堡子。

地名的空间分布特征如何?地名在文化遗产保护方面有何作用?地名的更改会对当地产生怎样的社会、经济影响?"人文地理学"等课程中会有相关内容。感兴趣的同学可以通过课外阅读,自己去寻找答案。

5.1.7　人文地理现象（七）：邻里关系变迁

古人云："远亲不如近邻"，这句话道出了我国自古以来就是一个非常注重邻里关系的国家。邻居是日常交往中除亲人和同事外的另一种重要社会交往纽带。过去，邻里之间有着"碗换碗"的交情，谁家做了好吃的菜一定不会忘记盛一碗给邻居分享。在这样和睦融洽的相处氛围中，偶尔因"猪啃麦子、鸡跳墙"等鸡毛蒜皮的争执似乎也成为邻里关系的调味剂。然而，随着现今城市化进程的加快，人们仿佛成为一台加速的永动机，除了日常上班与家人、朋友交往，余下的时间被手机、电脑等各类电子产品占据，对于上下楼邻居甚至左邻右舍是谁都漠不关心。即使在农村，村民外出打工久未归家造成的空心化现象也使得邻里之间逐渐陌生，传统邻里关系正在不断解体，邻里关系正逐渐呈现出一种"熟悉的陌生人"的新形态。

什么原因致使中国邻里间"碗换碗"的交往乡情逐渐转换为现在的"熟悉的陌生人"形态呢？据学者研究，引起我国邻里关系变迁的主要原因有以下几点。

1. 邻里关系变迁与社会关系结构的变化有关

随着社会发展，人们交往、工作、生活圈子不断加大，社会关系网规模也进一步扩大，邻里关系逐渐被地缘、业缘和友缘关系等替代，人们对邻里关系的维持意向减弱。

2. 邻里关系变迁与文化和伦理观念的变化有关

随着社会发展，人们受市场经济功利化和理性化的侵染加大，在城市比文化水平、经济收入、孩子教育，在农村比建房高、收入高的现象，这导致当前社会，尤其是农村的人情世故悄然发生了变化，实用和经济理性逐渐取代了浓厚的乡情，更为重要的是，人与人之间的信任缺失情况促使"陌生人社会"氛围蔓延，邻里这种无亲缘维系的关系逐渐弱化。

3. 邻里关系变迁与空间变化有关

传统的邻里居住格局随着城镇化发生着新的重组与变换，特别是现代意义上客厅的出现和院子周围围墙的设立，导致传统邻里关系正在不断解体。空间结构从半私密性院落到以"门"和"房"为一体的公私空间分离，导致户与户间的交往主要为日常寒暄和处理公共事务，弱化了公民参与公共空间的意愿，彼此交往缺乏感情，深入交流缺少空间，亲密的邻里关系难以维持。

"邻里"在地理学中是指一个基本单位，指相同社会特征人群的汇集，个人交往的大部分内容都在其内进行，这种交往只需步行即可完成，并以面对面接触为主，是一定范围内距离比较近的家庭共同组成的联合体。无论是在生产、生活互助方面，还是彼此之间的情感交流和互动，邻里都相互扮演着重要的角色。

邻里关系是一项重要的社会资本。在日积月累的文化沉淀中，邻里之间形成了一种约定俗成的社会规范，引导人们彼此相处。个体牢牢嵌入在邻里关系中，掌握好邻里社会资本，意味着能够在熟悉的场域中通过合理的行动达到自己的目的，甚至借助邻里帮助渡过难关。邻里社会资本也是衡量一个社区健康发展的重要指标，对营造和谐友好社会具有重要的现实价值。目前，各界学者多围绕邻里关系的现状、功能和变迁因素等方面进行了诸多研究。

美丽乡村及乡村振兴政策对邻里关系的复苏有何促进作用？传统邻里关系的解体会对社会造成怎样的影响？我们又该如何行动来拉近邻里关系？"人文地理学"等课程中会有相关内容。感兴趣的同学可以通过课外阅读，自己去寻找答案。

5.1.8 人文地理现象（八）：聚居文化的区域差异

"燕赵多慷慨悲歌之士，吴楚多放诞纤丽之文，自古然矣。自唐以前，长城饮马，河梁携手，北人之气概也；江南草长，洞庭始波，南人之情怀也。"这段词很好地反映出我国古代不同聚居文化的区域差异。时至今日，虽然全球化促进了不同地区之间的文化交流，导致不少地区的文化在不断交流和发展的过程中逐步融为一体，但聚居文化的区域性依然明显。

聚居文化的区域差异现象广泛存在于世界各地，其差异不仅体现在中心建筑的不同，还体现在服饰穿着、饮食喜好、住宅出行、生产活动、宗教信仰、建筑图腾、村落布局、对外交往等各个方面。一般而言，聚居文化的区域差异与距离成正比，即聚居区域相隔越远，聚居文化差异越大；反之亦然。

那么，是什么原因导致了聚居文化的区域差异现象呢？根据学者的研究，引起聚居文化区域差异的主要因素有以下几个方面。

1. 地形因素

海拔较低且落差较小的平原地区容易形成定居聚落，使得在这里聚居的人们更容易进行农事生产，并以此形成定居式的聚居文化；而在高原地区则容易形成游牧文化，主要的生产方式是游牧，即使形成聚落，也不会在同一个地方停留很长时间，聚落的建筑（如蒙古包）较为简单，从而方便适应随时需要迁移的游牧生活；而在一些落差较大的丘陵与山地地区，生活在这里的居民则容易发展出农业、林业为主的混合制经济，并且会因地制宜地创造一些具有特色的现象，如哈尼梯田。

2. 气候因素

不同的气候对于聚居区最为显著的影响便是建筑方面。如：在西双版纳这种湿热环境下，当地居民居住在吊脚楼里，这样不仅可以隔绝湿气，还可以避免一些昆虫对于房屋的侵扰；而在北方的许多地区，房屋的建筑材料一般以石料为主且墙壁较厚，这是为了应对一年中气候的大幅变化和秋冬时期的强烈大风天气。

3. 宗教因素

许多民族文化中已掺杂了不少宗教因素，从而使得这些地区形成了受宗教因素影响的聚居文化。

4. 对外交流因素

许多聚居区在对外交流的过程中，会吸收外来的因素，并将这些因素逐步与本土文化融为一体。在中国南方的湖南、四川等地有食麻辣的习俗，然而这种习俗形成时间不过短短数百年，在此之前，湖南、四川与其他的省份一样都没有食辣的习俗，这一习俗是在明朝时期随着辣椒传入我国的背景下逐步形成的。

聚居文化的区域差异会对世界社会经济的发展带来怎样的影响？在全球化的大背景下，独特的聚居文化又该何去何从？乡村振兴政策又会给独特的聚居文化带来怎样的变化呢？"文化地理学"等课程中会有相关的学习内容，感兴趣的同学可以通过课外阅读，自己去寻找答案。

5.1.9 人文地理现象（九）：候鸟式养老

如果要问除了东北地区，还有哪里能够无时无刻地听到东北话，那海南岛必定榜上有名。在海南三亚，不仅各种商店和大街上能随时听到东北话，就是随机拦下的出租车司机也可能讲着东北话，网络上不少人甚至因此而调侃海南成为继辽宁、吉林、黑龙江东三省之外的"东四省"。这种情况的出现是因为海南凭借自身经济优势吸引了许多外地人涌入岛内务工，其中就包含了大量的东北人。同长期在岛内务工的外来青壮年不同，来自东北地区的老年人并不是全年都会待在岛上，他们只在秋冬季节才来岛上暂居，一旦天气转暖，这些老年人又会重新回到东北。之所以会这样，是因为这些老年人只是来温暖的海南岛进行暂时性旅游、休闲和养老的。这种两地来回迁移的养老现象就是候鸟式养老现象。

候鸟式养老现象是指老年人如同候鸟一样，出于选择更舒适养老环境的需要而离开常住地，进行异地暂居，兼有休闲和旅游为主要特征的一种养老现象。候鸟式养老不仅有利于减缓老龄化压力，而且还会带动地区经济的发展，是当今世界比较流行并深受老年人喜爱的一种养老模式。

随着经济的发展，国内外许多地方都成为了候鸟式养老地区。在国内，除了早为人熟知的海南，候鸟式养老地区还有浙江、福建、广东等整个东南沿海地区，因为这些地区相较于北方地区而言普遍较为温暖，经济也较为发达。扬州作为拥有联合国宜居城市、全国文明城市、中国温泉名城等诸多称号优势的一个东部城市，就吸引了全国各地很多老年人到此季节性养老，成为国内候鸟式养老地区的代表。在国外，欧美发达资本主义国家很早就探索出合适的候鸟式养老方法，最著名的是美国佛罗里达州，该州位于美国东南海岸，其地理位置极其优越，被誉为"老年天堂"，因此吸引了不少美国东北部老年人每年在秋冬之际飞往佛罗里达州过冬。

那么，候鸟式养老现象发生的原因有哪些呢？

1. 舒适宜人的气候条件

南方地区相对于北方地区而言，四季分明、热量充裕、光照较足、雨量丰沛、无霜期长，光、热、水三者的时空分布优，尤其秋冬季节比较温暖，很多老年人患有的慢性支气管炎、哮喘病、心脑血管疾病等在温暖的环境下都能得到不同程度的缓解甚至康复。因此，南方地区成为许多老年人候鸟式养老的首选地区。根据老年人关于候鸟式养老地区选择偏好的原因调查结果，居住地环境友好成为最主要的原因（图 5-5）。

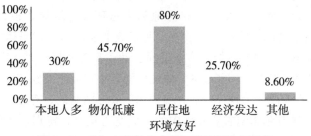

图 5-5 老年人对候鸟式养老地区的选择偏好

2. 旅游观光

随着生活条件的改善，越来越多的老年人不愿意只留在老家享清福，而更想去外地游玩。候鸟式养老模式则结合了养老与旅游这两个因素，可以使得老年人在南方养老的时候，还可以在周边地区进行游玩，从而提升养老质量。而南北方地理环境和文化的差异，造就了南方独特的人文与自然地理景观，这也成为北方老年人选择到南方养老的一个重要原因。

3. 收入储蓄的增多

随着经济的发展，人们所掌握的资源越来越丰富。无论是老年人还是其子女的收入与储蓄均增多。因此，老年人不需要像过去一样，通过节俭将不多的储蓄留给下一代，而是可以把更多的储蓄用在自己身上，同时，子女愿意且有能力更多地回报父母，从而使得这些老年人可以更多地选择候鸟式养老模式。

4. 医疗体系的完善

现代医学的不断进步和医疗体系的逐步完善，使得老年人的生命质量得到提升与延长。这也使得很多老年人虽然到了七八十岁的高龄，但身体并无大碍，具备远行的能力。同时随着候鸟式养老产业的逐步成熟，使得老年人无论是在来往南方养老地区的途中，还是在养老地区附近都有着极其便利的医疗资源与医疗环境，从而方便老年人就医，为老年人的养老质量提供保障。

发展候鸟式养老产业对于迁入地区具有怎样的意义？同外国成熟的候鸟式养老产业相比，我国目前的候鸟式养老产业又具有怎样的优缺点？同南方地区相比，北方地区是不是也可以发展候鸟式养老产业？"经济地理学"等课程中会有相关的学习内容，感兴趣的同学可以通过课外阅读，自己去寻找答案。

5.1.10 人文地理现象（十）：乡村振兴下的休闲农业发展

解放父母的双手，在氧吧中遛娃，××亲子农场美翻啦！打开网络，一篇网友关于假期去哪玩的游后感引人注目。带孩子去周边某个农村体验生活。在这里有蔬菜庄园，可以欣赏用瓜果蔬菜做成的卡通人物，了解蔬菜的发展种植史，在学习的同时还能亲手采摘；烘焙小屋，陪同孩子将采摘后的新鲜瓜果制作成美食；自然乐园，萌宠喂养、草坪足球、溪边垂钓等活动让孩子自在玩……如这篇游后感所展示的那样，现在的农村依然是绵延的青山、丰收的农田、潺潺的溪流和高矮不一的小屋伫立。但不同的是，乡间小道上不只出现了劳作的村民，更多了体验生活、享受农耕的大小游客，为农村带来了除农业产品销售收入外的旅游收入；第二、第三产业的兴旺发展，为乡村带来了资源与活力。

这种利用农业设施、农耕文化、农村土地和生态环境等资源，根据合理规划和科学设计，为游客提供休闲、度假、娱乐、体验等多种形式的旅游活动就是休闲农业。目前，休闲农业已成为通过促进第一、第二、第三产业融通互动，实现乡村振兴、乡村脱贫的重要路径，促进了美丽乡村的建设与发展。国家政策、农业资源、市场需求及经济发展因素不断推动休闲农业的进步，使传统农业改造为现代农业，实现休闲农业的高效、有序发展（图5-6）。

（1）国家政策扶持力在休闲农业发展中的地位尤为重要，特别是在休闲农业发展的初级阶段，政府的作用更不容忽视。充分发挥政府对休闲农业的宏观调控和管理，加强政策引导和资金扶持，能减少休闲农业盲目无序建设，提高休闲农业建设标准和管理水平。

（2）农业环境是发展休闲的客观条件和基础空间，发展休闲农业离不开地方农业环境和资源禀赋。农业、农村和农民是农业环境的构成要素，结合农业设施、农村建筑物和景观环境等，共同构成休闲农业发展的大环境。除此之外，农业资源是在特定地质地貌和气候环境中造就的，在对其挖掘发展中能体现出独有的地方特色。

（3）随着社会经济发展水平的提高，人们的生活节奏加快，工作和生活压力变大，从而

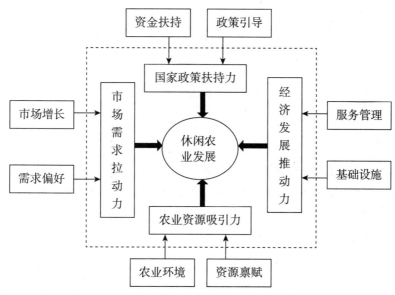

图 5 - 6　休闲农业发展的动力因素

逐渐产生休闲放松的需求，对日常高质量的休闲放松需求也越来越高。因此，市场需求，即多样化的休闲产业发展与居民不断增强的休闲需求拉动着休闲农业的发展。

（4）社会经济的快速发展可以为休闲农业的发展提供动力支持。一方面，社会经济的发展为地方休闲农业的产生创造了基础条件，如：改善农村基础设施，完善的水、电、暖气供应，网络信息优化和污水处理，等等；另一方面，社会经济的快速发展提高了休闲娱乐的服务管理水平，使城市居民在农村中也能得到如城市中那般的高质量服务，提高了慢生活休闲农业对比于快节奏城市休闲产业的竞争力。

休闲农业是三大产业融合发展的重要载体，是带动农民就业增收和脱贫致富的重要途径，是推动农民创业创新的重要平台，是促进全域旅游和城乡一体化发展的重要举措。休闲农业发展模式日益成为农业农村文化三位一体、三大产业深度融合的新业态，推动了现代新型农业和社会主义新型农村的建设进程。

休闲农业在未来的进一步发展中可能会遇到哪些困难？除发展休闲农业之外，还能通过什么方法或采取怎样的农村发展模式来促进乡村振兴？"人文地理学""经济地理学"等课程中会有相关的学习内容，感兴趣的同学可以通过课外阅读，自己去寻找答案。

5.1.11　人文地理现象（十一）：居住迁移

《小欢喜》是这几年热度较高的一部都市情感剧，这部电视剧主要讲述了生活在北京的三个高考备战家庭的一系列故事。主角方圆一家一直住在一间离孩子学校远，但面积大且装修豪华的大房子里。由于家离学校较远，方一凡必须搭乘交通工具才能上下学，但随着他升入高三年级，长时间的交通通勤显然浪费了大量的学习时间。因此，方圆夫妇在深思熟虑之后，决定搬迁到虽然面积小且装修简陋，但离学校仅有几分钟路程的小区居住，等方一凡高考之后再搬回来。方圆夫妇发现居住在这个小区的家庭情况大多跟她家的情况类似。这些家庭因某种原因改变居住地的现象，便是居住迁移现象。

居住迁移是以居住地位置改变为标志的人口迁移，它可以分成两大类：一类是城市内部的迁移，另一类是跨国或跨地区的迁移。城市内部迁移的主要特征是迁移距离短、范围小，迁移发生在一个城市的内部；而跨国或跨地区迁移的主要特征是距离长、范围大，发生在一个省或是一个国家，甚至是全世界范围内。一般而言，居住迁移通常指一个城市内部居住地点的变化。

那么，是什么原因导致了居住迁移现象的发生呢？根据学者的研究，引起居住迁移现象发生的因素主要有以下几个方面。

1. 家庭因素

当一个家庭原有条件，诸如孩子出生和教育、家庭关系的建立与破裂、工作的变动等发生了改变，就会使得居住迁移的可能性大幅增加。如之前所说的方圆一家的居住迁移，就是因为孩子的教育问题。

2. 居住的内部因素

这里主要是指居住房屋的权属、面积、质量等方面。当住房者只有房屋一段时间的使用权而没有所有权时，在使用权到期之前，住房者必须续约或者迁居他处；而对于居住地的面积、质量感到不满意时，居住者的迁出意愿也将提高。如方圆所在的学区小区，许多家庭在孩子高考之后，便会选择迁出小区，一个重要的原因便是因为小区内的房屋面积过小，居住的舒适性较差。

3. 居住的外部环境

对于邻里居住的状况感到不满，对社区的认同感较低，想要向更好的邻里社区或邻里阶梯迁居的人；以及那些对于居住环境构建理念规范产生不满的人。他们会搬到一个与自己志向和文化标准相吻合的地方。历史故事《孟母三迁》，便反映出孟母对于家庭居住的外部环境的要求。

迁居行为对迁居者会产生诸多影响。一个最明显的影响便是改善了迁居者的健康状况，在一项关于537人的北京市迁居家庭的调查中，绝大多数（57.5%）居民在进行健康自评时，表示健康状况有所好转，这充分说明了无论是住房条件还是通勤情况的改善，都在很大程度上促进了迁居者健康状况的好转（图5-7）；另一个重要的迁居影响便是改善了迁居者的生活质量，具体体现在缩短了居住地与公司或学校之间的通勤距离，从而为迁居者节约了大量的时间与精力，提高了迁居者的生活质量。

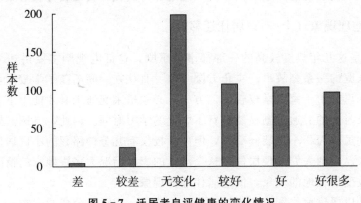

图5-7　迁居者自评健康的变化情况

居住迁移现象会对迁出地与迁入地带来怎样的影响？居住迁移现象有哪些相关的迁移模式？居住迁移与其他的居住行为存在着什么样的联系？"人文地理学"等课程中会有相关的学习内容，感兴趣的同学可以通过课外阅读，自己去寻找答案。

5.1.12 人文地理现象（十二）：消费者行为现象

"双十一"购物狂欢节是始于 2009 年的一场网络促销日，距今已经有 15 年的历史。在每年的 11 月 11 日，无数的网民在"双十一"购物狂欢节大量购买各种物品，使得这一天的交易量往往高于其他日。并且自从"双十一"购物狂欢节开办以来，每年的交易金额都在上涨，这也使得近年来"双十一"单日交易的金额甚至超过冰岛等一系列国家一年的 GDP。2019 年，美国知名杂志 *PM Network* 在评选世界上 50 个最有影响力的项目时，将我国的"双十一"购物狂欢节选入其中，并称赞其从根本上改变了人们的购物方式，且在 50 个排名项目中紧随互联网、阿波罗计划、英特尔 4004 微处理器、欧元和人类基因组计划项目位列第六。由此可见，"双十一"购物狂欢节彻底地改变了国人的购物方式，深刻地改写了我国的消费者行为。

关于消费者行为的分析，最早可追溯至 20 世纪初期，当时的美国学者对传统消费理念进行了详细分析，并以此为基础明确了消费者行为的概念，即由个人直接参与的，能够获取或者是使用经济财务的相关活动，具体也包括在相关活动过程中的个人主观判断，并最终以个人消费行为进行体现。

那么，有哪些因素会影响消费者行为现象呢？根据学者的研究，影响消费者行为现象的因素主要有以下几个方面。

1. 主体差异

由于不同消费者的个人需求与条件之间存在着不同程度的差异，因此，在实际消费过程中，消费者的消费目的与消费能力也就有所差别。并且，作为影响消费者行为的核心因素，消费主体具有一定的可量化性，并在消费者行为影响因素分析中起着决定性作用。例如，当一个人感到口渴或饥饿时，便会去购买水或食品，这样一个消费者行为便是由自身的需求而决定的。

2. 群体效应

所谓群体效应，是指消费者在消费过程中缺乏自主意愿，通过从众心理进行消费，在实际消费过程中，群体效应较为普遍。并且，群体效应中的消费者有着较强的同质性，如年龄、性别等，因此，作为消费者行为的影响因素，群体效应可用于特定消费群体的消费行为分析。例如"双十一"购物狂欢节，许多人原本没有购物需求，但是看到周边的人都利用活动来购物，便会不自觉地参与其中。

3. 环境影响

消费者在进行消费的过程中所表现出的心理活动被统称为消费心理，消费心理的建立不仅与其个人需求有关，同时也会受到环境、产品等相关因素的影响，如广告宣传、环境整洁度、产品包装设计等，由此则决定了消费者是否购买，以及如何购买，等等。例如，黄色、红色等暖色容易让人感到温暖，并引发人的食欲，因此诸如麦当劳等一些食品公司便会将产品或者是店面的颜色变成红、黄等暖色，从而引起顾客的食欲，进而消费。

那么根据现有的影响消费者行为的因素，应该制定怎样的经营策略呢？首先便是要构建一个营销服务框架，通过这套框架来分析与制定相应的营销方法（图5-8）；其次构建营销服务体系，即完善服务理念、迎合消费者的习惯、优化传统营销服务理念等；最后再因地制宜地引用到各个销售领域，从而更好地服务于营销。

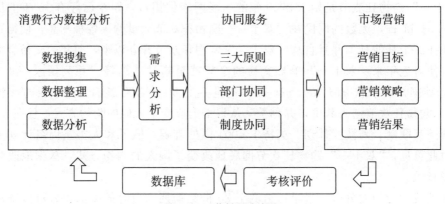

图 5-8 营销服务框架

网络购物的快速发展会给消费者行为带来怎样的影响？广告等环境因素究竟是如何影响消费者的行为呢？"经济地理学"等课程中会有相关的学习内容，感兴趣的同学可以通过课外阅读，自己去寻找答案。

5.2 人文地理学原理

5.2.1 人文地理学原理（一）：人口金字塔

人口金字塔又称人口性别年龄金字塔，是按人口性别、年龄来描述人口分布的特种塔状条形图，也可以被看作某一人口的性别和年龄构成的横列式条形图，是人口地理学的基本理论。人口金字塔一般遵循性别"男左女右"、年龄"上老下小"顺序绘制。通过人口金字塔可以清晰看出每个年龄阶段的具体人数、比例及性别差异，进而了解某地区的人口发展状况，推测其人口发展历史，甚至预测其未来人口发展趋势。按其形状，人口金字塔一般可以划分为增长型（年轻型）、稳定型（成年型）和衰退型（年老型）三种。

增长型人口金字塔中低龄人口在总人口中的占比较大，所以其塔顶尖、塔底宽，整个金字塔呈现正三角形结构。可以预测，在无重大事件影响下，该地区未来人口发展会呈现持续增长趋势，如中国1953年人口金字塔［图5-9（a）］。

衰退型人口金字塔的特点是塔顶宽、塔底窄，低龄人口较少，中老年及以上人口占比较大，可反映出该地区未来将面临严重的人口老龄化问题，如日本2005年人口金字塔［图5-9（b）］。

稳定型人口金字塔介于上述两种类型之间，塔顶和塔底宽度基本一致，塔顶处逐渐收缩，除极老年龄组外，各年龄组人数差别不大，人口发展会大致保持稳定。如日本1995年人口金字塔［图5-9（c）］。

人口金字塔不仅是人口地理学中的一个基本理论（概念），也是人口研究中重要的研究模型方法之一。它能形象地反映一个国家（地区）人口年龄构成的现状、类型，预示未来人口发展趋势，有利于掌握和研究人类人口的过去、现状和未来、对发展和解决人口问题，进行人口预测，制定人口政策，实行人口监测与调控都具有重要作用。比如，1982 年 9 月，计划生育正式被确定为我国的基本国策，同年 12 月被写入宪法。在国家宏观调控下，我国自 1949 年以来激增的人口数量得到了明显控制。万宝惠等在 2011 年以人口金字塔模型为研究方法，通过对我国不同年份人口金字塔中的"缺口"进行数学计算，以 2005 年的人口金字塔为基础对 2006 年、2015 年、2030 年以及 2050 年的人口金字塔分布情况进行预测，建立了中国未来人口金字塔模型，得出应在适当时候调整计划生育政策的结论，该结论明显与 2016 年的全面二孩政策相匹配。所以人口金字塔模型的运用能有效地对人口政策的实施提供借鉴与科学依据。图 5 - 9（d）所示为根据我国 2018 年全国人口随机抽样数据绘制出的人口金字塔，通过这个图，你能得出什么结论？

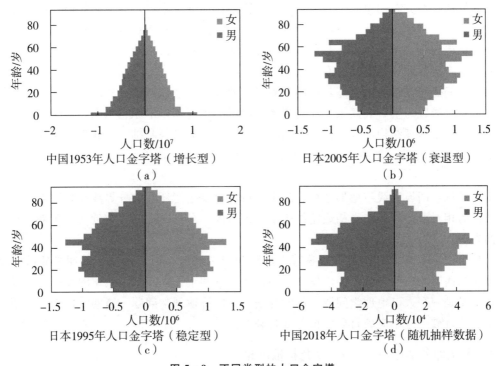

图 5 - 9　不同类型的人口金字塔

5.2.2　人文地理学原理（二）：中国人口空间分布的胡焕庸线

"胡焕庸线"是由我国著名地理学家胡焕庸先生 1935 年在《地理学报》上发表的"中国人口之分布"一文中首次提出的一条划分中国人口密度对比曲线。最初称"瑷珲-腾冲线"，后因地名变迁改称为"爱辉-腾冲线""黑河-腾冲线"。胡焕庸线揭示了我国人口分布上的东南密、西北疏的巨大空间分异现象。据胡焕庸先生当时测算，该线以东的东南地区面积约占全国的 36%，人口却约占全国的 96%；该线以西的西北地区面积约占全国的 64%，人口却仅约占全国的 4%。该测算首次定量刻画了我国人口分布的空间特征，是我国人口地理学中的重要概念，也是重要的人口地理学原理之一。

有学者通过分析我国历次人口普查数据，对胡焕庸线进行验证，发现几十年来胡焕庸线东西两侧人口比例基本保持稳定。那么，是什么原因使得胡焕庸线适用至今？其原因当然是多方面的，主要包括地形地貌、气候条件、生态环境等自然地理要素的东西分异巨大而且难以改变。

首先，胡焕庸线是我国地形地貌的过渡线（带）。人口分布同海拔具有紧密关系，海拔越高，人口越少，人口主要集中分布在地势较低的平原、山地和丘陵地区。我国地形起伏度与人口密度间就存在较强的相关性，二者对数曲线拟合度达到 0.91。我国地形起伏呈西高东低、南高北低的空间特征，70％以上的人口集中分布在海拔 500m 以下的地区，50％的人口分布在海拔 200m 以下的平原地区。综上，我国东南低、西北高的地形地貌特征与胡焕庸线划分的人口密度分布结果基本保持一致。

其次，胡焕庸线基本与我国 400mm 等降水量线重合。降水、气温等气候条件是人类赖以生存的耕地资源分布的重要影响因素。从我国的耕地分布来看，胡焕庸线西北部因降水量相对较小，且以高原、山地、草原等为主，耕地较少；该线东南部则因降水量较大，且以平原、丘陵地势为主，耕地较多。耕地多少直接影响区域的人口承载力，从而导致我国人口分布上的东南多、西北少的空间分布特征。

最后，胡焕庸线是我国生态环境的分界线。此线西北部以草原、沙漠和高原为主，居住的人们自古以游牧为生，气候条件相对恶劣；此线的东南部以平原、水网、丘陵、喀斯特和丹霞地貌为主要地理结构，气候温暖湿润，自古以农耕为经济基础。因此该线是我国生态条件突变过渡的梯度带，是我国生态环境的分界线。当然也就成为人口空间分布的重要分界线。

由此可见，胡焕庸线与地形地貌、降水、耕地以及生态环境的分界线等高度重合，这些自然条件的相对稳定性，使得胡焕庸线揭示的中国人口东密西疏的分布近几十年来一直保持稳定的态势。

2014 年 11 月 27 日，李克强在参观人居科学研究展时，面对地图上的胡焕庸线，提出人口分布东西不均现象将会使经济发展差距拉大，不利于我国新型城镇化的发展。所以，胡焕庸线不仅是一个人口地理学问题，同时也是一个经济地理学问题。请同学们思考，胡焕庸线能不能被打破？应不应该打破？该怎样打破？

5.2.3 人文地理学原理（三）：文化扩散理论

文化扩散（cultural diffusion）理论是"文化地理学"中的核心理论之一，最早由 Terry G. 乔丹在 *Human Mosaic* 中提出。文化扩散是指文化从一地扩散到另一地的空间过程。根据扩散的空间和时间是否连续，可将文化扩散分为扩展扩散（expansion diffusion）和迁移扩散（relocation diffusion）两种基本类型。

扩展扩散是指某种文化现象以人为载体，滚雪球式地向四周不断传递，逐渐扩大其影响范围。扩展扩散可分为传染扩散、等级扩散和刺激扩散 3 种模式（图 5-10），呈现扩散空间上的连续性和扩散速度的差异性两个特点。传染扩散又称接触扩散，是指某种文化现象以类似传染病传播的直接接触方式进行传播和扩散，速度非常快，比如电视、智能手机的传播等。等级扩散是指文化现象扩散在空间或人群中，按照某种等级顺序从高到低或者由低到高的扩散过程，比如：大型超市的开设是先在大城市再在小城市；一种新奢侈品的消费先从高

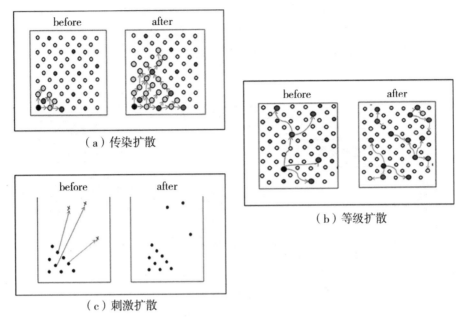

（a）传染扩散

（b）等级扩散

（c）刺激扩散

图 5 - 10　扩展扩散的三种模式

消费群体中流行，再逐渐扩散到低消费群体。刺激扩散指某种文化现象在扩散的过程中，为了能够在当地存在并得以传播，而将原文化的传播方式或外在形式做出适应当地实际情况的改变，使改变后的文化现象得以传播，比如，居住在亚洲北部西伯利亚寒冷地带的居民受到南部草原民族对牛和马驯养的启发而对鹿进行驯养。

迁移扩散是指将拥有某种文化的人群或集团作为载体，通过人口的迁移或者某种媒介（移民、留学、旅游、战争等方式），将某种文化现象带入新的地方，该文化随着人口的迁移而扩散，呈现空间上的不连续性。比如明清时期大批华人向东南亚的迁移使得汉文化扩散到东南亚地区，韩国男女团文化通过网络在各国传播，等等。文化扩散具有距离衰减现象或时间—距离衰减现象，自然因素（如高大山脉）和社会人文因素（如政治制度）因形成"吸收屏障"而对文化扩散产生重要影响，同时文化扩散的速度还取决于该文化的复杂程度与传播所要消耗的费用多少等。

文化扩散理论广泛运用于各种文化现象的研究，对理解各种文化现象在不同地区和不同人群之间的传播具重要作用，对一个国家和地区的文化传承、保护和利用也具有积极的指导意义。但是，由于文化难以量化，所以各学者在研究文化扩散或承载文化的载体扩散时，都带有部分主观色彩，因此在一定程度上会影响他们的研究结论。请同学们思考，当研究文化扩散相关问题时，可以运用什么方法对文化本身、文化扩散范围与效果进行量化？

5.2.4　人文地理学原理（四）：资源环境承载力

承载力的概念最初来源于生态学研究领域，由人类生态学家 Park 和 Burgess 提出，含义是在某种环境条件下，某生物个体可存活最大数量的潜力，最初的实践应用领域是畜牧业。在全球环境污染蔓延、资源短缺和生态环境不断恶化的背景下，科学家相继提出了资源承载力、环境承载力、生态承载力等概念。其中资源承载力是基础，环境承载力是核心。资源环境承载力的定义为特定时期内，在保证资源合理开发利用和生态环境保护良好的前提下，不同尺度区域的资源环境条件对人口规模及经济总量的承载能力。该概念包含资源和环境两大要素（图5-11），是一个综合承载力概念。资源承载力和环境承载力有着密切的内在联系，是地理学中的重要概念，是地理学综合研究的重要方向。

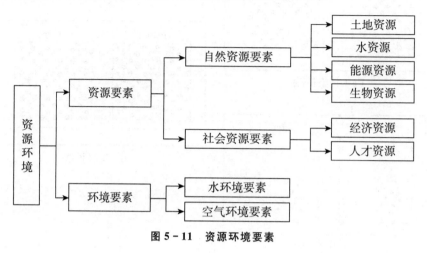

图5-11 资源环境要素

资源环境承载力作为用于表征发展限制的概念，其研究主题首先是自然资源。联合国教科文组织提出并已被广泛接受的资源承载力定义为：一个国家或地区在可预见的时期内，利用本地能源、自然资源、智力和技术等条件，在保证符合其社会文化准则的物质生活水平条件下，能持续供养的人口数量。环境承载力又称环境承受力或环境忍耐力。它是指在某一时期、某种环境状态下，某一区域环境对人类社会、经济活动的支持能力的限度。该概念由环境容量概念演化而来，与资源承载力相类似，是区域环境与经济发展矛盾激化的结果，本质上反映了两者的辩证关系。对于一个区域的可持续发展而言，有几类资源环境承载力是与之密切相关的，主要包括土地资源承载力、水资源承载力、能源资源承载力、生物资源承载力四大类资源承载力和空气环境承载力、水环境承载力两大类环境承载力。

实际上，资源环境承载力的研究是基于资源承载力和环境承载力研究发展而来的。在学者对某区域承载力进行探讨时发现，资源或环境单要素承载力研究存在局限，所以将资源环境综合起来系统研究是适应资源环境领域实际变化的必然发展趋势。目前国内对资源环境承载力的分析已由最初的定性探讨逐步发展为定性、定量结合的分析模式（资源环境承载力指标评价等）；从对土地、水资源等单要素分析过渡到多要素综合分析（图5-12）。

人口、资源与环境问题是当今世界面临的重大问题，随着经济社会快速发展，人类面临着资源趋紧、环境污染严重、生态系统退化的形势，而我国人口基数大、经济和科技水平相对落后的现实情况，使本来就已经短缺的资源和脆弱的环境面临更大的压力。所以，作为连接社会系统、环境系统与经济系统之间的纽带，资源环境承载力是协调人口、资源与环境相互联系又彼此相对独立的矛盾统一体的关键，是可持续发展理念的重要体现，可以为经济与环境协调发展提供理论依据。面对如此情况，基于资源环境承载力的综合评价结果，国家制定了一系列政策，如：统筹布局生态、农业、城镇等功能空间，划定生态保护红线、永久基本农田和城镇开发边界空间管控，等等，来实现国家整体可持续发展。请同学们思考分析，以上的系列措施可能综合考虑了哪些资源环境承载力要素？

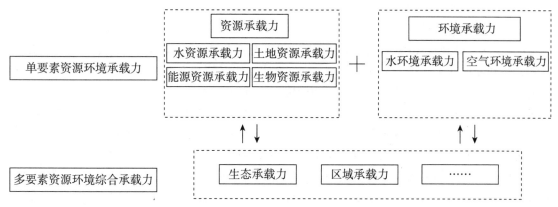

图 5 - 12　单要素资源环境承载力与多要素资源环境综合承载力的关系

5.2.5　人文地理学原理（五）：人地协调共生论

人类活动与地理环境的关系即人地关系，是诸多学科的研究课题之一，在地理学中表述为人地关系论（共同创造），是地理学的核心理论之一。人地关系论是发展变化的理论，古往今来的地理学家对人地关系论的认识从天命论、地理环境决定论、或然论到人地协调共生论。人地协调共生论是被公认为当代最先进的人地关系理论。

自 20 世纪以来，人类的科学技术取得了前所未有的发展，极大地推动了生产力的进步，进而使人类社会空前繁荣，各国积极发展经济，提高生活水平。但随之而来的空气污染、水污染、能源危机等各种问题接踵而至，人地协调共生论正是在这种情况下被提出的一种新型人地关系理论，并已成为可持续发展的一个基本理论，成为全球共识。其主张分析人与环境的关系，人的主观能动性的发挥必须以尊重自然规律为前提，以可持续发展为目的，谋求自然环境与人类之间的和谐共存。伴随着各种人口、资源、环境、社会等问题，无论是哪个层面的人地关系，人地协调的基本内涵都是相同的，其主要包括以下 3 个方面。

（1）谋求人与地、人与自然的高度和谐与统一。人与自然相互联系、相互作用，在尊重、顺应自然规律的前提下改造自然，发展文明，相互适应。

（2）主张经济与生态环境协调发展。把经济建设与环境保护放在同等高度，使环境生态效益、经济和社会效益相互融合。若二者发生冲突或一方已处于极限时，应采取一定的退让、妥协措施促使其相对协调发展；及时对已被破坏的环境采取补救措施，利用经济、科技成果来提高环境恢复能力和质量水平，达到经济与环境协调。

（3）建设生态文明，重建人类社会。发展经济建设时，贯彻生态文明观取向，使物质文明和精神文明不断生态化，促进人类文明进步，保证未来人类持续发展的美好生活。

人地协调共生论涉及人类对自然的影响、自然对人类的影响、自然与人类相互影响三部分内容，是贯穿"环境保护与可持续发展"课程的中心思想。

5.2.6　人文地理学原理（六）：主体功能区划理论

主体功能区是指基于不同区域的资源环境承载能力、现有开发密度和发展潜力等状况确定的具有特定功能定位类型的空间单元，是国家在"十一五"规划中首次提出和使用的新概念。主体功能区划在"城市地理学"中的土地利用章节中涉及，是重要的土地利用划分、经济地理学、区域经济学原理之一。掌握主体功能区的概念与分类（及其原因）是学生了解目前国土空间规划的基础。

"十一五"规划纲要中明确指出将国土空间划分为优化开发区、重点开发区、限制开发区和禁止开发区4类主体功能区（表5-1）。主体功能区划是在自然区划、农业区划、经济区划等均质区域规划的基础上，以生态功能区划为基础、融入功能型空间发展类型的综合性集成空间管制手段，区划科学基础包含因地制宜思想及其相关理论方法和空间结构有序法则。在划分主体功能区时以服务国家自上而下的国土空间保护与利用的政府管制为宗旨，首先分析该区域在较高等级空间系统中所承担的主要功能与作用；其次从自然、经济、社会、生态等区域生态经济要素高度综合的角度来分析特定空间单元的资源环境基础、开发潜力、利用成本以及经济社会基础、发展收益等，确定该空间单元的综合承载力和发展方向；最后明确主导优势功能进行区域可持续发展。由于主体功能区划是一项开拓性工作，国际上没有现成的理论和方法体系，其从自然、生态、经济社会等要素综合考虑划分，不同于国内已有的各种区划和规划，目前主体功能区划方面的研究和实施还处于起步和探索阶段，远不能适应规划和政策实践的需要，不过可以预见的是，完善主体功能区理论并应用于实践，使主体功能区规划与现有区域发展战略和区域规划体系相协调，不仅有利于调整产业布局，完善经济、土地、人口等经济社会要求，更有利于国家生态资源的保护，使可持续发展更进一步完善。

表 5-1　主体功能区类别特征

类型	资源环境承载力	发展潜力	内涵	发展方向
优化开发区	高	高	国土开发密度较高、资源环境承载力有所减弱、经济和人口高度密集的区域	转变经济发展方式，把提高增长质量和效益放在首位，强化经济结构调整、降低资源消耗、提高自主创新能力，提升参与全球分工与竞争的层次
重点开发区	中	高	资源环境承载力较强、经济和人口集聚条件较好的区域	逐步成为支撑全国经济发展和人口集聚的重要载体，实行工业化、城镇化战略，综合评价经济增长、质量效益、外来人口公共服务等指标
限制开发区	低	中	资源环境承载力较弱、大规模集聚经济和人口条件不好、关系到全国或较大区域范围生态安全的区域	加强生态修复和生态保护，引导超载人口逐步有序转移，强化农业生产和生态保护
禁止开发区	低	低	依法设立的各类型自然保护区和生态保护区	强化对自然文化资源原真性和完整性保护，依法实行强制性保护，严禁不符合主体功能定位的开发活动

资料来源：《中华人民共和国国民经济和社会发展第十一个五年规划纲要》

请同学们思考：将国土空间划分为类型不同的主体功能区需要考虑哪些具体要素？这样做有什么缺点？

5.2.7　人文地理学原理（七）：中心地理论

中心地理论源于德国城市地理学家克里斯塔勒的著作《德国南部的中心地》。克里斯塔勒通过对德国南部城市的深入考察和理论研究，在 1933 年提出了著名的中心地理论。该理论是研究村庄聚落结构的重要理论，也是现代城市演化的基础理论，是经济地理学中的核心理论之一。

克利斯塔勒把市场中具有向周围地域居民提供商品和服务能力的地方称为中心地，中心地可以是一个城市，也可以是一个较大的居民聚集点。同时，他将中心地发挥中心职能的程度称为中心性。中心性可以用下式来表示。

$$C = B_1 - B_2$$

式中，C 为中心地的中心性；B_1 为中心地供给商品和服务的总量；B_2 为中心地为自身供给和提供的商品和服务量。

中心地提供的货物和服务有差别。按照其提供货物的多少和服务水平的高低可划分中心地的等级。等级不同，相应中心地的分布、数量和市场范围（市场范围指由中心地供给的货物的服务范围）就不同。具有高级中心地职能布局的中心地为高级中心地，反之为低级中心地。高级中心地的特点是：数量少、服务范围广、提供的商品和服务种类多。低级中心地的特点是：数量多、分布广、服务范围小、提供的商品和服务种类少。例如，食盐、蔬菜、牙刷、牙膏等消费品就属于低级中心地提供的大众商品；而高档奢侈品等消费品则属于高级中心地提供的高端商品。

中心地理论是一种理想的空间分布模型，模型的建立需要满足以下几个假设条件。

（1）中心地分布在自然地形和社会资源条件同等的平原上，这个平原具有相同的人口密度和收入水平。

（2）中心地区域内存在一个统一的交通系统，同等规模中心地之间的交通便捷性相同，且在各个方向上的移动都是可行的。

（3）中心地区域内的消费者和生产者都属于经济行为合理的人，即生产者为追求利润最大化，不断扩大市场腹地；而消费者为节省出行费用，将选择距离自己最近的中心地。

（4）消费者去距离他们最近的中心地购买商品和服务，即遵循最短距离原则，他们支付的成本包含商品价格和来回交通费用。

基于上述 4 个特定条件，作为第一步，克里斯塔勒假想有一系列中心地（A 级）在"理想地表"上均匀分布，同类中心地的距离相同，且货物服务范围都为半径相等的圆形区域，设定最高级别货物的最远销售距离定为 r。这样，A 级中心地之间的距离为 $2r$。任何一个中心地都与六个和自己相同等级的中心地相邻（图 5-13）。

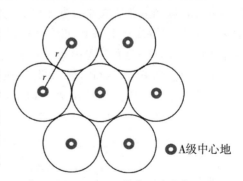

图 5-13　A 级中心地分布

基于此发现，每三个相邻中心地之间都会存在一个空白区，得不到该级中心地的服务。由此，这里将出现一个低一级的中心地（B 级），以满足小范围空白区内的居民消费。以此类推，不同等级的中心地便逐渐形成（C 级、D 级……）（图 5-14）。

再者，各等级中心地之间必然存在竞争。当中心地服务市场出现重复时，按照运费最低化原则，相邻中心地将重复面积平分，中心地的市场区域则由圆变成六边形结构。此时所有中心地逐步调整便形成了六边形中心地理论模型，达到空间平衡，由此形成了中心地网络体系（图5-15）。从图5-15中可知，各中心地的市场区域是其低一级中心地市场区域的3倍。

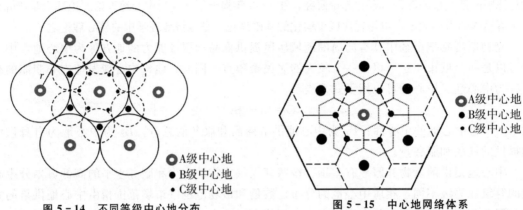

图5-14　不同等级中心地分布　　　　　图5-15　中心地网络体系

中心地理论为学者探讨城市系统的内在形成机制以及对应的布局结构特征提供了重要的指导意义。利用中心地理论可进行城市等级划分研究，城市与腹地之间的相互作用研究，城市内或城市之间的社会经济空间模型研究，城市的区位、规模和职能方面的研究，等等。它是区域经济学研究的理论基础之一，对研究区域结构具有重要的借鉴意义，运用到区域规划中可合理地规划布局公共服务设施，完成各设施的经济、社会职能。但由于中心地理论的提出是基于几个假设条件的"理想地表"之上，运用在现实当中必然存在一些不足之处。

请同学们思考，结合中心地理论的几个假设条件内容，你认为该理论运用到实际中时，可能会存在哪些问题？

5.2.8　人文地理学原理（八）：配第-克拉克定律

英国古典经济学家配第（Petty）最早在其著作《政治算术》中描述了产业间相对收入的差异性，即制造业比农业，进而商业比制造业能够得到更多的收入。受此启发，英国经济学家克拉克（Clark）于1940年在《经济进步的条件》一书中进一步指出，随着人均国民收入水平的提高，劳动力首先由第一产业向第二产业转移；当人均国民收入水平进一步提高时，劳动力便向第三产业转移。并且，他还从需求与效率两个方面解释了产业结构变迁遵循上述规律的原因。因此，理论界习惯将配第和克拉克的研究结论统称为配第-克拉克定律（Petty-Clark Law）。表5-2为湖南省产业分布结构和就业结构。

表5-2　湖南省产业分布结构和就业结构

年份	产业分布结构/（%）			产业就业结构/（%）		
	第一产业	第二产业	第三产业	第一产业	第二产业	第三产业
2000	22.1	36.4	41.5	59.3	23.5	17.2
2010	13.3	45.2	41.5	42.4	23.0	34.6
2019	9.2	37.6	53.2	38.4	22.1	39.5

配第-克拉克定律是"经济地理学"中的核心理论之一，其主要内容为随着国民经济的发展，第一产业的国民收入与劳动力的相对比重逐渐下降，第二产业的国民收入与劳动力的相对比重上升，伴随经济进一步发展，第三产业国民收入和劳动力的相对比重会逐渐上升。其形成机制主要有两个方面的原因。一方面是由于不同产业收入弹性（收入弹性是指在价格和其他因素不变的条件下，由于消费者的收入变化所引起的需求数量发生变化的程度大小）的差异，第一产业的属性是农业，而农产品的需求特性是当人们的收入水平达到一定程度后，难以随着人们收入增加的程度而同步增加，即它的收入弹性出现下降，并小于第二产业、第三产业所提供的工业产品及服务的收入弹性。所以，随着经济的发展，国民收入和劳动力分布将从第一次产业转移至第二产业、第三产业。另一方面是因为不同产业的投资报酬（技术进步）存在巨大差异，第一产业和第二次产业之间的技术进步有很大差别，由于农业的生产周期长，农业生产技术的进步比工业要困难得多，因此，对农业的投资会出现一个限度，出现报酬递减（报酬递减是指从一定土地上所得到的报酬，随着向该土地投入的劳动和资本增加而有所增加，但随着投入的单位劳动和资本的增加，报酬的增加却在逐渐减少）的情况。而工业的技术进步要比农业迅速得多，工业投资多处于报酬递增的情况，随着工业投资的增加和产量的加大，单位成本下降的潜力很大，必将进一步推动工业的更大发展。

配第-克拉克定律广泛应用于不同产业发展和产业转移策略的研究中，对完善不同地区的产业结构具有重要作用，对促进国家或地区的经济发展具有重要的指导意义。

5.2.9 人文地理学原理（九）：旅游地生命周期理论

旅游地生命周期理论源于产品生命周期理论，最早于 1963 年被德国学者克里斯特勒（Christaller）引入旅游研究中，在此基础上，美国学者巴特勒（Butler）于 1980 年系统提出了旅游地生命周期理论，成为旅游地演化的核心理论，并受到广泛的关注和应用，是"人文地理学""旅游地理学"中的核心理论之一。

旅游地生命周期理论以描述旅游地的演进过程为核心。该理论提出旅游地的发展变迁一般要经历 6 个阶段（图 5-16），即探索（exploration）阶段、起步（involvement）阶段、发展（development）阶段、稳固（consolidation）阶段、停滞（stagnation）阶段、衰落（decline）或复兴（rejuvenation）阶段，而经过复兴阶段后又开始重复之前几个发展阶段。

旅游地生命周期的不同阶段呈现出不同的特征，其中游客的数量、旅游吸引物、游客量增长速度、基础设施建设及当地居民的态度等也会随着旅游业发展呈现出规律性的变迁，具体演化特征如下。

（1）探索阶段

此阶段旅游地的游客量较少，以原有的自然资源作为吸引物，旅游地的开发建设和基础设施配置水平较低，游客主要以周围居民为主，旅游地的各种经济活动成为周围居民的主要收入来源，但旅游市场并未形成。

（2）起步阶段

随着游客量的增加，客源市场进一步扩大，当地旅游发展逐渐受到地方政府的重视，开始加大对旅游地景点、交通、住宿等基础设施的建设。

（3）发展阶段

游客量由缓慢增长变为迅速增长，旅游基础设施逐渐成熟化、现代化，旅游地开始深入

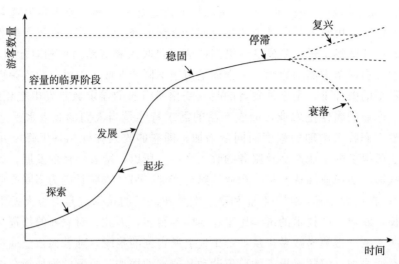

图 5 - 16　旅游地生命周期理论曲线

挖掘旅游资源，开发旅游产品，以适应市场需求，一个成熟的旅游市场正在形成，但社会、环境等问题逐渐显现，周围居民不满情绪滋长。

（4）稳固阶段

游客量增速减缓，但基数依然庞大，经营模式相对成熟，以往的基础设施已满足不了游客的需求，旅游地的发展与当地经济生活已形成一条紧密的旅游产业链，旅游业成为经济主体或支柱，居民对旅游业有较理性的认知，但对游客的不当行为持反感态度。

（5）停滞阶段

此阶段旅游地旅游承载力趋于饱和，游客量达到巅峰，景区设备老化，社会环境问题逐渐恶化，景区发展停滞。

（6）衰落或复兴阶段

旅游地市场衰落，竞争力明显减弱，客源市场范围缩小，游客量减少，旅游投资逐渐撤出，进入衰落阶段。面对该情况，若当地开发者或居民着力建设全新的旅游吸引物、开发新的旅游资源，则可增加旅游地对游客的吸引力，使旅游地逐渐进入复兴阶段。

旅游地生命周期理论是描述旅游地系统动态演化的基础理论，不仅是旅游地的决策指导理论和旅游地发展演变趋势的预测理论，也是指导旅游地可持续发展实践的重要理论。任何旅游地不可能永远处于某个生命周期阶段，结合旅游地对比旅游地生命周期理论曲线，可以解释旅游地处于什么阶段，这个阶段的特征是什么？会遇到哪些发展问题？从而找到旅游地的发展方向和对策，及时进行人为调整，延长旅游地生命周期，实现旅游地可持续发展，从而对我国的旅游发展资源应用于实践起到更好的指导作用。请同学们举例并思考，你对哪些景区比较了解？你判断这些景区属于哪个发展阶段？为什么？

5.2.10　人文地理学原理（十）：旅游环境容量

"环境容量"一词最早由比利时生物学家弗胡斯特于 1838 年根据马尔萨斯人口论提出。弗胡斯特认为，在环境中的生物种群可食食物量有一极限值，种群增加也有相应极限值，在生态学中这个极限量被称为环境容量。随后，环境容量在人口、环境、资源、旅游等社会经济方面得到广泛应用。20 世纪 60 年代，美国由于过量游客涌入旅游地所引发的体验质量下降、生态环境污染、旅游资源受损等一系列问题得到研究者们的关注，环境容量理论自此开始被引入旅游研究领域。在此背景下，美国学者韦格于 1964 年在其学术专著《具有游憩功能的荒野地的环境容量》中首次提出了游憩环境容量的概念，他认为游憩环境容量是一个游憩地区能够长期维持产品品质的游憩使用量，但由于缺乏对问题的深入研究，其成果未能得到广泛接受。紧接着，Mathieson 和 Wall 提出了旅游环境容量的经典定义，即在没有引起对资源的负面影响、减少游客满意度、对该地区的社会经济文化构成威胁的情况下，对一个地区给定的最大使用水平，并在当时被普遍认可。

旅游环境容量是指在可接受的环境质量和游客体验下降的情况下，一个旅游地所能容纳的最大游客量。旅游容量研究的角度不同就有不同的旅游容量概念，一般可分为基本容量概念和非基本容量概念。

基本容量概念包括：①旅游心理容量，或称旅游感知容量，是指游客于某一地域从事旅游活动时，在不降低旅游活动质量（保持最佳游兴）的条件下，该地域所能容纳的最大旅游活动量，其所关注的是游客的旅游活动质量，是从旅游需求角度阐述的一个容量概念。②旅游资源容量指在保持旅游资源质量的前提下，一定时间内某一地域旅游资源所能容纳的最大旅游活动量。③旅游生态容量指一定时间内某一地域的自然生态环境不致退化的前提下，所能容纳的最大旅游活动量。④旅游经济容量指在一定的经济条件和经济环境下某一旅游地域能达到的最大旅游规模。⑤旅游社会容量指旅游接待地区的人口构成、宗教信仰、民情风俗、生活方式和社会开化程度所决定的当地居民可以容忍的游客量。

非基本容量概念是在基本旅游容量基础上导出的一些极端状况下、一些特定条件下的旅游容量概念，包括以下几个容量。

（1）现有旅游容量和期望旅游容量，前者是当前已经存在的旅游容量；后者是在未来某一时间可能达到的旅游容量，一般指规划旅游容量，通常期望容量要比现有容量大，如通过开发新的旅游资源，改善旅游接待条件，改善生态系统，增加人工排污设施，采用污水处理、污染物外运等措施使旅游地域增加旅游容量，但并不都是期望旅游容量大于现有旅游容量，当一个已成熟的旅游区需要加大资源、环境保护力度时，反而要减少旅游容量。

（2）按照旅游地域的空间规模可以有景点旅游容量、景区旅游容量、旅游地旅游容量、区域旅游容量。景点容量指游人活动的基本单元——景点的容纳能力。景区容量指景区内各景点的容量与景点间道路容量之和。旅游地容量指各旅游景区容量与景区间道路容量的总和，依次类推可得区域旅游容量。

不同环境容量虽然着眼点各不相同，但是它们之间也有一定的内在联系。一般认为，旅游经济发展容量与旅游地地域社会容量有比较明显的正相关，经济越发达的地区，社区居民对游客的接纳程度越高；旅游感知容量与其他 4 个容量呈程度不同的正相关；一般而言，旅游地资源容量越大则其生态容量也越大；值得注意的是，旅游地可接待的旅游流量取决于 5 个容量中最小的容量值，即所谓的瓶颈效应。

旅游环境容量理论是描述旅游地区承载能力的重要理论，不仅是旅游地的决策指导理论和旅游地发展演变趋势的预测理论，也是指导旅游地可持续发展实践的重要理论。例如，在研究一些旅游海岛地区时，便可以分析其旅游体系容量并设计指标体系，采用定量分析法测算观光景区的生态环境能力、设施配置能力、区域环境能力以及社会环境能力，测出海岛的旅游环境容量，并分析制约其发展的要素，采取相应措施提升海岛的旅游环境容量，从而促进当地旅游更好地发展。不同旅游地区的环境容量不一，提升容量的措施也不一样，因此，请同学们思考分析，采取哪些措施可以扩大不同地区的旅游环境容量？

5.3 人文地理学方法

5.3.1 人文地理学方法（一）：访谈法

寻访有故事的人物，以平等的视角看待问题，一起思索人生，体验生命的美丽是《鲁豫有约》的节目定位。这档以挖掘人物故事为主题，以主持人鲁豫对某位嘉宾进行访谈为录播形式的访谈类节目是前十年最热门节目之一。"一段段窝心的真情，三千六百秒赤诚对话"不断从主持人与嘉宾的访谈交流中倾泻而出，吸引着观众的眼球。为什么节目中的嘉宾都能够在镜头前将自己生活背后的看法、故事如此坦白而细致地阐述出来？这得益于节目的谈话方式——访谈法。

1. 访谈法介绍

访谈法是一种定性收集和分析资料的方法，通过访谈者与被访谈者口头交谈方式获取第一手资料，再进行归纳整理完成研究，目的在于描述、解释事物、事件、现象、人物。

访谈法通常可分为半结构式访谈、结构式访谈和非结构式访谈。

半结构式访谈法又称焦点访谈，要求访谈题目或内容不固定，只以提纲或粗略的问题来确定访谈的范围，引导受访者针对主题进行深入陈述的方法。半结构式访谈法能在短时间内获得大量的重要信息，提问方式、回答形式、访谈时间地点等均由访谈者根据情况自由发挥，是一种最常用的质性资料收集方法。

结构式访谈法又称标准化访谈，指访谈者根据事先设计好的问题（通常为是非题或选择题）进行访问的方法。该访谈法对访谈过程高度控制，提出的问题、提问和回答的次序、方式以及记录等，需完全统一与格式化。结构式访谈由于其严格的标准化程序，一般难以收集到较深层次的信息。

非结构式访谈又称开放式访谈，指在预定主题下，访谈前不准备任何具体问题，访谈时以聊天方式就主题进行自由交谈，访谈者可以少量地引导使被访谈者尽可能多地表达个人的看法、理解与观点等。

2. 访谈法的适用范围

访谈法是社会科学研究中的一种重要的调查方法，社会科学的研究对象是社会现象，而社会现象是由人的行为及其动机、后果等构成的，因此，社会科学研究离不开对人的调查。访谈法一般有如下4个步骤：一是选择被访谈者、编制访谈问题、制订访谈计划；二是联系被访谈者，获取访谈许可；三是正式访谈，包括提问、记录、接引和追问；四是结束访谈，对访谈资料进行整理、总结、分析。访谈法在对于人的诸种心理因素（如动机、自信心、价值观等）的调查中能够发挥其他调查方法不能起到的独特作用，在地理学研究中经常应用。

3. 访谈法的运用实例

案例：基于访谈法获取返乡农民工社会认同问题的关键因素，了解返乡农民工生活情况与感受

（1）问题提出

农民离开了生养地，奔赴大城市寻找发展，在城市这个新的环境中，他们被称为农民工。由于生产方式、社会关系的变化，进入城市的农民工往往较难融入其中，成为城市"边缘人"。随着城镇化的进一步发展，逆城市化现象出现，部分农民工选择返乡，在家乡附近的小城镇就业，大城市务工已不是其外出就业的唯一选项。然而，返乡农民工挣脱城市"边缘人"身份，却又面临着成为家乡"边缘人"的困境危机。因此，大城市农民工返乡后对家乡的认同问题就成为一个值得研究的人文地理学问题。

（2）研究目标

作为城市"边缘人"的农民工返乡后，对家乡的社会认同状况是怎样的？

（3）研究方法

访谈法可以实现该研究目标。

（4）研究过程

从吉林省临江市 N 镇所属两个行政村（H 村与 Y 村）的返乡农民工中随机抽取 8 名，访谈方式为结构式和半结构式两种访谈方法，以《关于返乡农民工社会认同状况访谈提纲》（表 5-3），进行调查访谈。

表 5-3　关于返乡农民工社会认同状况访谈提纲

一、个人基本资料

1. 被访谈者的姓名、性别、文化程度、政治面貌、户籍所在地。

2. 被访谈者的家庭状况：家庭住址、家庭成员及基本状况、居住方式、经济来源等。

3. 被访谈者的个人外出务工生活经历：进城务工时间、返乡时间、返乡原因、曾从事职业、现从事（或打算从事）职业、收入等。

二、返乡农民工社会认同状况部分

1. 您对城市生活的理解是什么？

2. 您对农村生活的理解是什么？

3. 您认为城市生活和农村生活最大的差距是什么？您更喜欢哪种生活方式？

4. 返乡后，您觉得自己的社会身份是城市居民还是农民？

5. 农村城镇化会不会让您的居民身份发生转变？

6. 居住方式、生产方式的改变会不会让您的居民身份发生转变？

7. 返乡后，您对于家乡的人际交往方式是否不适应？

8. 外出务工经历是否影响您返乡后对家乡的归属感？

9. 返乡后，您对参与农村政治事务的看法与参与方式是否有影响？

10. 您返乡后是否参与创业组织？是否有创业打算？

11. 您对政府现实施的鼓励返乡农民工创业相关政策有何看法？

12. 您在城市务工期间是否进行文化知识学习？

13. 返乡后，您对家乡的习俗文化、规章法制、生活方式是否适应？

14. 您没有留在城市的原因是什么？

15. 您对现有的户籍制度是否满意？

16. 您未来还有无可能进入城市务工或定居？

17. 您对子女未来的发展是什么态度？

18. 您对自己未来的职业发展有何打算？

（5）研究结论

对被访谈者的访谈结果进行分析，可以得出以下研究结论。

第一，返乡农民工在城市务工期间进行再社会化，务工时进行非农业技术学习，返乡后面对原生环境，城市中所学非农生产技术经验不能发挥最大效用，从而表现出因不能发挥自身价值而感到失望与无助，影响返乡农民工对家乡经济系统与农业生产方式的认同。

第二，农民工在城市务工时，已将城市社会文化系统内化，对城市社会的风俗文化、法律意识、思维方式等文化系统框架较为认同，导致其返乡后对家乡的社会文化系统与社会治理方式呈现消极的认同状态。

第三，永久性返乡农民工与暂时性返乡农民工的认同倾向有所差异。在家乡的生活方式、消费意识、信息通信方式等层面：暂时性返乡农民工呈现消极的认同态度，而永久性返乡农民工虽有轻度不适应但并未呈现消极的认同态度。在地域归属与身份归属层面：永久性返乡农民工的社会身份归属倾向为农民，地域归属更倾向于农村社会；而暂时性返乡农民工的社会身份归属倾向为城市居民，地域归属更倾向于城市社会。

日常语言是以对象化的方式逼近行动意义的有效途径。访谈法能直接结合日常生活的语言系统，尽可能深入地了解被访谈者对自身实践的解释，帮助访谈者尽可能以各种迂回和间接的方法去理解相关行动的意义和作用，在不断深入意义的询问中，多挖掘与相关实践密切联系的个体自身资料，最大限度地在语言的层面"还原"实践的真相，减少访谈者在资料中倾入主观情感，最大限度地保留第一手资料的原始性。

访谈法的更多相关内容将在"人文地理学"这门课程中进行介绍，感兴趣的同学可以通过查阅文献等方式深入了解访谈法。

5.3.2　人文地理学方法（二）：扎根理论

当今社会进入了共享经济时代，各类产品如共享充电宝、共享单车等层出不穷。对政府来说，数据共享能以便捷的政务服务增强政府公信力，是建设透明、高效政府的重要途径。但我国目前尚未建立完善的信息共享机制，数据共享在实践层面具有较大的挑战度。因此，探究影响跨部门政务信息公开的因素，了解信息共享影响机制是挑战也是突破。杨会良与陈兰杰运用扎根理论这一探索性的研究方法，通过整理各类资料数据，直接从原始数据中归纳概念、模型，以全新的视角、模型和方法发掘了我国跨部门政务信息共享的理论、模型研究，为解决政府数据共享提供了一个新视角、新理论。这种直接对原始数据进行分析提炼，通过系统性分析得出理论框架的扎根理论也是人文地理学中最常用的质性研究方法之一。

1. 扎根理论介绍

扎根理论（Grounded Theory）是格拉斯（Glaser）和斯特劳斯（Strauss）于1967年提出的典型质性研究方法，它强调将理论建构和实证研究相联系，从原始质性资料中分析、归纳并建构理论。扎根理论是一种运用系统化的程序，要求研究者针对某一问题或现象，在收集足够的原始资料后，通过系统性地反复整理、归纳、分析资料，最终导出扎根于原始资料中的理论框架或模型。所以扎根理论并不是一种理论，而是一种质性资料的分析方法。

扎根理论的操作可以由明确研究问题、原始资料解读、开放式编码（一级编码）、主轴式编码（二级编码）、选择式编码（三级编码）、得出研究结论这6个步骤来进行（图5-17）。

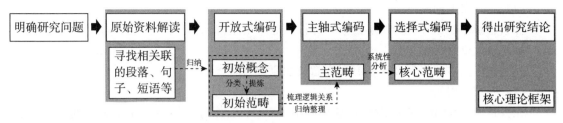

图 5 - 17　扎根理论的操作步骤

第一步，明确研究问题就是研究者希望通过分析原始数据想要了解哪些方面的问题。研究的问题应限定在一定范围内（如某一学科领域中某一研究方向的某个知识点等）。

第二步，原始资料解读是指通读原始资料内容，仔细琢磨其中的意义与相关关系，从复杂烦琐的资料中找寻与研究主题相关联的段落、句子、短语等。

第三步，开放式编码是在将有关的前设与价值判断暂时悬置起来的基础上，先将有意义的段落、句子、短语归纳为能代表各原始语句、词的初始概念（中心意思），让资料"自己来说话"，再根据各概念间的逻辑关系，分类、提炼出初始范畴（各概念的进一步分析归纳）。

第四步，主轴式编码是对初始范畴间的潜在逻辑关系（即从不同层面上解读资料，让更多的意义进入我们的意识），如因果关系、结构关系、时间关系、情境关系等进行归纳整理，总结出主范畴（再分析归纳），并展示各范畴间的相互联系。

第五步，选择式编码是对主范畴再次进行系统性分析，从中挖掘出与研究主题相关的核心范畴，以核心范畴为中心，将前两步分析归纳获得的初始概念、初始范畴、主范畴打散，再以新的方式将数据重新组建联系的系统化操作过程，此时的核心范畴居于其他范畴的中心位置，具有统领性。

第六步，得出研究结论。对原始资料进行解读、编码后，即可形成研究分析的核心理论框架（模型）。

2. 扎根理论的适用范围

扎根理论是定性研究中最科学的方法论和最适于进行理论建构的方法。扎根理论用于探索微观的、以行动为导向的或过程类的问题，如探索未被了解的现象、难以定量测量的变量间关系等问题。扎根理论的使用前提是必须拥有与研究问题相关的数据、文本等资料，因此，其往往与访谈法、问卷调查、文本分析等数据搜集法一起使用。扎根理论适用范围广，在教育学、政治学、经济学、心理学和医学等领域都是一种热门的研究方法。地理学中，扎根理论也在影响因素探究、理论建构、发展路径、产业关联等方面被使用。

3. 扎根理论的运用实例：基于扎根理论探索旅游志愿服务行为影响因素

在热闹的景区，当游客享受闲适时，身着"红背心"，劝游客戴好口罩、不乱丢垃圾、文明旅游的旅游服务志愿者分布在各个角落，以热情的微笑、周到的服务迎接广大游客，是他们为旅游景区提供了维持秩序、文明宣传、便民服务等旅游志愿服务。旅游志愿服务行为对缓解当前旅游服务供需矛盾、促进旅游创新发展具有重要推动作用，加强旅游志愿服务行为的理论研究已成为学界一个亟待解决的重大课题，值得人文地理学者分析探究。因此，案例尝试通过访谈法和扎根理论提炼影响旅游志愿服务行为的重要因素，分析人们产生旅游志愿服务行为的作用机理。

（1）明确研究问题

探索旅游志愿服务行为影响因素，分析人们产生旅游志愿服务行为的作用机理。

（2）原始资料解读

整理访谈文本，得到 289 条有研究意义的原始语句。

（3）开放式编码

先分析原始语句的核心意思，抽象归纳出 36 个能体现或影响旅游志愿行为的关键信息（初始概念），如"社会角色意识"由原始语句"我是单位的副总，这样的角色让我感到要为社会做出自己的贡献"归纳而成。再根据该 36 个关键信息的关联性与性质差异，对其进行分类并作进一步整合，提炼得到 12 个初始范畴，如将"个体精神追求""社会角色意识"这两个概念统一归纳为"个人规范"范畴。最后归纳出的开放式编码形成的范畴示例见表 5 - 4。

表 5 - 4　开放式编码形成的范畴示例

初始范畴	初始概念	访谈中的原始代表语句
旅游发展	引导文明旅游	看到游客在景区乱扔垃圾挺难受的，想制止这种不文明行为
	提升旅游形象	志愿者给游客提供服务，这是提升旅游地形象一个很好的途径
自我提升	积累知识经验	想学习新知识和新技能，通过旅游志愿服务培训储备知识
	锻炼社交能力	性格内向，想通过做旅游服务志愿者锻炼语言表达和人际交往能力
社会压力	单位硬性要求	我们酒店属行政单位，对职工参加旅游志愿服务活动有一定要求
	获得游客认可	游客觉得我的服务挺有帮助，一直对我说感谢的话，给我好评
个人规范	个人精神追求	作为大学生，不想整天玩手机浪费青春，想做点有意义的事
	社会角色意识	我是单位的副总，这样的角色让我感到要为社会做出自己的贡献
自我效能	工作时间限制	时间最有影响，有本职工作要做，只能周末或假日时间参加
	身体健康状况	身体健康要考虑，譬如我太累或身体不适，肯定不会参加
便利程度	交通便利程度	会考虑交通是否方便，离家近的服务点会去，太远就不考虑
	报名便利程度	想做志愿者，发现旅游服务志愿者报名过程很方便，就报名参加了
开放性人格	怀有探索之心	想知道所服务的景区风景有什么特别之处，对此我非常向往
	充满好奇之情	好奇旅游志愿服务与其他志愿服务有什么不同，是否很好玩
宜人性人格	为人善良淳朴	我们这边农村人比较多，乡亲仁心厚道，我也比较淳朴
	习惯乐于助人	助人为乐是必须做的，我也一直这样，已经习惯了
责任性人格	遇事坚持不懈	别人一直说我做事有韧劲儿，我遇到困难也会选择坚持到最后
	社会责任担当	做事很少推卸自己的责任，对社会也是有尽公民责任的意识
组织环境	景区物质保障	景区给了很多支持，场地、物品方面都无偿供我们用
	人员安排合理	旅游志愿服务组织方专业化程度较高，岗位和人员配置等很合理
社会支持	社会氛围营造	我国志愿意识在加强，国家重视志愿服务后，社会导向明显与以前不同
	政府出面扶持	政府帮助联系企业，通过志愿项目招标，让企业赞助我们
家庭要素	家人需要照顾	我以前常参加，现在不怎么去了，家里有小孩需要照顾
	家庭志愿氛围	我父母都很热心、乐于助人，经常参加社区组织的捐助活动

注：表内仅展示每个范畴内的前两个初始概念

（4）主轴式编码

该步骤是发现并建立范畴之间的潜在逻辑联系，归纳出主范畴。经过分析发现 12 个初始范畴间根据相互关系和逻辑次序可归纳为 5 个主范畴，如"旅游发展""自我提升"和"社会压力""个人规范"分别符合"服务态度""主观规范"的主范畴等。主轴式编码形成的主范畴见表 5-5。

表 5-5　主轴式编码形成的主范畴

主范畴	初始范畴	范畴的内涵
服务态度	旅游发展	志愿者参与志愿活动提高旅游服务品质，提升旅游服务形象
	自我提升	志愿者有精神追求，尤其看重个人心灵成长与自我价值实现
主观规范	社会压力	单位、家人、朋友和游客的力量，促使志愿者参加服务活动
	个人规范	个人身份和地位、自我价值实现的需求驱动参加旅游志愿服务
知觉行为控制	自我效能	时间、健康、经历和个人能力影响人们参与志愿服务的信心
	便利程度	活动越便利则参与度越高，如天气好、交通便利和任务简单
人格特质	开放性人格	尝新求变、想象丰富和喜欢交流的个性特征易成为旅游志愿服务者
	宜人性人格	对人信任、坦诚直率和善良淳朴的个性特征易成为旅游志愿服务者
	责任性人格	追求成就、自律恒心和责任担当的个性特征易成为旅游志愿服务者
外部情境	组织环境	组织的公信力、物质保障、培训机制及对志愿者的尊重与关心
	社会支持	国家政策倡导、资金支持、权益保护、社会氛围及旅游环境
	家庭要素	家庭的经济基础，家庭乐善好施的氛围

（5）选择式编码

对主范畴深入探析，发现"旅游志愿服务行为影响因素"这个核心范畴能统驭其他所有范畴。最终，通过对各概念、范畴进行整体性解析，构建出旅游志愿服务行为影响因素模型（图 5-18）。

（6）研究结论

① 通过扎根理论得到旅游志愿服务行为影响因素模型，从该模型可知：服务态度、主观规范、知觉行为控制和人格特质是旅游志愿服务行为发生的内在心理因素；家庭要素、组织环境和社会支持共同组成实施旅游志愿服务行为的外部情境因素。

② 服务态度、主观规范、知觉行为控制对行为意向的产生有驱动作用，人格特质是旅游志愿服务行为意愿产生的内在因素，外部情境在旅游志愿服务行为意愿和行为关系中发挥调节作用。

扎根理论自 1967 年提出后的几十年中，被誉为 20 世纪末"应用最为广泛的质性研究解释框架"，对质性研究长期以来存在着系统性不够强、理论与方法的关系模糊、方法论与研究技术相脱节等问题给出了相应的解决思路。扎根理论作为一种方法论，强调从现实出发，能极好地为本土研究赋权，在强调理论建构时也极其重视理论的有用性。因此，扎根理论在发现问题、解释问题与解决问题上有极大潜力，有利于原创性理论的构建，促进了应用性学科发展。

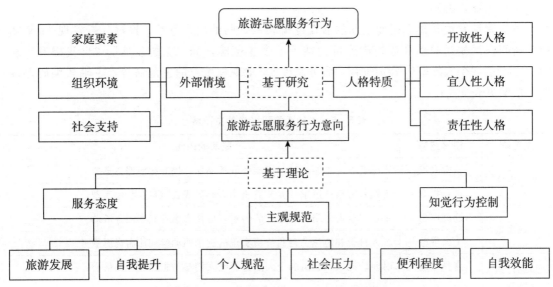

图 5 - 18　旅游志愿服务行为影响因素模型

扎根理论的更多相关内容将在"人文地理学"课程中进行介绍，感兴趣的同学还可以通过阅读文献深入了解扎根理论。

5.3.3　人文地理学方法（三）：网络文本分析法

"长沙 3 天 2 晚超详细攻略""来深圳游玩一定要做的 20 件事"等，这些网络旅游攻略或网络游记是"小红书"等旅游 App 中最为常见的内容。在大数据时代，人们外出旅游前的必修课便是利用这些免费而简单实用的旅游 App 来获取旅游资讯，从而更好地对旅游活动进行规划。与此同时，越来越多的人将自己的旅游过程与经验写入这些旅游 App 中。如此一来，便形成了一个各类网络旅游数据百花齐放，信息量大、可获取性强、传播力广的网络旅游大数据库。大量网络文本的出现，不仅可以为旅游活动的设计提供参考，为城市旅游形象的传播提供重要渠道，也为旅游目的地形象感知提供了新的研究思路。网络游记文本自由、开放、共享的特性充分反映了旅游者对目的地意象的感知，能够为城市旅游形象感知的研究提供更为全面、科学的研究数据。这种通过分析网络文本来获取所需数据的方式便是网络文本分析法。

1. 网络文本分析法介绍

网络文本分析法是内容分析法的分支。20 世纪初至今，从带有研究者较强主观意识的解读式的定性分析，到文本内容概念元素的定量统计与元素之间的定性推理分析相结合，再到如今计算机软件技术的发展，为研究者们提供了更加方便快捷的内容分析研究工具，内容分析法逐渐运用于众多研究领域。随着互联网时代的到来，学者们开始专门对通过互联网搜集的文本进行内容分析研究，由此延伸出了网络文本分析法。

文本分析法是一种定性与定量相结合的分析方法。网络文本的语义在一定程度上能反映人的立场、观点及价值，因此基于内容分析法，通过客观、全面的定性分析，将网络文本里的文字内容变更为数据反映的分析结果，实事求是地揭示事物运动、变化、发展的规律及趋势，从中推导出具有实际价值的结论并进行合理预测，实现从文本的表层深入文本的内层，从而发现那些不能为普通阅读所把握的深层意义。

2. 网络文本分析法的适用范围

网络文本分析法属于内容分析法，在行为研究领域应用较为广泛。该方法通过将质性的、不系统的符号内容转化成为系统的数据资料，从而推断出准确意义，是定性分析和定量研究结合的一种新方法。随着互联网技术的普及发展，丰富的网络评论资源逐渐成为内容分析的新领地，被广大学者接受并使用，由此形成了网络文本分析法。目前该方法早已突破了开始阶段的社会学领域范围，被广泛用于情报分析科学、引文分析、企业管理等诸多的学科和研究领域。尤其是近年来，随着计算机技术的快速发展，海量数据、知识爆炸对信息处理提出了更高的要求，网络凭借其特殊的优势，充分与数据挖掘技术有效融合，使该方法目前在社会和商业应用领域的价值逐步显现。而在地理学方面，该方法主要应用于人文地理领域，尤其是旅游领域，通过运用网络文本数据，研究游客消费偏好和行为，已成为旅游领域的常态。

3. 网络文本分析法的运用实例

案例：基于网络文本分析法的大连市旅游目的地形象感知

（1）问题提出

旅游目的地形象即游客对某一旅游目的地的综合感知和评价，不仅可以反映出旅游目的地的受欢迎程度，也是旅游目的地提升其内在精神与外在价值的重要依据。随着网络技术的发展、研究方法的创新及研究数据的增多使旅游目的地形象感知研究成为旅游地理学者关注的热点之一。

（2）研究目标

作为一名游客，对旅游目的地大连市的基本认知形象和整体形象感知如何？游客的积极感知与消极感知的影响因素是什么？

（3）研究过程

选取网络文本数据庞大的携程旅行→攻略·景点和去哪儿旅行→攻略，收集相关旅游攻略文本数据，建立基础信息数据库。在携程旅行和去哪儿旅行搜索"大连市"相关攻略文本和评论，并按以下原则筛选。

① 文本内容详实，拥有 50 以上的点击数和评论数。

② 剔除重复无效的、复制内容较多的文本。

③ 剔除攻略中的广告部分，避免对实验数据的准确性造成较大误差影响。

经处理，共获得 2996 篇网络旅游攻略样本，其中去哪儿旅行的攻略样本数量 1056 篇，携程旅行攻略样本数量 1940 篇。

本研究以 ROST Content Mining6.0 文本分析软件为依托，对纯文本的网络旅游攻略样本进行分词处理，处理后利用词频统计模块、语义分析模块得出语义分析图、高频特征词表（表 5-6）与高频特征词云图（图 5-19）等，通过统计高频特征词分析游客对目的地旅游要素的基本认知形象，探究游客对旅游目的地的情感形象及总体感知形象，再利用百度指数对总体感知形象进行二次验证，为研究提供科学的理论支撑。

表 5 - 6   高频特征词表

序号	词汇	词性	词频	序号	词汇	词性	词频
1	大连	名词	35071	26	方便	形容词	1711
2	海洋	名词	20314	27	珊瑚	名词	1709
3	广场	名词	17628	28	便宜	形容词	1632
4	公园	名词	16098	29	沈阳	名词	1605
5	酒店	名词	8564	30	东北	名词	1535
6	老虎滩	名词	6516	31	好吃	形容词	1515
7	金石滩	名词	5484	32	鸟语林	名词	1403
8	旅顺	名词	5094	33	轻轨	名词	1378
9	海鲜	名词	4160	34	电车	名词	1328
10	火车站	名词	4072	35	干净	形容词	1226
11	博物馆	名词	3742	36	海豚	名词	1165
12	沙滩	名词	3550	37	日俄监狱	名词	1090
13	门票	名词	3246	38	军港	名词	1067
14	机场	名词	3152	39	海之韵	名词	1066
15	发现王国	名词	3098	40	付家庄	名词	1030
16	美丽	形容词	2751	41	烧烤	名词	979
17	俄罗斯风情街	名词	2528	42	饭店	名词	926
18	码头	名词	2451	43	住宿	名词	920
19	孩子	名词	2382	44	欢乐	形容词	914
20	宾馆	名词	1973	45	文化	名词	908
21	棒棰岛	名词	1870	46	海风	名词	863
22	火车	名词	1836	47	开心	形容词	835
23	飞机	名词	1764	48	浪漫	形容词	806
24	中山区	名词	1758	49	热情	形容词	781
25	浴场	名词	1725	50	新鲜	形容词	760

（4）研究结论

通过网络文本分析法，基于旅游目的地形象认知-情感模型，从认知形象、情感形象和总体感知形象三个方面探讨了游客对大连市旅游目的地形象的感知，并运用百度指数分析对大连市旅游总体感知形象进行验证分析，可以得出以下研究结论。

① 海洋、广场、公园是游客对于大连旅游形象的基本认知形象。滨海旅游资源丰富且特色突出，广场、公园等丰富的公共基础设施和各类基于海洋发展起来的人文景观成为游客最基本的认知形象。

图 5 - 19　高频特征词云图

② 游客对于旅游资源、旅游环境、旅游活动的满意度较高，评价中以积极感知为主。各类人文旅游资源发展成熟且客源丰富，丰富的旅游景观与项目、优美的自然环境是游客积极感知的主要来源。消极感知的主要来源具体反映在景区（点）门票、旅游服务态度、交通基础设施破旧等方面。

③ 总体形象感知上，大连市的总体形象感知是滨海旅游胜地、"广场之城"，总体形象感知是积极的，综合正面感知占比较高。游客基于对自然与人文景观、旅游基础设施等物理性、功能性要素的本身、实质属性和对大连市心理上的积极或消极感知，共同形成了对大连市旅游目的地形象的总体评价。

4. 网络文本分析法的总结

由于网络具有开放性和虚拟性，越来越多的人可以把自己的感受与想法，如看到的美景、遇到的特别的人、听到的感人的故事等都记录在网络上分享给大众。所以以网络文本作为分析样本的数据来源，可以让我们轻易地了解到更为真实的海量信息，节省我们研究所花费的时间与精力，从而更好地提升我们的科研效率。

网络文本分析法的更多相关内容将在"人文地理学"课程中进行介绍，感兴趣的同学还可以通过查阅文献等方式深入了解网络文本分析法。

5.3.4　人文地理学方法（四）：新型数据研究方法——以微博数据为例

"随时随地发现新鲜事"，这是微博初始界面的醒目标语。作为当下一种基于用户关系信息分享、传播以及获取热门实时信息的广播式网络平台，微博的影响力早已涵盖普通民众生产生活的方方面面。在这里可以免费了解到许许多多的真实且重要的信息，而这些信息不仅可以是人们茶余饭后的谈资，更重要的是还可以成为我们研究地理现象的重要数据来源。

随着信息技术的发展，网络成为社会发展和科学研究不可或缺的平台，很多开放数据逐渐被人们认知和应用。包括微博签到数据、兴趣点数据、百度指数数据等在内的新型数据，成为地理学领域研究不可或缺的一部分。利用各种多样化信息数据的方法便是新型数据研究方法。

1. 新型数据研究方法介绍

新型数据主要是指以容量大、类型多、存取速度快、应用价值高为主要特征的大数据集合，如手机信息数据、微信宜出行数据、公交刷卡数据、热力图数据、大众点评数据、微信和微博签到数据等。同传统的调查数据相比，新型数据具有 Volume（数据量大）、Velocity（处理速度快）、Variety（种类和来源的多样化）、Value（价值密度低、实用价值高）、Veracity（数据的真实有效性）的 5V 特征。新型数据及开放数据构成的新数据环境，为诸多人文地理学研究提供了更多可行的数据源，如为城市的定量化研究提供了包括网络开放的社交数据、移动设备携带的位置数据等，为实现从物质和社会双重层面刻画街道成为可能，也为从街道视角审视和研究城市提供了新的契机，因此越来越多的人文地理学前沿研究将新型数据作为主要的研究数据。

传统的人文地理学研究的数据获取多采用实地调研和问卷访谈的方法，这两种方法不仅数据获取时间长、所需人工量较大，而且问卷访谈所面临的实际困难较大，较难获取准确且全面的数据，在数据处理过程中也容易出错。而新型数据虽然数据量庞大，但多数可以免费获取，从而能节省数据获取时间及相应的人力与物力。新型数据获取方式一般为利用爬虫类网络技术进行操作，输入相关关键词与条件，便可爬取相关数据，获取方法相对简单易学。

2. 新型数据的适用范围

新型数据最早应用于信息技术行业，随着信息技术不断发展，其涉及内容不断宽泛和生活化，这也为地理学的应用，尤其是人文地理学的应用提供了可能，基本上涵括了人文地理学的绝大部分领域，如城市与乡村的规划和感知、商业网点分布态势与效应、地区人口迁徙与意愿等。现如今，新型数据成为人文地理学前沿研究方面的热门数据。

3. 新型数据研究方法的运用实例（以微博为例）

案例：基于微博数据的传统村落记忆场所研究——以苏州明月湾古村为例

（1）问题提出

传统村落作为乡愁文化的承载地，曾经的地貌地形、阡陌街巷、建筑民居、田园风光等在城镇化进程中逐渐被取代，其中蕴涵着丰富情感与集体记忆的历史性场所在经济利益、现代与传统的冲突中不断碎片化、离散化。这不仅使人们缺失对于传统村落的文化认同感，也使村落自身发展迷失了方向。因此，保护活化历史性场所对于村落规划和发展、记忆保存和传承等具有重大意义，而这也是一个值得研究的人文地理学问题。

（2）研究目标

选取苏州明月湾古村作为案例，利用微博数据从空间维度的场所信息与时间维度的记忆信息两方面进行分析，进而了解各类记忆主体对场所及要素的空间认知情况、村落不同时期的时间认知情况，及村落未来发展的规划策略。

（3）研究过程

① 数据收集

采用 Python Scrapy，以"明月湾"为关键词，爬取了 2010 年 1 月 1 日到 2019 年 2 月 28 日的微博，共 11742 条，并使用 Excel 按以下步骤对爬取的数据进行筛选与统计。

a. 删除与苏州明月湾古村无关的微博，剩余微博 9651 条。

b. 设置筛选条件为用户原创的包含图片、文本的微博。

c. 删除视频、文章、链接、转发、重复的微博，以及广告、公共信息等与研究内容无关的微博。

最后获得有效微博 3468 条作为研究的基础数据（图 5-20）。其中兼具图片、文本的微博 3282 条，仅有图片的微博 18 条，仅有文本微博 168 条。

图 5-20　微博数据采集过程图

② 数据分析

有效微博的发布用户共 2356 人，其年龄特征、身份构成情况统计表如下（表 5-7）。

表 5-7　有效微博的发布用户年龄特征、身份构成情况统计表

年龄特征	0～19 岁：10 人；20～29 岁：751 人；30～39 岁：1230 人；40～49 岁：239 人；50～59 岁：91 人；60～69 岁：27 人；70～79 岁：8 人			
身份构成	使用者（个人用户）：2258/人	居民：100	原住居民：34	
			外出工作的本地人：66	
		游客：2158	国外：62	
			国内：2096	上海市 752、江苏省 839、北京市 104、浙江省 54、广东省 42、其他 175、无法判断省市 130
	表现者（官方用户）：98/人	苏州 39、江苏 22、其他地区 37		

用户年龄：0～79 岁，划分为 7 个年龄区间，其中以 20～39 岁的年轻用户占绝大多数。由此可见，微博这一记忆手段对于年轻人更具有优势，年轻人是微博活跃的记忆主体。

用户身份：根据记忆场所与群体的关系，将记忆主体身份分为两类。一类是使用者，包括居民、游客。另一类是表现者，指专注于村落研究和实践、共同拥有村落集体记忆的专业人士，通常包括政府工作人员、地方精英与专业工作者。在微博中，前者主要表现为个人用户，而后者表现为官方用户。通过用户信息及历史微博来判断记忆主体身份，得出微博中明月湾古村的记忆主体以普通使用者为主，其中周边邻近省市的游客比重最大。

③ 空间维度场所分析

具体要素分析采用人工与 Web 软件相结合的方式，将上文记忆场所图片对照这 8 类细化要素（表 5-8）进行内容分析。基于 Web 的分类界面，两名研究人员根据辨识指南就可以快速地将图片划分到前面提到的类别中，另增加无法判断的选项。这个界面被设计成包括发布的图片、图片中场所的位置地图以及与图片相关联的文本信息。

表 5－8　场所具体细化要素类别

要素分类	细化要素	具体内容
建筑	宗教文化建筑	禅院、宗祠、祠堂、文化馆等
	民居建筑	堂、厅、宅等
	商业建筑	特产店、餐馆、民宿等
公共空间及景观	绿化	山体、绿地、植物、古树名木、庭院景观等
	水体	湖泊、河流等
	交通空间	街巷、桥梁、码头等
	广场空间	空地、小广场等
	其他环境设施	牌坊、蓄水池、井、碑、围墙、楼、亭、公共设施等

④ 时间维度记忆分析

将明月湾古村记忆要素细化为历时性记忆（典故传说、历史事件等）与共时性记忆（生产、社交休闲、日常生活、商业以及传统民风民俗等）。经统计，文本中记载明月湾古村记忆内容的微博共 633 条（居民微博 152 条，游客微博 431 条，官方微博 50 条），其中历时性记忆 343 次，共识性记忆 531 次。并使用数据挖掘软件 ROST Content Mining6.0 对 633 条微博文本进行词频统计和语义网络分析，以补充和验证人工统计结果。

（4）研究结论

总结出明月湾古村记忆场所主要包括 3 种类型并绘制相应的意象地图：一是由交通空间、节点广场、构筑物、历史建筑等标志物构成的历史轴线，其是明月湾古村最重要的记忆场所，其中传统村落的初步发展期、名人聚集时期、鼎盛时期记忆最为丰沛；二是绿化、水体等边界构成的生产、休闲场所，主要承载日周期、季节周期记忆；三是由商业建筑群、民居区域形成的商业、生活场所，多为当下分散的记忆。可得出以下结论。

① 微博平台中海量的图片为构建较为完整的空间维度的场所信息提供了丰富的数据，同时也使场所物质信息的寻找、提取和分析更加精准与便捷。其中游客图片数据占绝大多数，其次是官方图片，居民图片较少。各类记忆主体对场所及要素的认知分析结果基本一致。

② 微博平台中关于时间维度记忆的文本数据相对较少，呈现出游客人均记忆内容少、居民人均记忆内容多的特点。其中记忆主体的历时性记忆清晰一致，对传统村落的伊始阶段、鼎盛时期和名人的集体记忆最为丰沛。共时性记忆集中在当下日周期记忆，中长周期记忆较少。一方面由于记忆主体中居民人数较少，导致关于居民生活、传统民风民俗等具有长周期记忆的信息较少；另一方面由于微博这一传播媒介的实时性，导致时间的极大压缩，降低了记忆的持续性与凝聚力。

③ 根据场所与记忆的关联研究，最终构建了明月湾古村 3 种类型的记忆场所，与村落发展规划的定位——以居住为主并适度发展观光旅游的生态文化型古村基本一致，在村落的规划设计中可分别采用重点活化历史轴线记忆场所与生态休闲、生产场所协调发展商业活动场所，适度优化居民生活场所的发展策略。

上述研究结论初步验证了基于微博数据进行传统村落记忆场所研究的可行性，这一新数据为客观认识、评价传统村落现状及保护活化历史场所提供了客观、量化的依据。但由于微博数据的独特性，使得研究结果存在一定局限性，主要体现在记忆层面研究数据的不完整，这种局限性可以和传统调研方法结合，补充居民长周期记忆数据，最终实现记忆场所的原真性、整体性。

4. 新型数据获取方法的总结

多样、快捷、全面、免费、可靠，这些都是新型数据的优势与特点，正因如此，越来越多的人文地理学研究，尤其是前沿研究将新型数据作为重要的研究数据。可以预见的是，随着新型数据不断的发展与完善，新型数据获取方法也将变得简单易学，使用新型多元数据将成为研究中的常态。

新型数据获取方法的更多相关内容将在"人文地理学"课程中进行介绍，感兴趣的同学还可以通过查阅文献等方式深入了解新型数据的获取方法。

5.3.5　人文地理学方法（五）：兴趣点研究方法

过去，当人们要前往某个目的地暂居或游玩时，一般都会通过购买当地纸质版地图来更快地了解周边地理情况。现在随着科技发展，以高德地图为首的手机线上地图越来越受到人们的欢迎。与传统的纸质版地图相比，手机线上地图不仅携带方便、使用免费，更重要的是更新快，且地图上各个地点的信息要素一应俱全，这种实用且非常容易上手的特点让手机线上地图广受欢迎。而在这些手机线上地图之中的具有各自信息的空间标识对象便是兴趣点，其所承载的数据信息便是兴趣点数据。这些海量兴趣点数据的出现，不仅方便了外来人员对本地信息的获取和自身活动的规划，更为重要的是为地理研究人员提供了大量精确且易于获得的数据，而且还提供了研究的新视角。这种通过分析兴趣点来获取所需数据的方式便是兴趣点研究方法。

1. 兴趣点研究方法介绍

（1）兴趣点的概念

兴趣点（Point of Interest，POI）即具有地理标识的空间特征物，包含名称、类别、经纬度等信息，主要是指与居民日常生活息息相关的服务设施，比如便利店、餐厅、医院、公园、图书馆等地理实体的位置信息和属性信息，在地理空间信息数据中用点要素表示。

（2）POI数据及获取路径

POI数据即POI自身所包含的相关信息。POI数据不仅具有大数据5V特点，而且单体的POI数据包含了实体的名称、经纬度、地址、类型、电话、行政区等信息，反映了实体所承载的人类活动及与地理位置的相互关联性。

传统的POI数据获取方式是进行实地调研，需要投入大量的人力物力，而且一次性获取的数据量小、更新速度慢。随着科学的进步，人们对全球地理信息数据的需求也日趋强烈，因此逐渐发展出由谷歌地球和百度地图等网站提取POI数据的方法，这些网站开放了较为完善的开发接口，因此可以获得十分准确的POI数据。

非地图类网站和地图类网站的POI数据获取方法不同。如：随着社交网络的普及，微博、大众点评等社交媒体提供了丰富的信息，可通过网络信息爬取技术采集POI数据；对于天地图、百度、高德等大型地图网站，则可利用检索接口或网页爬取技术获取数据，也可通过商业渠道购买。

2. POI 研究方法的适用范围

早期 POI 数据由于规模的限制，主要用于网络信息查询、出行地图导航等领域，随着数据采集处理技术日趋成熟，逐渐转向 POI 地理信息挖掘与应用研究。与此同时，POI 研究应用也扩展到了医学、建筑学、设计学、电子信息工程、计算机应用、航空宇航科学等领域。

在地理领域的应用方面，POI 在人地系统要素的空间格局识别与评价、人类活动空间分布表征与预测，以及人地系统耦合关系探寻与解析等领域发挥作用（图 5-21）。而在理论方面，POI 为创新人地关系实证研究及应用提供了新思路，集成应用 POI 所构成的点、线、面矢量开展了人地系统要素空间格局识别与评价、人类活动空间分布表征与预测、人地系统耦合关系探寻与解析等研究，并在理论与实证上丰富了人地体系。

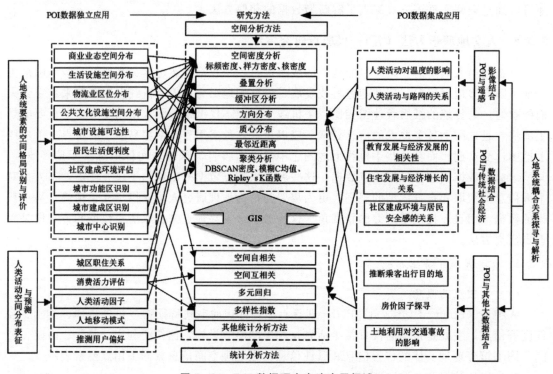

图 5-21　POI 数据研究方法应用领域

3. POI 研究方法的运用实例

案例：基于 POI 数据的广州零售商业中心和商业热点区域识别与业态集聚特征分析

（1）问题提出

零售活动的空间集聚现象是地理学、经济学等学科关注的一个重要问题，零售业的合理化布局对发展城市经济、合理配置流通资源、满足居民消费需求发挥着重要作用。因此了解当地商业区的规模、层级以及商业区之间相互关系的空间规律，摸清不同零售经营形态的区位选择，对于优化商业资源在城市内部空间的合理配置显得尤为重要，这是值得研究的人文地理学问题。

（2）研究目标

以广州市为例，通过研究面向公众服务的商业机构 POI 数据，提出一种城市商业中心与零售业态集聚区识别的方法，分析商业活动的热点地区以及零售业态集聚区的空间分布特征。

（3）研究过程

选取广州市辖 11 区共 166 个街道（镇）作为研究区。采用 2013 年广州商业 POI 数据作为数据源（由瑞图万方公司采集和发布），作为面向公众服务的导航数据。该类数据将地理实体划分为 15 个大类，65 个中类；商业百货批发零售是其中的一个大类。商业 POI 数据具有信息量大、位置准确度高、实时性强、业态分类明确等特点，有助于降低城市商业空间研究的成本和难度。提取 2013 年广州市 10208 个商业机构 POI 数据进行分析。表 5-9 为商场商厦、超市、便利店三种零售经营形态的 POI 数量，其分别为 3261、3097 和 3850 个。

表 5-9　研究区域面积、人口和零售商店分布概况

行政区	总面积/km²	常住人口/万人	街道办事处或镇/个	POI（零售商业）数量/个		
				商场商厦	超市	便利店
越秀区	33.80	114.09	18	327	141	199
海珠区	90.40	158.34	18	410	316	383
荔湾区	59.10	88.92	22	238	108	149
天河区	96.33	148.43	21	442	360	339
白云区	795.79	226.57	18	459	1063	997
黄埔区	484.17	86.28	15	192	164	150
花都区	970.04	96.48	10	216	288	535
番禺区	529.94	144.86	16	575	392	734
南沙区	783.86	62.51	9	66	24	62
从化区	1974.5	61.02	8	69	67	94
增城区	1616.47	105.18	11	267	174	208

研究方法分为两个部分。一是运用核密度法和局域 Getis-Ord G* 指数法识别城市尺度下零售商店分布的集聚区域和商业热点区域，从城市商业发展的宏观层面探索广州市零售业活动空间的集聚特征；二是运用核密度法识别中心城区不同零售业态的集聚地，从零售企业经营的微观层面分析业态集聚区位选择的空间规律。

由于 POI 数据是具有空间坐标和零售企业属性的离散点对象，其具体的处理方法如下。首先，对离散点数据进行格网化处理，利用核密度估计法识别城市尺度下零售商店分布的集聚区域，将其定义为"零售商业中心"。其次，以街道为单元，采用局域 Getis-Ord G* 指数法识别出具有统计显著性的商业热点区域，将零售商业中心和商业热点区域进行叠加分析，探索广州市零售业活动空间的集聚特征。最后，以商店经营形态为分类标志，提取不同零售业态的 POI，运用核密度估计法识别中心区域零售业态的集聚区域。

（4）研究结论

通过对研究结果进行分析与归纳，得出以下结论。

① 根据核密度估计法提取的零售商业中心在等级上表现出由城市中心圈层向外围圈层扩散的趋势，结果符合客观事实。

② 以街道为单元，商业网点密度符合局域 Getis-Ord G * 指数法统计特征的商业热点区域主要分布在越秀区和天河区，广州市零售业发展的双核心空间格局已经形成。

③ 不同的零售业态对商业集聚的区位选择具有显著差异性，商场商厦、超市、便利店零售业态的空间集聚特征与该业态的市场定位、经营模式及选址策略基本吻合。

总体来看，基于 POI 数据的广州零售业活动空间的集聚特征分析结果能够反映实体零售企业行为与广州商业经济分布的相关性，有助于提高政府部门商业规划和零售企业选址的客观性和科学性。

4. POI 研究方法的总结

随着电子地图的广泛使用，POI 数据的应用日益受到人们的重视。POI 数据也日益多元化，从地图上固定的各类建筑与生产生活设施到可移动的各类网络信号，如手机信号 POI、出租车 GPS 轨迹点等。同时，POI 也不仅仅局限在室外大尺度的 POI，也产生了如室内监控 POI 等的小尺度 POI，用于动态传感信息的实时接入与存储。这些处于不断丰富更新之中的 POI 无不体现着大数据时代下的人地关系，而这些庞大的数据也将成为人文地理研究的新方向。

POI 研究方法的更多相关内容将在"人文地理学"这本门课程中进行介绍，感兴趣的同学还可以通过查阅文献等方式深入了解 POI 研究方法。

5.4　人文地理学应用

5.4.1　人文地理学应用（一）：特色小镇建设中的地理学贡献

改革开放以来，我国快速城镇化促进了经济不断发展，为人民富足、美好的生活创造了条件，但同时也使城乡之间发展不平衡，造成城市拥堵、农村空心，城市繁荣、农村萧条的二元结构情况。因此，为突破城乡二元圈，2012 年，党的十八大提出"走中国特色新型城镇化道路"，强调促进小城镇经济转型升级和新型城镇化建设。2014 年"特色小镇"概念在浙江云栖大会上被首次提出，受到全国关注与响应，从中央到地方，均纷纷出台推动特色小镇规划建设的顶层设计，特色小镇相关研究开始逐渐成为学界关注的热点。2016 年 7 月，住房城乡建设部、国家发展改革委、财政部联合发布《关于开展特色小镇培育工作的通知》文件，明确决定在全国范围开展特色小镇培育工作，提出到 2020 年培育 1000 个左右各具特色、富有活力的休闲旅游、商贸物流、现代制造、教育科技、传统文化、美丽宜居的特色小镇。一时间，各地相继出台适用于本行政区的特色小镇培育实施方案，新型城镇化的发展进程迅速加快，建设特色小镇正式成为我国一项重要的发展战略。

特色小镇是指以某一特色产业为依托，具有一定的产业基础和清晰的产业定位，通过政府、企业等多方参与规划建设，使其具备独特的文化内涵、宜居宜游的环境、完善的基础设施以及灵活的体制机制的一种新的区域发展模式。当前国内之所以形成特色小镇建设热潮，主要源于以下两个原因。

一是期望特色小镇能够推动区域产业转型升级，建构和优化区域产业体系。经济功能是特色小镇的首要功能，通过制度创设在特色小镇集聚各类优质要素，形成基于特色产业的创新、生产、销售、服务于一体的新兴产业空间组织形式，以寻求产业空间布局和组织形态的优化与创新，增强区域发展的内生动力和可持续发展能力。

二是我国新型城镇化道路的发展选择。在全球化背景下，只有城市群才有足够的规模和实力成为国际竞争的基本单位，参与全球性竞争与合作，以城市群为地域单元推进城镇化进程是当前我国新型城镇化发展的道路选择。通过发展特色小镇引导资源要素向村镇倾斜，推动当地实体经济的发展，形成与周边城市的交互与共构，形成良好的大中小城市和小城镇分工与层级体系，以建构并提升城市群的质量，优化城镇化的布局和结构。

建设"以人为本"的特色小镇，是落实《关于开展特色小镇培育工作的通知》《国民经济和社会发展第十三个五年规划纲要》，探索小镇建设健康发展之路，促进经济转型升级，推动新型城镇化和新农村建设的重要决策，也是地理学研究面向国家战略需求的重要课题。近年来，我国地理学者积极关注特色小镇建设方面的科学研究，涉及的内容主要有：①新型城镇化下的特色小镇建设；②特色小镇全域旅游评价及路径研究；③特色小镇的空间分布及特征研究；④特色小镇与乡村振兴；⑤特色小镇发展水平指标与评估。为进一步助力乡村振兴，发挥小城镇在城市与乡村经济社会发展中的协调作用，当前地理学致力于探究特色小镇特色建设方案、产业、模式和科学途径，并基于各行政区实际社会、自然环境特色，发掘不同风情的特色小镇，拟设计适用于不同行政区特点的特色小镇培育实施方案，因地制宜，以期为实现新时代中国新型城镇化、乡村振兴、美丽乡村提供重要理论、实践支撑。

在各地特色小镇建设工作中，许多可敬的地理学者涌现，他们的成果是促进特色小镇筛选、加快新型城镇化建设不可或缺的力量，刘沛林教授就是其中一位。刘沛林是中国历史文化名村保护制度的提出者，传统聚落景观基因理论的原创者，网络虚拟旅游的推动者。

2014 年 4 月，刘沛林向中共湖南省委深改办提出"以湖湘特色'旅游小镇'建设为引领，助推湖南新型城镇化"意见，明确开展湖湘风情文化旅游小镇的特色定位、遴选标准和方法路径，建议通过挖掘湖南省文化资源潜力，通过旅游发展实现产业化路径，以促进文化与旅游深度融合发展，助推湖南省的新型城镇化建设和乡村旅游的转型升级，该意见与 2014 年"特色小镇"概念提出前后呼应。同年 5 月，该建议被湖南省委领导批示采纳，湖南省旅游局、文化产业改革发展办公室出台《关于印发〈"湖湘风情文化旅游小镇"创建工作方案〉的通知》，聘请古村古镇文化遗产数字化传承湖南省协同创新中心刘沛林教授团队组成咨询专家组，全程负责湖湘风情文化旅游小镇的创建，为湖南省特色旅游小镇发展的理论和应用研究提供了丰富的理论和应用指导。

刘沛林团队成员之一的杨立国教授运用理论分析、目标分析和实证分析相结合的研究方法，从城镇建设完善度、旅游资源开发度、旅游产业发展度等八个方面，构建了旅游小镇成熟度评价指标体系（表 5-10）和旅游小镇成熟度综合评价函数，并以首批湖湘风情文化旅游小镇为例进行实证研究。该研究既证明了旅游小镇成熟度评价体系描述旅游小镇发展状态的实用性和可行性，又指出了首批湖湘风情文化旅游小镇总体成熟度状态和发展间的差异，有利于当地政府对旅游小镇发展要素进行取长补短的进一步深度开发，凸显了旅游小镇特色。

表 5 – 10 旅游小镇成熟度评价指标体系

目标	准则	权重	指标	属性	权重
旅游小镇成熟度	城镇建设完善度	0.149	外部交通可进入性	逆向	0.033
			基础设施保障度	正向	0.019
			服务设施完善度	正向	0.058
			建筑风貌特色	正向	0.039
	旅游资源开发度	0.170	资源价值挖掘程度	正向	0.038
			本地文化传承度	正向	0.022
			地方文化特色打造度	正向	0.066
			特色文化项目开发度	正向	0.044
	旅游产业发展度	0.128	游客增长率	正向	0.019
			旅游综合收入增长率	正向	0.043
			本地居民旅游就业率	正向	0.022
			本地居民旅游增收率	正向	0.033
			旅游 GDP 贡献率	正向	0.011
	旅游要素配套度	0.085	内部交通配套特色度	正向	0.015
			游览设施配套特色度	正向	0.006
			旅游娱乐配套特色度	正向	0.006
			旅游住宿配套特色度	正向	0.023
			旅游餐饮配套特色度	正向	0.023
			旅游购物配套特色度	正向	0.012
	旅游管理配套度	0.106	管理组织完善度	正向	0.011
			规划编制执行度	正向	0.032
			保障体系完备度	正向	0.021
			政府支持度	正向	0.042
	旅游环境保护度	0.085	生态环境优良度	正向	0.014
			卫生环境达标度	正向	0.028
			人文环境和谐度	逆向	0.043
	旅游社区参与度	0.085	社区居民参与度	正向	0.034
			社区带动效应	正向	0.051
	旅游创新利用度	0.191	创新技术运用度	正向	0.046
			区域协调合作度	正向	0.018
			绿色低碳环保使用度	正向	0.036
			资源节约利用度	正向	0.036
			新业态培育度	正向	0.054

与此同时，刘沛林团队制定出台了《湖湘风情文化旅游小镇遴选和建设标准》，2015 年以来先后指导建设了四批 62 个湖湘风情文化旅游小镇，该项目在每年 5 月中旬的中国（深圳）文化产业国际博览交易会上，作为湖南省文化旅游产业代表性成果之一向国内外做示范展示和重点推介。

目前，特色小镇风起云涌，文旅融合蔚然成风。特色旅游小镇的文旅融合是新时代中华民族文化自信的体现，也是地方特色文化、旅游资源可持续开发的需求。2019 年 9 月，湖南省首批十大文化旅游特色小镇（简称文旅小镇）名单公布，其中有七个属于原湖湘风情文化旅游小镇创建名单。这不仅是刘沛林团队湖湘风情文化旅游小镇创建成效的体现，也蕴含着文旅小镇与湖湘风情文化旅游小镇的一脉相承。

特色小镇作为城镇化发展的一种重要形式，不仅是农村实现就地城镇化的一种手段，也是缓解城市人口、资源等方面压力的一条途径，对于推进新型城镇化发展、乡村振兴均具有重大意义。

地理学在特色小镇建设的特色产业挖掘、模式选择、方案设计、时空特征探究等系列研究中发挥着其独特的学科技术优势，其综合性、区域性、空间性等特点能在特色小镇建设、产业特征等研究中提供强有力的理论支撑；基于不同地区自然、社会、经济、文化环境发掘独特产业风情城镇建设的思路优势，能因地制宜、以人为本设计不同特色小镇的培育实施方案，是实现新时代中国新型城镇化的智囊库。在现代化发展的背景下，地理学与其他学科之间的融合更能为未来特色小镇的"特色"挖掘提供新思路、新路径。感兴趣的同学可以通过阅读文献和课外书籍等方式，立足于家乡实际状况，更深入地了解特色小镇建设，为促进小镇发展、乡村振兴建言献策。

5.4.2　人文地理学应用（二）："一带一路"建设中的地理学贡献

改革开放 40 多年来，我国在全球化发展背景下，工业化和城市化进程飞速发展。但自美国次贷危机（因次级抵押贷款机构破产、投资基金被迫关闭、股市剧烈震荡引起的金融风暴）以来，全球贸易持续萎缩，严重阻碍了世界经济复苏与我国经济转型，由于我国沿海地区在经济发展、国际分工中优势强于内陆地区的情况，使得内陆地区经济愈发滞后于沿海地区。长期以来，沿海地区与内陆地区间形成了一条分割明显的胡焕庸线。胡焕庸线两侧不平衡的经济地理景观和胡焕庸线北侧经济不充分发展是新时代下中国社会主要矛盾的一个方面。党的十八大以来，党中央先后提出了包含京津冀协同发展、"一带一路"倡议和长江经济带发展，成为重塑我国经济地理的三大支撑带，也将成为未来拓展中国各区域一体化和区域协调发展的重点。

"一带一路"是"丝绸之路经济带"和"21 世纪海上丝绸之路"的简称。"一带一路"倡议包含和平合作、开放包容、互学互鉴、互利共赢，强调"共商、共建、共享"原则，是实现我国经济、社会和文化全方位开放、区域一体化，完成经济发展转型的重大举措，是促进欧亚大陆在内的世界各国经济增长，实现全球化发展再平衡的重要举措，也是地理学研究面向国家需求、国际地理研究的重要课题。

自"一带一路"倡议提出以来，我国地理学者就一直积极关注该方面的相关科学研究，涉及的内容主要有：①"一带一路"与对外投资；②"一带一路"框架下海陆运输的空间组织；③"一带一路"合作伙伴的国别地理研究；④"一带一路"的地缘政治经济研究；

⑤ "一带一路"的相关理论构建；⑥ "一带一路"的设施互联互通研究；等等。由此可见，我国地理学者以"一带一路"倡议为研究视角，对"一带一路"的内涵、社会贡献、理论机制、全球化、实现路径、空间格局等做出了富有启迪性的探讨，为实现"一带一路"建设提供重要理论支撑与路径策略。

在"一带一路"倡议推进发展过程中，中国科学院地理科学与资源研究所（以下简称中科院地理资源所）内的各人文地理学者以新时代国情与发展的关系为主线，提出了"一带一路"倡议的各类理论基础与建设模式，是服务、支撑重大战略规划与决策的"国家重要智库"。

1940 年，中国地理研究所（中国科学院地理科学与资源研究所前身）成立，设自然地理、人文地理、大地测量、海洋学四个学科组，人文地理就是人文与经济地理的前身。在艰难而辉煌的 80 多年研究中，中国科学院地理资源所人文与经济地理学科组在完成国家任务与实践探索中不断成长壮大，形成了以任务带学科的文化传统，学科体系日臻完善，人才队伍不断壮大。面对国家重大战略需求，2009 年 12 月，中国科学院区域可持续发展分析与模拟重点实验室（简称重点实验室）成立，成为全国重要的人文与经济地理学的研究中心，"一带一路"建设与可持续发展研究是其重点研究议题之一。

重点实验室在"一带一路"建设与可持续发展研究中的成果颇丰。

首先，从全球、区域、次区域等不同空间层级研发大尺度、跨区域连通性及资源环境流动评估方法，揭示"一带一路"区域贸易网络的复杂性演化特征，完成了"一带一路"建设工作进展第三方评估。如邹嘉龄和刘卫东采用社会网络的分析方法揭示了"一带一路"贸易网络特征及沿线各国在"一带一路"贸易网络中的地位变化。"一带一路"合作伙伴贸易网络的联系愈加紧密，并且我国在"一带一路"合作伙伴贸易网络中的核心地位逐渐提升，在2013 年已高居第一位。但在贸易发展中，贸易区域分隔明显，贸易区域群整体结构变化不大，区域间贸易联系不够紧密，使得世界发展变得越来越区域化，不利于全球化的深入综合发展。因此，在"一带一路"建设中，我国可以通过自己的核心地位优势，积极扮演区域核心角色，协调跨区域合作机制，促进沿线区域与区域之间的贸易联系，增强贸易网络整体联系程度，不断发挥自身作为核心的带动作用，达到"一带一路"贸易畅通的建设要求，促进全球化发展。

其次，从经济全球化的角度构建了"一带一路"倡议的理论基础，提出了"包容性全球化"理论概念，推动构建绿色包容性投资与贸易理论。随着"一带一路"倡议成为国际共识，深入推动这个倡议迫切需要从全球经济治理的角度进行理论总结和建构。在众多的理论探索中，"'一带一路'将引领包容性全球化"的视角得到了越来越多的学者关注，并在多个国际峰会或论坛上成为政治领袖们的共识。于此，刘卫东在简要剖析经济全球扩张历程机制并揭示新自由主义全球化局限性的基础上，结合"一带一路"的实践活动，提出了包容性全球化的核心内涵，即"国家应发挥好'调节者'的角色、解决资本市场'期限错配'问题、选择适合国情的发展道路、保障各方平等地参与全球化，以及在经济全球化过程中保护文化多元性"，为后续包容性全球化理论研究提供了借鉴方向，也丰富了"一带一路"倡议相关理论的思考方向。

最后，系统总结了"一带一路"合作伙伴的资源环境基础与社会经济现状，开发建设"绿色丝绸之路建设决策支持系统"，开展以低碳经济和 2030 年碳峰值实现路径优化为核心的可持续发展模拟研究，并总结研究成果，编写并出版《"一带一路"战略研究》《共建绿色丝绸之路：资源环境基础与社会经济背景》（中英文版）等专著，揭示"一带一路"合作伙伴的自然、社会、经济环境的总体特征和发展态势，为合作伙伴探索绿色发展途径提供重要科学认知，为绿色丝路建设提供科技支撑，为第二届"一带一路"国际合作高峰论坛提供了重要理论支撑。

目前，"一带一路"已经从中国倡议转变为国际共识，由理念传播转变到全面行动。"一带一路"正在成为包括地理学在内的学术界的热点研究领域，涉及的研究议题十分广泛。一方面，在具体研究议题中，地理学对"一带一路"的战略内涵和理论构建、地缘政治经济分析、海上航运战略支点、海外投资模式、经贸格局及其经济影响、资源环境问题等方面的研究较为深入，做出了重要贡献，但相对于其快速的发展以及所取得的国际影响而言，学术研究却显得较为滞后；因此，在"一带一路"未来的研究中，继续推进"一带一路"倡议的理论构建，让国际社会更好地理解"一带一路"倡议，加强"一带一路"倡议建设机制的研究，探索全球经济治理新模式就显得十分重要。另一方面，中外学者研究"一带一路"倡议的视角差别明显，国内学者大多以积极的态度研究"一带一路"倡议的重大意义和建设方案，但多数国外学者戴着有色"地缘眼镜"进行研究，不少研究结论是片面的和扭曲的。因此，加强开展中外学者之间"一带一路"倡议研究对话以及合作研究，共同建立科学的话语体系，是非常紧迫的任务。

5.4.3　人文地理学应用（三）：新冠疫情防控战役中的地理学贡献

2020 年，新型冠状病毒感染（COVID-19），（以下简称新冠肺炎）在全球范围内蔓延，超过 200 个国家和地区先后出现疫情，表现出了大流行特征。疫情不断扩散，给世界公共卫生环境和民众生命健康安全造成了严重威胁，对全球经济与社会发展造成了巨大影响，引起世界各国的广泛关注。我国自 2020 年 1 月 23 日武汉开始采取"封城"措施后，其他省市陆续结合自身疫情实际情况进行不同程度的"封区""封路"，给人民的生产生活带来诸多不便。如何应对来势汹汹的严重疫情？包括医学界在内的社会各界都在努力寻求防控措施。

地理学是研究地理要素或者地理综合体的空间分布规律、时间演变过程和区域特征的学科，其主要任务之一是探究人类活动影响和自然环境驱动下的陆地表层系统变化及其与人类社会可持续发展之间的关系。虽然新冠疫情疾病本身不是地理学研究的主题，但疾病流行与空间、地方的天然联系使得疫情防控与地理学息息相关，因此地理学研究在新冠疫情防控战役中不可或缺。

自疫情暴发以来，我国地理学者积极关注新冠肺炎相关的科学研究，涉及的内容主要有：①疫情传播、分布与扩散系列研究；②疫情风险和预测研究；③区域规划与应急研究；④后疫情时代的城乡发展评价研究；⑤疫情影响下的人文关怀系列研究。⑥研究成果的系统化与国际化。由此可见，当前国内学者多围绕新冠肺炎的时空传播扩散、地域传播和聚集性特征、疫情分布可视化、疫情风险和早期预警评估、群众心理健康与疫情的分布关系、应急空间规划技术与响应等做出了富有启迪性的探讨。

在此次防疫战中，涌现了许多可敬的学者，他们成为新冠肺炎防疫的中坚力量，周成虎就是其中一位。周成虎为中国科学院地理资源所研究员、博士生导师、中国科学院院士、国际欧亚科学院院士。周成虎及其团队长期从事遥感与地理信息系统及其与地理科学的交叉研究，提出的全息位置地图概念和技术体系、全空间信息系统思想和技术方法均为我国 GIS 实现跨越发展和引领世界发展奠定了科学基础。2020 年年初，周成虎团队撰写的《COVID-19：挑战与 GIS 大数据技术应对》研究报告基于新冠肺炎特性，从地理信息系统（GIS）和大数据结合角度阐述了地理学与流行病学科交叉研究的巨大潜力。

周成虎认为，在抗击疫情中，GIS 和大数据技术在多源大数据快速汇聚、疫情信息快速可视传播、人群区域传播预测、区域空间风险划分与防控力度选择、社会情绪引导与恐慌消除等方面有重要作用，能为疫情的防控决策、措施制定和防控效应评估提供坚实的空间信息支撑。环境与健康是人类共同的研究领域，在大数据时代，通过地理学结合流行病学等进行交叉分析，既能通过多学科知识融合特点创造出不同的新兴知识与技术产品助推现代社会进步，又能促进地理学未来研究的进步与发展。但对于疫情（未来流行病）防控来说，GIS 可以解决数据获取难、异构融合难问题，从而改变传统技术方法。提高数据获取速度和数据准确度、快速为社会管理提供准确信息是未来 GIS 创新发展的重要挑战。

疫情防控决策需要从多地理尺度综合考虑，快速分析时空动态，以便更准确地进行疫情的空间追踪、溯源和疫情阻隔。为此，周成虎团队构建疫情大数据时空立方体模型，整合"看-查-分析"一体化功能，设计以"国家-省-地市-区县-社区-个例"多尺度一体化疫情时空动态可视化技术，解决统一时空下的多维疫情数据"一张图"可视化难题，在疫情时期解决了传统信息系统开发模式环节多、流程复杂、交付周期长的问题。

新冠肺炎危及全社会、全人类，没有一个人能置之度外。在网络时代，社会各界在关注政府官方新闻发布的疫情信息之外，还关注互联网平台、微博、微信等各渠道的信息传播，对于普通民众来说，了解疫情实际动态既能安心，又能规避疫情暴发"危险区"，为防疫做贡献。因此，设计信息简单明了、清晰准确、更新迅速的疫情地图格外重要。为此，周成虎团队通过快速处理各省区市实时疫情公开数据，匹配多尺度地图数据库、专题地图模板，制作并发布了多要素疫情地图，创建"图说每日疫情"信息平台，通过微信公众号，以科学解读的形式每日面向社会公开提供世界疫情、全国新冠肺炎疫情的空间分布、疫情发展变化、疫情专题地图＋图表（10 余幅）及重点省份的疫情空间分布及变化信息。

疫情传播与扩散分析研究使地理学发挥学科优势，成为响应国家疫情防控部署的基本环节。因此，在新冠疫情防控中，交通地理学研究也十分重要。王姣娥通过结合地理学第一定律（地理学第一定律是指地理事物或属性在空间分布上互为相关，存在集聚、随机、规则分布）、"流空间"（随着交通与信息技术的不断进步，空间逐渐由静止封闭的"场所空间"向流动共享的"流空间"转变，形成客流、货流、信息流等不同的地理流，对区域间的关联关系和依赖程度产生重要影响），发现交通网络作为人口流动和社会经济活动的重要载体，会直接影响空间流要素的表达，影响区域关联关系，进而影响人口流动，造成疫情空间扩散。同时，研究新冠肺炎在空间上的扩散过程与空间格局，将新冠肺炎在我国的空间扩散归纳为邻近扩散、迁移扩散、等级扩散和廊道扩散 4 种模式（图 5-22），通过揭示其空间扩散的影响因素，为政府制定有效的疫情防控措施提供思路。

疫情期间，加强对群众心理健康疏导尤为必要，普通民众在"居家隔离"环境中焦虑、恐慌等各种情绪蔓延。随着疫情的发展阶段变化，社交媒体（如微博）发起了"宅在家里很焦虑怎么办""总怀疑自己得病怎么办"等话题，阅读讨论数量迅速攀升，即使在国内疫情

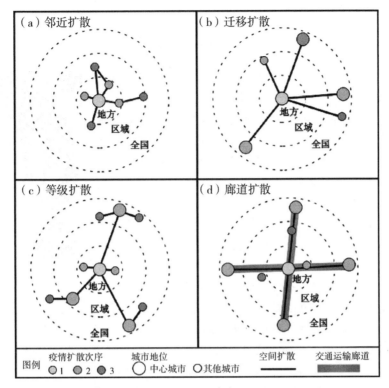

图 5 - 22　新冠肺炎在我国的 4 种空间扩散模式

好转的情况中，热度也未下降。常建霞等地理学者以"焦虑"为关键词，采集河南省 17 个地市在疫情期间的微博数据，基于百度地图迁徙大数据，按焦虑情绪的四个阶段对各地市不同疫情发展阶段的焦虑情绪值进行可视化。探究疫情期间公众焦虑情绪及其时空分异，有利于政府合理分配资源，根据各市县实际情况采取最恰当的防控措施并对重点区域进行疫情防控和公众心理健康疏导；能为今后建立社会重大应激事件的群众心理预警系统提供科学依据，为建立有效心理危机干预模式提供理论参考。

地理学在疫情传播与扩散分析、区域规划与应急、人文心理健康与疏导、空间可视化数据等系列研究中发挥了其独特的学科技术优势；方法多元化、先进化、智能化的地理学研究进一步结合实践，扩展了地理学支撑公共卫生安全防控的技术方法；百度地图迁徙数据等新一代地理空间大数据提高了传染病模型模拟预测的准确性，有效解决了以往突发卫生事件中人口流动数据的预测不及时、不准确、不充分问题。以上均体现出地理学服务于国家与地方科学决策的责任与担当。

"没有人是一座孤岛"，人类文明的未来将是多重交叉的十字路口，从来不只是二选一的选项。从预测疫情、提前防控、发现疫情、控制疫情的不同阶段，综合运用地理学空间统计分析方法及技术，开展重大传染病疫情与多环境因素相关分析及模型研究，从多维度来研究传染病的时空演化规律，切实响应习近平关于"深化疫情防控国际合作，发挥我国负责任大国作用"的指示，根据国际疫情防控态势和中国地理学对疫情防控的响应进展，不断扩宽科研主题方向，及时为世界人民健康、国家安全出谋划策。

国外地理人物（5）：

李 特 尔

德国地理学家李特尔是近代地理学创建人之一，1779 年 8 月 7 日生于奎德林堡，1796 年进入哈雷大学攻读自然科学及文史等课程，1819 年任法兰克福大学历史学教授，1820 年任柏林大学首任地理学教授，1859 年 9 月 28 日去世。李特尔是德国第一个地理学讲座教授和柏林地理学会（1828 年成立）的创建人，也是著名的地理教育家。

李特尔
（1779—1859 年）

在近代地理学中，他最早阐述了人地关系和地理学的综合性、统一性，并奠定了人文地理学的基础。李特尔认为，地理学是一门经验科学，应从观察出发，而不能从观念和假设出发，主张地理学的研究对象是布满人的地表空间，人是整个地理研究的核心和顶点。在具体研究中，他偏重人文现象，把自然作为人文的基本因素，主张地理学必须与历史学携手前进，他的演讲"地理科学的历史因素"（1833 年）促进了历史地理学的发展。他坚持目的论的哲学观点，相信地球是作为人类的家乡由上帝的旨意设计的，这是他对不能理解的事物的哲学解释。

李特尔的学术巨著《地学通论》，又名《地球科学与自然和人类历史》，全称为《地学通论，它同自然和人类历史的关系，或普通比较地理学，自然和历史科学研究与教学的坚实基础》，1817 年出版第 1 卷，至 1859 年李特尔去世时共出版 19 卷。这是一部按洲论述世界的著作，全书未能完成。此书的内容主要是根据别人观察得到的资料汇编叙述各个区域的自然特征、主要物产和人口，以及一些历史事件和探险旅行，最后是一般性的总结。此外他还著有《欧洲地理》（1804—1807），共 2 卷。

 国内地理人物（5）：

吴 传 钧

吴传钧是中国地理学家、中国科学院院士、中国地理学会名誉理事长。他 1918 年 4 月 2 日生于江苏苏州市，1943 年国立中央大学研究生院毕业，1945 年入英国利物浦大学，1948 年获博士学位。回国后，他历任中国科学院地理研究所研究员、研究室主任、副所长等，并担任中国地理学会副理事长、中国对应国际地理联合会委员会主席、中国科学院自然资源研究委员会副主任等，1988 年当选为国际地理联合会副主席。

吴传钧
（1918—2009 年）

吴传钧长期致力于经济地理学和人文地理学的研究，著有《中国农业地理总论》（与邓静中等合著），并组织编制《百万分之一中国土地利用图》。他多次率领中国地理学家代表团参加国际学术会议、出访欧、美、亚洲的 10 多个国家，积极促进国际学术交流。他曾被聘任东京联合国大学校长顾问，美国出版的

《中国地理学者》、中国香港出版的《亚洲地理学家》以及联邦德国出版的《地学季刊》的顾问和编委。他的主要著作有《中国土地资源》（英文）、《中国区域规划》（英文）、《土地与水资源管理》（英文）、《中国地理学》（与王乃梁、林超、赵松乔合编，英文）等，发表的论文有"地区综合考察和生产力发展远景的研究""国土开发整治区划和生产布局"等。

 思 考 题

1. 面对我国日益凸显的人口回流问题，请思考我们该如何应对？
2. 居住迁移现象对现代城市人居环境建设方面有何启示和意义？
3. 休闲农业和乡村旅游业有何异同？
4. 深入思考人文地理学同经济社会发展的关系。

第6章　城乡规划与城乡发展

规划与城市减灾

　　2012 年 7 月 21 日午后至 22 日凌晨，北京市遭遇 61 年来最强暴雨，强降雨持续近 16h，因灾死亡 37 人，其中 4 名司机溺亡。21 日晚，北京广渠门桥下积水一度达 4m，来自江苏的丁先生的车辆在水中搁浅。受困后，他的妻子打电话报警求救，警方接警后，救援人员紧急到场，大批消防救援人员陆续赶到，经过几个小时的苦战，终于将受困车拉到路边，丁先生被紧急送往医院抢救，但终因肺部积水太多抢救无效离世。近年来，类似城市暴雨灾害导致人员伤亡的事件屡见不鲜，网友调侃××城市"看海"的现象时有发生。城市洪涝灾害成为威胁人民生命财产安全的重要"杀手"。那么，是什么原因导致城市洪涝灾害频繁发生呢？史培军认为，"城市规划不尊重自然地理格局"是形成灾害的主要原因。北京发生暴雨时，积水严重的地方都是把原来的水系网格局改了的地方。我国自古以来的城市规划追求的是几何美，规划理念是美观的协调，而不是景观的协调。反之，西方国家的城市规划多是按照城市所在地自然景观格局依山傍水而建的。其实，城市本身并不存在一圈、两圈这种越摊越大的环路型的自然地理格局。所以，我们一些城市的规划缺乏远见，不尊重和没有考虑到大城市布局和原来自然地理格局间的协调，从而导致了"大城市病"，下大雨成水灾，下大雪成雪灾。

6.1　城乡规划与城乡发展现象

6.1.1　城乡规划与发展现象（一）：城中村

　　当我们漫步在高楼林立的繁华都市时，偶尔会见到如下景象：狭窄曲折的小巷，电线如蛛网般交错，低矮破旧的房屋拥挤在一起，斑驳的墙壁诉说着岁月的沧桑；阳光艰难地透过拥挤的楼缝洒下，映照出生活的琐碎与忙碌；街头巷尾，小商小贩的吆喝声此起彼伏，充满了生活的烟火气。这里是许多人的栖身之所，是梦想与现实交织的地方，展现着城市复杂而真实的另一面。这就是我们常说的"城中村"（图 6-1）。从狭义上说，城中村是指农村村落在城市化进程中，由于全部或大部分耕地被征用，农民转为居民后仍在原村落居住而演变成的居民区；从广义上说，城中村是指在城市高速发展过程中，滞后于时代

图 6-1　"城中村"照片

发展步伐、游离于现代城市管理之外、生活水平低下的居民区。城中村问题是城市化进程中的一种特殊现象，我国有，国外也有，只是说法不同而已。有些国家称之为"都市村庄"，有些国家称之为"贫民窟"或"自助型居住区"（Self-help Housing）。按照外来人口比重和建设用地比重可以将城中村分为刚性村和弹性村，其中刚性村是指外来人口比重大于 50%，且建设用地面积占村行政面积大于 60% 的城中村；弹性村是指外来人口比重小于 50%，或建设用地面积占村行政面积小于 60% 的城中村。

在我国，城中村已成为阻碍许多城市发展的"顽疾"。截至 2023 年 11 月，广州市共有 1024 个村，其中 425 个被识别为城中村（刚性村 207 个，弹性村 218 个）。为迎接北京 2008 年奥运会，北京城中村调查报告显示朝阳、丰台、海淀、石景山四城区存在城中村 31 处。

我国城中村形成原因主要有几个方面。

（1）快速城镇化的影响

随着我国经济的快速发展，城镇化进程不断加快，城市规模迅速扩张，大量人口涌入城市，对城市住房和基础设施等产生了巨大需求。城市规划和建设难以跟上城镇化的步伐，城市边缘地区的农村在短时间内被纳入城市范围，但相关的配套设施和管理却未能及时跟上，从而形成了城中村。

（2）城乡二元土地制度的影响

我国长期存在的城乡二元土地制度是城中村形成的重要原因之一。农村土地的价值被低估，难以与城市土地实现同价同权。导致农村土地在被征用时，往往只能获得较低的补偿，而村民为了获取更多的经济利益，会在原有宅基地上进行违规建设和扩建，从而导致村庄建设混乱，逐渐形成城中村。

（3）历史遗留问题的影响

在过去的城镇化进程中，一些村庄由于毗邻城市而逐渐被城市包围，但并未得到及时的改造和整合，从而形成了历史遗留的城中村。这些城中村往往存在着复杂的社会关系和经济结构，改造难度较大。

（4）经济利益驱动的影响

城中村的形成与村民的利益诉求密切相关。在城镇化过程中，村民们看到了土地和房屋的潜在价值，为了获取更多的经济利益，他们会积极违规建设和扩建房屋；一些开发商和建设单位为了追求利润最大化，在城中村进行违规开发和建设。

（5）人口流动与聚集的影响

城市的发展吸引了大量外来人口前来就业和生活，而城中村往往以相对低廉的房屋租金和生活成本吸引这些人群聚居。这种人口的过度聚集进一步加剧了城中村的混乱和环境问题。

（6）缺乏产业支撑

一些城中村缺少稳定的产业支撑，村民主要依靠房屋出租和土地出让等方式获取收入。这种单一的经济模式导致村庄发展缺乏动力和活力，难以实现自身的转型升级，从而陷入了发展困境，进一步加剧了城中村的形成。

作为城市发展进程中的阶段性问题，城中村的许多问题迫切需要进行研究，如其形成原因、改造及发展建议、环境整治、土地利用、社会治安等。关于这些问题，在后续的"城市地理学"课程中都将有所涉及。

6.1.2 城乡规划与发展现象（二）：乡村旅游热

千亩油菜花齐齐盛开，如一幅巨大的鹅黄色织毯席卷着广袤无垠的大地，美不胜收。前来赏花的游客置身花海，尽情享受初夏美好的时光，并纷纷拿出手机或照相机，记录下这道亮丽的风景。这就是时下在祖国乡村大地极为流行的以油菜花为景观所带来的乡村旅游现象（图6-2）。

图6-2 油菜花景观

临水错落的民居和着蓝天白云的倒影，在水中轻漾。水网遍布、河道纵横，古石桥文化绵远悠长。世易时移、历经风雨、人文丰沛，古桥青瓦民房错落紧挨着，清澈的河水载着乡愁静静流过……，古镇古村游人如织，感受古风古韵……，尤其到了节假日，古镇古村更是延续着"人从众"模式，这就是古镇古村带来的乡村旅游现象。

乡村旅游是指以乡村地区为活动场所，利用乡村独特的自然环境、田园景观、生产经营形态、民俗文化风情、农耕文化、农舍村落等资源，为游客提供观光、休闲、体验、健身、娱乐、购物、度假的一种新的旅游经营活动。乡村性是吸引游客进行乡村旅游的基础，是界定乡村旅游的重要标志。

乡村旅游发展的主要动因，从需求角度看，是城市居民远离城市污染和快节奏的生活方式，渴望回归乡野的心理需要；从供给角度看，乡村旅游是增加农民经济收入、促进当地经济发展的有效途径之一。

现在全国各地都在火热地发展乡村旅游。数据显示，2012—2019年我国休闲农业与乡村旅游人数不断增加（图6-3）。乡村旅游人数从2012年的7.2亿人次增至2022年的33亿人次，年均增长率约达22.8%，增长十分迅速。乡村成为重要的旅游目的地，乡村休闲产业成为乡村产业的新亮点。

与此同时，2012—2019年我国休闲农业与乡村旅游营业收入增长也十分迅速，2012年仅2400亿元，到2019年达到18100亿元（图6-4）。

乡村旅游对于乡村发展有重大意义，是对国家乡村振兴战略的积极响应，不仅为旅游领域拓展了新天地，也为城市旅游扩散提供了广阔的场所，既有利于促进乡村改造，还可增加农户收入、缩小城乡差距。但是也存在一些问题，比如，一些地区的领导或经营者急于发展经济，一哄而上，盲目发展乡村旅游，既没有突出乡村的特色，又造成同一地区内项目建设重复、功能雷同、效益低下。一些农家乐大多数仅提供玩牌、卡拉OK、聊天等初级项目，

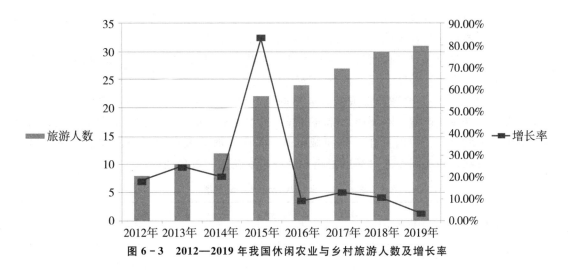

图 6-3　2012—2019 年我国休闲农业与乡村旅游人数及增长率

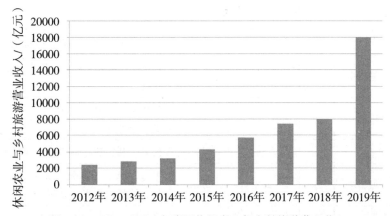

图 6-4　2012—2019 年我国休闲农业与乡村旅游营业收入

缺乏深度体验、娱乐休闲等高端项目，不能满足游客日益增长的旅游需求（如少年儿童的求知、求真、求趣的需求）。那么，如何规避和处理这些问题，促进乡村旅游健康发展？如何打造"一村一品"？乡村旅游如何与文旅融合、全域旅游、智慧旅游、乡村振兴、精准扶贫等良性互动？"乡村地理学""旅游地理学""区域旅游规划"等课程中会有系统介绍。另外，乡村旅游和乡村农业、生态旅游、农业旅游有什么联系与区别？感兴趣的同学亦可通过课外阅读去寻找答案。

6.1.3　城乡规划与发展现象（三）：城市群现象

打开一张最新的城市分布图，你应该不难发现，镶嵌在祖国广袤大地上的城市分布是极不均匀的。东部地区城市密集分布，西部地区城市稀疏分布，而且，一些东部沿海地区的城市在空间上集中连片分布，组成一个个璀璨夺目的城市群。

城市群是工业化的产物，最早出现在西欧、北美和日本等发达资本主义国家。表面上看，城市群是多个城市在一定空间范围内高度聚集，形成相对集中分布的城市群落。然而，城市的空间聚集绝非偶然，而是有其深刻原因和内在演变规律的。一般来说，城市群是由于科技进步、规模经济效益促使产业（特别是工业）与人口在空间上聚集与扩散运动的结果，是城市化发展到成熟阶段的城市地域空间组织形式，是城市化进入高级阶段的标志。西方国家城市群的发展初期是各国政府为了改善原有单一的中心大城市人口过于集中、交通拥挤、生态环境恶化、失业人口增加而将产业和人口向大城市周围地区扩散，采用城市群布局方式在地域上组成一个相互关联、相互依赖的城市群体。

截至 2019 年年底，全球已形成八大成熟的世界级城市群（表 6-1），它们分别是美国东北部大西洋沿岸城市群、欧洲西北部城市群、日本太平洋沿岸城市群、北美五大湖区城市群、英国英伦城市群、中国长江三角洲城市群、美国西海岸城市群和中国珠江三角洲城市群。这些区域都是相关国家人口高度密集和经济高度发达的黄金地区。

表 6-1　全球八大世界级城市群

名称	排名	GDP/ （万亿美元）	人口总量 /万人	主要大城市
美国东北部大西洋沿岸城市群	1	3.8	6500	波士顿、纽约、费城、巴尔的摩、华盛顿
欧洲西北部城市群	2	3.5	4600	巴黎、阿姆斯特丹、鹿特丹、海牙、安特卫普、布鲁塞尔、科隆、多特蒙德
日本太平洋沿岸城市群	3	3.3	7000	东京、横滨、静冈、名古屋、大阪、神户、长崎
北美五大湖区城市群	4	2.8	5900	芝加哥、底特律、克利夫兰、匹兹堡、多伦多、蒙特利尔
英国英伦城市群	5	2.6	3700	伦敦、利物浦、伯明翰、曼彻斯特城、利兹
中国长江三角洲城市群	6	2.2	9900	上海、南京、苏州、无锡、常州、镇江、扬州、杭州、嘉兴、湖州、绍兴、宁波
美国西海岸城市群	7	1.6	2300	洛杉矶、长滩、圣迭戈
中国珠江三角洲城市群	8	1.5	7100	香港、广州、深圳、惠州、东莞、肇庆、佛山、中山、江门、珠海、澳门

目前，我国正在按照"5+9+6"的城市群空间组织方案（5 大国家级城市群、9 大区域性城市群和 6 大地区性城市群），重点建设长江三角洲城市群、珠江三角洲城市群、京津冀城市群、长江中游城市群和成渝城市群 5 个国家级大城市群，稳步推进建设哈长城市群、山东半岛城市群、辽中南城市群、海峡西岸城市群、中原城市群、关中城市群、江淮城市群、广西北部湾城市群和天山北坡城市群 9 大区域性城市群，引导培育呼包鄂榆城市群、晋中城市群、宁夏沿黄城市群、兰西城市群、滇中城市群和黔中城市群等 6 大地区性城市群。

发展城市群有利于提升区域经济竞争力，强化中心城市的产业聚集和辐射带动作用，推动区域经济一体化进程。城市群如何发展？其动力机制是什么？城镇体系如何进行空间组织？内部交通体系、产业结构如何组织和优化？土地利用如何配置？生态环境问题如何解决？这些问题都是城市群研究的重要课题，后续的"城市地理学"课程会详细地介绍城市和城市群的相关内容，为这些问题的研究打下坚实的基础。此外，类似的概念还有"都市圈""大都市带""都市连绵区"，它们的联系和区别是什么呢？感兴趣的同学可以自己去寻找答案。

6.1.4 城乡规划与发展现象（四）：乡村空心化现象

近年来，去过农村的人除对农村好山好水的夸赞外，还会留下一个深刻的印象，那就是房子虽多，但住的人却很少，很多房屋人去楼空，想讨口水喝都不知道去哪一家。曾经的欢乐家园，因年久失修而长满了野草；昔日光滑的石板路，因缺少主人的惠顾而长出了荆棘；往昔热闹非凡的戏台，早已残垣断壁，在风雨中摇摇欲坠。这一切都在无声地昭示着农村原来那种热闹景象逐渐退却，取而代之的是现如今可怕的空寂。这就是 21 世纪以来我国大多数农村正在发生的空心化现象。

农村空心化是村庄空间形态上空心分布的状况。空心化包括人口空心化、产业空心化、居住空心化、社会服务空心化等方面。农村劳动力大量外流是造成农村空心化的根本原因，也是农村空心化的最重要表现。基于学术界对农村人口空心化影响因素的概括，我国农村劳动力外流的影响因素可分为制度因素、经济因素、家庭因素、社会因素四大方面（表 6-2）。

表 6-2　我国农村劳动力外流的影响因素

影响因素	涉及内容	具体表现
制度因素	城乡资源配置	城市教育、医疗、娱乐交通等较发达的各项公共资源配置与农村差异巨大
	保障机制	农村保障体系不健全，城市居民社保制度健全
	土地流转	农民被迫失去土地，为求生存外出务工
	农业税制改革	农业税的取消，农民不再完全被土地束缚
经济因素	城乡收入差距	农民收入较低，生活水平低；城市工资较高，生活水平高
	区域经济发展水平	农村劳动力向经济发达地区转移较活跃
	经济局势变化	物价上涨，通货膨胀，支出不断增加
家庭因素	子女教育	教育成本不断增加，对教育的重视程度加强，教育支出增加，城市教育水平高
	老人养老	农村以居家养老为主，家庭养老压力大
社会因素	产业结构变化	第一产业比重下降，第二、第三产业比重上升
	城乡就业情况差异	农村提供的工作岗位少，城市提供大量工作岗位
	基础设施的缺失	农村各项基础设施不完善
	社会风气	农民受社会风气、周围人影响
	农民本身	追求自身的发展，脱离农村

以中部地区的安徽省为例，统计数据显示，2019 年安徽省人口流出 1060.8 万人，省外流入人口 146.5 万人，净流出人口 914.3 万人，是目前我国人口流出量严重的省份。研究发现，安徽省 61 个县市中农村人口高度空心化的有 7 个，较高空心化的有 17 个。

农村空心化的危害主要但不限于以下方面。

（1）村庄建设用地浪费严重。在人口大量外出的背景下，村庄建设用地规模继续扩大，耕地资源减少和房屋闲置增多并存。

（2）乡土文化被边缘化。外部文化渗透农村的速度加快，家庭意识趋于淡化，恋土情结趋于弱化，延续几千年的乡土文化有逐渐消失的危险。

（3）现代生产要素的过度使用不利于农业永续发展。如化肥对有机肥的替代、除草剂对除草作业的替代等加剧了农村土地污染，影响农业永续发展。

农村空心化的发展演化规律与阶段性特征是什么？如何测度农村空心化？农村空心化分异特征是什么？农村空心化影响因素还有哪些？农村空心化作用机理与机制、整治理论与模式有哪些？针对农村空心化问题，如何构建用地潜力调查与评价的技术方法？"乡村地理学""城乡规划原理""区域发展与规划""地理信息系统"等课程中会有相关内容。另外，农村空心化与城市空心化有什么联系与区别？伴随着乡村振兴战略逐步推进，农村空心化的主要影响因素和分异机制是否发生了变化？希望感兴趣的同学可通过课外阅读去寻找答案。

6.1.5　城乡规划与发展现象（五）：乡村工业化现象

每到年底总是绕不开"年终奖"的话题，以前总是羡慕"别人的公司"，现在又多了"别人的村"。1949 年前，杭州萧山的航民村以捕鱼为生，穷得叮当响，是有名的贫困村。就是这么一个曾经温饱都成问题的村子，现在不仅村民脱贫致富，还一跃成为浙江的首富村。这一切都要归功于他们创办的企业——航民集团。航民集团由开始的一个 12 万元起步的漂染小作坊，渐渐发展成为现在的集团公司。像航民集团这样的乡镇企业并不少见，正是它们的发展推动了我国乡村工业化的进程。

乡村工业化是指乡村地区以工业为主的非农产业的发展过程，其表现为乡村居民职业构成中从事非农产业的人口逐步增加，乡村社会总产值中非农产业产值比重不断提高。乡村非农产业主要包括加工业、采掘业、建筑业、运输业及商业服务业等。

乡村工业化的主要载体是乡镇企业。乡镇企业是指以农村集体经济组织或者农民投资为主，在乡镇（包括所辖村）举办的承担支援农业任务的各类企业。

我国乡村工业化发展道路最有名的当属苏南模式。1983 年，费孝通来到苏锡常地区调研，看到农民通过发展乡镇企业致富后感慨万千，提出了"苏南模式"一词，并将其解释为"以发展工业为主，集体经济为主，参与市场调节为主，由县、乡政府直接领导为主"的农村经济发展道路。

多年来，乡镇企业主动适应内外部环境变化，以市场为导向，采取了一系列积极的改革，发生了一些变化：从乡到城、从东到西、从国内到国外的地域变迁；从"五小"工业和建筑建材到一般性制造业再到"三农"关联型和特色优势型的产业变迁，乡镇企业总产值中的第三产业比重接近四分之一；农产品加工业比重不断提高，2017 年达到 24%；从"村村点火、处处冒烟"到工业园区再到产业集群和小城镇集中的布局变迁，目前各类乡镇企业园区超过 1 万个，园区完成产值占到总产值的 28%；从粗放经营到集约经营再到转变发展方式的经营方式变迁，乡镇企业拥有技术创新中心和研发机构 7 万个，中专及技校以上文化程度从业者达到 3600 万人。到 2017 年年底，乡镇企业总产值 85 万亿元，乡镇企业数量 3200 多个。

我国乡村工业化的作用主要体现在 4 个方面：①乡村工业化增加了农民收入，加快了乡村的经济发展；②推动了乡村的社会进步；③促进乡村城镇化；④逐渐建立了新型的城乡关系。但乡村工业化有一些局限性，比如：严重浪费土地资源，加剧了农村环境污染；缺乏规模经济效益；难以解决农民的身份问题；限制了农业的规模经营；等等。

乡村工业化与小城镇发展、区域发展有什么区别与联系？乡镇企业如何实现与小城镇发展的良性互动？乡村工业化如何推动工业化城市化进程？"乡村地理学""区域发展与规划"等课程中会有相关学习，感兴趣的同学可自行拓展阅读。

6.1.6 城乡规划与发展现象（六）：垃圾围村现象

美丽乡村建设大潮下，一方面，许多乡村"旧貌换新颜"；另一方面，一些乡村里的"垃圾坑""垃圾路"却随处可见。路边土坑最容易变成垃圾坑，只要有人扔第一次，接着就有第二次、第三次，久而久之就成了一个垃圾坑。有的乡村竟然还有几条垃圾路，生活垃圾、建筑垃圾、果园的残次果子在此杂乱堆着，这些垃圾散发着刺鼻的气味，让路过的人不得不捂住口鼻，遇到刮风天气，一次性塑料袋到处乱飞，乡村仿佛成为垃圾的"围城"。

据调查，随着农村经济的发展和农村居民生活水平的提高，乡村生活垃圾已成为影响居民生活的一大重要污染因素。随处可见的垃圾堆积和滞后的基层环境治理方式，更是让垃圾围村成为许多乡镇和乡村常见的景象。

垃圾围村是指垃圾向人们生活的村子靠近，农民越来越富，污染却越来越重。垃圾围村不仅影响环境美观，还损害了人们的健康。《2023—2028年中国农村生活垃圾处理产业发展预测及投资分析报告》显示：从农村垃圾生产总量的变化来看，农村人均垃圾生产呈现较大的增长趋势。2021年中国农村垃圾产量约为56.1亿吨（图6-5）。

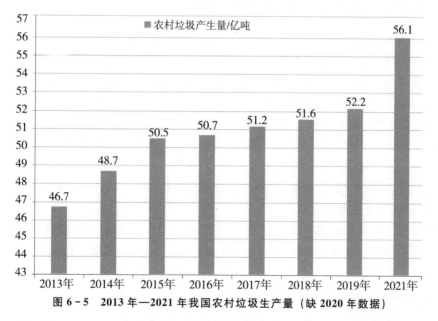

图6-5 2013年—2021年我国农村垃圾生产量（缺2020年数据）

导致垃圾围村的主要原因有三：一是村民的环保意识差，随意倾倒堆积生活生产垃圾，造成了农村环境恶化；二是城郊的企业、工厂为了追逐经济效益，不惜以环境为代价，向农村排放工业污水、侵占农地堆放固废物，严重污染了农村环境；三是农村基层组织对解决垃圾问题心有余而力不足，缺乏相应的垃圾处理设施及管理资金。

2020年，中共中央、国务院发布抓好"三农"领域重点工作的中央一号文件，在对标全面建成小康社会、加快补上农村基础设施和公共服务短板方面：要扎实搞好农村人居环境整治；全面推进农村生活垃圾治理；开展就地分类、源头减量试点；支持农民群众开展村庄清洁和绿化行动，推进"美丽家园"建设。生态环境建设事关人民福祉和民族未来，习近平曾说，"我们既要绿水青山，也要金山银山。宁要绿水青山，不要金山银山，而且绿水青山就是金山银山"。解决垃圾围村需要从以下几点做起。

（1）提高社会公众的环保意识。新闻媒体要加大舆论宣传引导，帮助广大人民群众树立环保理念，增强垃圾分类处理能力。同时，乡政府和村委会要安排专业技术人员，深入田间地头，通过向农民朋友发放环保知识手册、举办环保知识讲座等老百姓喜闻乐见的方式，使保护环境这一理念深入人心。

（2）推进农村生活垃圾治理智能化。依靠智慧深埋桶、智慧垃圾驿站、多功能吊装式垃圾车等方式，实现以智慧垃圾驿站为中心的区域网格化管理。

（3）农村环保工作应纳入法治化轨道。要加大村镇规划及其实施力度，从设施和制度上解决污染问题。合理规划畜禽养殖布局，引导农民形成绿色的生活和生产方式。

期望乡村早日根治垃圾围村，早日实现从乱堆乱放到井然有序，早日实现从恶臭满天到洁净美丽。有了美丽乡村才能记住乡愁。

垃圾围村是一个老生常谈的问题，这么多年为何没有根治？解决垃圾围村问题时，如何强化顶层设计？如何让垃圾治理助推乡村建设？乡村垃圾的处理如何实现可持续化？"乡村地理学""区域发展与规划"等课程中会有相关内容，感兴趣的同学还可以借助课外阅读去寻找答案。

6.1.7 城乡规划与发展现象（七）："堵城"现象

城市中灯红酒绿、车水马龙、一派繁华，堵起车来也是一派"烦""哗"。特别是上下班通勤和节假日出行，堵车现象更严重，有网友戏言"每天这个时候，过往的车子好像在约会一样，久久都不愿离开。""我跟不上时代了，别人都说下一站幸福，我却是下一站堵车。""堵车，又叫卡路里。""你开，或者不开，路就堵在那里，不走不动。""亲，我们一起看日落，如果再堵一会，就能一起看日出了！"这是我们生活中最常见的堵车现象，即"堵城"现象。

严重堵车的城市，戏称为"堵城"。美国交通数据分析公司（INRIX）2022年发布的最新数据，世界十大"堵城"分别是伦敦（英国）、班加罗尔（印度）、都柏林（爱尔兰）、札幌（日本）、米兰（意大利）、浦那（印度）、布加勒斯特（罗马尼亚）、利马（秘鲁）、马尼拉（菲律宾）、波哥大（哥伦比亚）。

中国主要城市交通分析报告显示，2019年我国十大拥堵城市分别是重庆、哈尔滨、北京、长春、呼和浩特、大连、济南、沈阳、兰州、西宁。2023年堵车排名前十的城市依次为北京、重庆、广州、上海、武汉、长春、南京、西安、沈阳和兰州。

2023年我国主要城市交通拥堵情况见表6-3。

表6-3 我国主要城市交通拥堵情况

排名	城市名	通勤高峰拥堵指数	排名	城市名	通勤高峰拥堵指数
1	北京	2.125	6	长春	1.920
2	重庆	1.995	7	南京	1.800
3	广州	1.956	8	西安	1.791
4	上海	1.928	9	沈阳	1.791
5	武汉	1.927	10	兰州	1.745

注：表中数据来源于《2023年中国城市报告》。

重庆成为"堵城"其实并不算意外。作为我国著名的"山城",重庆的地形非常复杂,多河多山的特点导致重庆道路弯曲、狭窄、桥梁众多。嘉陵江和长江的存在使得重庆的架桥更是"家常便饭",一旦到了交通高峰时段,车流必然会向过江大桥集中。虽然重庆的交通路网建设较为完善,但依旧难以满足人、车快速增长的需求;加上重庆未实行尾号限行政策,更是加剧了拥堵。先天的地理条件和公共交通因素结合在一起便成就了"首堵"。而经济发达的上海堵车却没那么严重,这主要得益于其现代化的高效管理。依托"智慧公安"赋能,上海交警将大数据分析、云计算、物联网、人工智能等融入交通管理,打造智慧交通的"上海样板"。

综合来说,造成"堵城"的原因主要有以下几个方面。

(1)城市规划不合理。职居分离是城市交通拥堵的最大原因。

(2)道路设计不科学。

(3)公共交通不尽如人意。如公交车重复线路多,没整合起来;路线设计不够科学;等等。

(4)私家车数量急剧增加。

(5)居民"交通道德"的缺失。

如何合理规划交通道路?如何合理"限流"?道路交通怎样实现科学化和智能化管理?"城市地理学""区域发展与规划"等课程中会有相关内容,感兴趣的同学还可以辅助课外阅读去寻找答案。

6.1.8　城乡规划与发展现象(九):城市社会空间结构演变

有人认为充满人文烟火气的老城区,才是真正的家园;有人认为动感活力的新城区,让我们的生活更加丰富和便利。你居住的城市或许也有老街、老城区,这些地方历史悠久,是城市发展的基础。而新开发区、新城区的出现则体现了城市发展的方向。事实上,许多城市在1949年后都经历了从小城市、中等城市到大城市、特大城市的成长历程,其社会空间也经历了急剧演化过程。农业人口、工业人口、商业人口等人口比重在不断变化,城市的扩张与主城区的转变一直在我们身边上演,这就是城市社会空间结构演变现象。

城市社会空间结构的演变始终贯穿于城市的发展与变迁中,西方学者构建了"同心圆""扇形""多核心"等城市居住空间结构模式;我国的城市社会空间结构以混合型为主要特征,城市人口分布呈现同心圆模式,未来城市居住分异现象将日趋明显,城市人口由市中心向郊区迁移的速度将大大加快。

1985—2010年,广州的社会区类型变化显著,2000年的社会区较1985年的社会区在类型上发生了巨大的变化,原干部居住区和工人居住区逐渐演变为其他类型社会区。外来人口在广州的社会区分异中的地位上升,开始出现外来人口和本地居民混住区。相比2000年,2010年广州的社会区分类基本一致,但在空间分布上差异明显(图6-6)。

随着城市化进程的加快,城市空间、人口规模逐渐扩大,各种矛盾在不断凸显。我国城市社会空间结构演变中的问题有:①城市空间无序蔓延加剧;②居住空间社会分层及分异;③公共服务设施空间配置失衡。

针对当前我国社会空间结构演变的现状及存在的问题,未来我国城市社会空间治理应采取以下对策:一是探索高效的土地利用模式,实现"精明"增长;二是构建合理的居住空间格局,维护空间公正;三是完善公共服务设施配置,促进空间公平。

城市社会空间结构演变的分异机制是什么?"飞地"是怎么发展起来的?人口结构变化

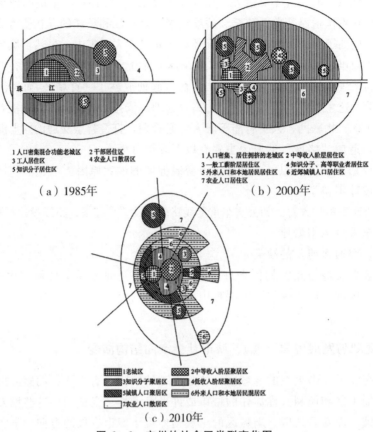

1 人口密集混合功能老城区　　2 干部居住区
3 工人居住区　　4 农业人口散居区
5 知识分子居住区

（a）1985年

1 人口密集、居住拥挤的老城区　　2 中等收入阶层居住区
3 一般工薪阶层居住区　　4 知识分子、高等职业者居住区
5 外来人口和本地居民居住区　　6 近郊城镇人口居住区
7 农业人口居住区

（b）2000年

▦ 1 老城区　　▨ 2 中等收入阶层聚居区
▨ 3 知识分子聚居区　　▥ 4 低收入阶层聚居区
▨ 5 城镇人口聚居区　　▤ 6 外来人口和本地居民混居区
□ 7 农业人口散居区

（c）2010年

图 6-6　广州的社会区类型变化图

如何影响城市社会空间结构演变？城市社会空间结构演变后如何进行城市治理？如何实现多元利益的平衡？"城市地理学""区域发展与规划"等课程中会有相关内容，感兴趣的同学还可通过课外阅读去寻找答案。

6.1.9　城乡规划与发展现象（十）：非农化现象

现在去农村，你或许会有这样的感受：农村好像越来越不像农村了。一些农村社区道路、广场、花坛、商铺等基础设施配套齐全，和城里的小区没有两样。旅游村镇似乎千篇一律，村镇里都是清一色的仿古建筑和标配的商业街。农村没了"农味儿"，似乎成了"拷贝"城市。这就是非农化现象。

非农化有三个内容：一是乡村社会非农化，包括生活空间非农化和乡村文化非农化；二是农业生产非农化，包括农业劳动力非农化和农业土地非农化；三是农民生活非农化。

非农化在乡村社会、农民生活与农业发展等层面均有不同状态的事实呈现并产生重要影响，主要表现为正负双向功能。

首先，非农化使农村现代化加速，农民生活更加便利；农民的非农化转移，优化了其收入结构，推动着农业转变经济增长方式和农村转变发展方式。同时，聚集在各类城市周围的农民工形成城市中的第三元社会，加速了我国社会阶层结构的调整和优化，推动了农民市民化进程。

其次，土地利用非农化破坏了耕地。土地非农化主要有三种途径：国家建设占用农地、乡村集体建设占用农地和农村个人建房占用农地。这些现象都需要得到及时遏制。2020年9月15日，国务院办公厅印发《关于坚决制止耕地"非农化"行为的通知》，强调各地区不得通过擅自调整县乡国土空间规划规避占用永久基本农田审批。各项建设用地必须按照法定权限和程序报批，按照批准的用途、位置、标准使用，严禁未批先用、批少占多、批甲占乙。

最后，乡村文化非农化破坏了乡土文明的本色。乡村振兴难道是要将农村变为城市？新农村就是完全搞城镇化、工业化吗？必然不是，工业文明不能取代乡土文明。在非农化进程中，农村传统文化的传承也成为重要议题。

"古村神韵，田园稻香，塘中莲藕，山间鹭翔，农家饭菜，湖边泳场。"农村就是农村，农村就要像农村。城乡融合发展不是将农村变为城市，城乡一体化也不是城乡一样化。保留乡村风貌神韵，唤醒乡愁记忆，是当前乡村振兴中亟待加强的内容。

非农化发展如何趋利避害？如何强化非农化顶层设计？如何更好地让非农化助推乡村振兴？"乡村地理学""区域发展与规划"等课程中会有相关内容，感兴趣的同学可以通过课外阅读去寻找答案。

6.2　城乡规划和城乡发展原理

6.2.1　城乡规划与发展原理（一）：点轴开发理论

点轴开发理论是增长极理论的延伸，最早由波兰经济学家萨伦巴和马利士提出。我国著名经济地理学家陆大道在点轴开发理论研究中做出了重大贡献。该理论的主要内容是从区域经济发展的过程看，经济中心总是首先集中在少数条件较好的区位，呈斑点状分布。这种经济中心既是区域增长极，也是点轴开发模式的点。随着经济的发展，经济中心逐渐增加，点与点之间的生产要素通过交通线、动力供应线、水源供应线等实现交换，相互连接起来就成了轴线。这种轴线首先是为区域增长极服务，它形成后，吸引人口、产业向轴线两侧集聚，将产生新的增长点。点轴贯通就形成点轴系统。因此，点轴开发可以理解为从发达区域大大小小的经济中心（点）沿各种线路向不发达区域纵深发展推移。

点轴开发理论的实践步骤如下。首先，在一定的地域空间范围，选择若干比较优势明显的具有开发潜力的重要线状基础设施经过的地带作为发展轴，予以重点开发。其次，在各发展轴上确定重点发展的中心城镇，使之成为增长极，并确定其性质、发展方向和主要功能。最后，确定中心城镇和发展轴的等级体系，重点开发较高级别的中心城镇和发展轴，随着区域经济实力增强，开发重点逐步转移扩散到级别较低的发展轴和中心城镇，最终形成由不同等级的发展轴和中心城镇组成的多层次结构的点轴系统，进而带动整个区域的经济发展。

点轴开发理论在我国的区域发展理论和实践中都有重大意义。20世纪80年代，陆大道提出了"T型"发展战略，该战略是以点轴开发理论为基础，结合我国特点对该理论的延伸。"T型"发展战略是将沿海作为一个战略轴线，沿江作为主轴线形成的整体空间格局。在陆大道看来，海岸经济带和长江经济带两个一级重点经济带形成"T型"，并在长江三角洲交会，长江经济带将成渝地区、武汉地区与海岸经济带联系起来，这种空间结构准确反映了我国国土资源、经济实力以及开发潜力的分布框架。另外，在生产力布局方面，应以东部沿海地区和横贯东西的长江沿岸相结合的"T型"结构为主轴线，以其他交通干线为二级轴线，按照点、线、面逐步扩展的方式展开生产力布局。

由此可见，点轴开发理论的作用主要有两个方面：一是揭示区域经济发展的不均衡性，即通过点与点之间跳跃式配置资源要素，利用轴带的功能，对整个区域经济发挥牵动作用；二是概括了生产力和社会经济客体空间集聚和演变的规律，对于各种类型区域的开发和发展，都具有极强的应用价值。

请大家结合我国的"T型"发展战略的点轴开发理论，想一想是否可以将该理论和战略运用到自己所在的城市群，如果可以，如何让点轴开发助力家乡发展？

6.2.2　城乡规划与发展原理（二）：城乡一体化理论

城乡一体化是中国现代化和城市化发展的一个新阶段，是伴随着工业化和城市化发展而呈现的一种城乡协同、一体化发展的现象。城乡一体化理论的内涵是把工业与农业、城市与乡村、城镇居民与农村居民作为一个整体，统筹谋划、综合研究，通过体制改革和政策调整，促进城乡在规划建设、产业发展、政策措施、生态环境保护、社会事业发展等方面的一体化，改变长期形成的城乡二元经济结构，实现城乡在政策上的平等、产业发展上的互补、国民待遇上的一致，让农村居民享受到与城镇居民同样的实惠，使整个城乡经济社会全面、协调、可持续发展。

按照马克思和恩格斯的城乡关系演进历史观，城乡一体化的内涵应沿着城乡混沌→城乡分离→城乡对立→城乡融合的脉络前行，最终城乡居民在各个方面享有平等的机会、权利和地位，城乡之间呈现一种有机协调、融合发展的经济社会结构。

中国的城乡一体化思想早在20世纪就产生了。改革开放后，特别是20世纪80年代末期，由于历史上形成的城乡之间的隔离发展，各种经济、社会矛盾出现，城乡一体化思想逐渐受到重视。目前推动城乡一体化已经从区域治理上升为国家战略，城乡一体化还被赋予为解决"三农"问题和破除城乡二元结构的根本途径。

城乡居民基本权益均等化是实现城乡一体化发展的前提，我国在城乡一体化进程中面临的问题主要有三个方面：一是城乡之间的发展与公共服务差距较大且呈现固化甚至是日益扩大态势，不仅城乡居民收入存在较大差距，同时城乡之间在养老、教育、医疗、交通等各方面也存在着差距；二是户籍制度上的不平等，我国的城镇化和工业化进程在很大程度上是以牺牲农村和农民利益为代价来进行的，我国生产要素在城乡之间存在着的不平等交换关系，导致了我国各种生产要素形成单向向上流动，导致了大城市太大、小城市太小的弊病，从而阻碍了城乡一体化的发展；三是区域经济协调与资源保护力度不够，其中经济不发达地区的自然村落大小不等，其分散布局浪费大量的土地资源，肢解规整的地块，阻碍农业现代化和农村城市化的进程，增加农村基础设施和公共服务设施建设的难度，而在经济发达地区，由于各个村镇行政分割、各自为政，基础设施和公共设施难以共建共享。

目前我国许多城市都已开展了城乡一体化发展建设，以陕西省铜川市为例，铜川位于关中平原与陕北黄土高原的过渡地带，是关中城市群北部的门户与枢纽。近年来随着国家层面相关战略规划的颁布与实施，铜川迎来了难得的发展机遇，先后被列为全国资源型城市、转型可持续发展试点城市、关中-天水经济区次核心城市、陕甘宁革命老区振兴规划区成员城市。今后一个时期，铜川将紧紧围绕建设"经济强、文化兴、生态美的全国知名休闲养生城市"的目标，以提速发展、加快转型、富民强市为主线，统筹经济社会发展，推进城乡一体化进程，努力实现综合实力大提升、城市形象大改善、群众生活水平上台阶。请大家结合上文提及的我国在城乡一体化中面临的问题，谈谈你对该市城乡一体化发展的想法和建议。

6.2.3　城乡规划与发展原理（三）：区域发展阶段理论

区域经济的发展是一个漫长的、动态的过程，在这个过程中，量的积累与质的飞跃使区域经济发展呈现明显的阶段特征。区域经济发展的阶段性是经济发展的客观规律，认识区域经济的阶段特征，既是确定未来区域经济发展目标和发展重点的主要环节，又是选择区域经济发展道路的基础和出发点。

国外的专家按经济增长的程度、经济结构的成熟度以及生活质量的提高等标准提出了不同的发展阶段理论。美国区域经济学家胡佛和费希尔提出一个区域的发展通常有五个阶段：①自给自足阶段，其特征表现为区域经济以农业为主，贸易往来很少，缺乏经济交流；②乡村工业崛起阶段，其形成原因主要是农业和贸易的发展，交通运输设施的改善，区域内贸易和专业化分工增强；③农业生产结构转换阶段，农业生产方式发生质的变化，由粗放型农作物生产转变为集约型、专业性农业生产；④工业化阶段，工业逐渐代替农业成为区域经济发展的主导力量，前期以农副产品加工等轻工业为主，后期转为以重工业为主；⑤服务业输出阶段，这是区域经济发展的最后一个阶段，服务业快速发展并逐渐占据主导地位，成为推动区域经济增长的重要动力。

美国区域规划学家约翰·弗里德曼通过对发达国家及不发达国家的空间发展规划的长期研究，将经济系统空间结构划分为核心和边缘两部分，并且提出了区域经济发展的四个主要阶段：①工业化以前资源配置阶段，这一阶段区域生产力水平低下，农业经济占绝对优势；②核心边缘区阶段，随着社会分工不断深化，区域贸易频繁，形成了交通便捷的城市，即核心区，而农村成为了边缘区；③工业化成熟阶段，随着经济不断发展，核心区发展加快，核心区与边缘区的差距进一步扩大；④空间经济一体化阶段，随着经济的持续发展，政府部门的干预加强，市场的逐渐扩大，交通运输的改善等，核心区与边缘区的界限将逐渐消失，最终走向一体化道路。

美国经济学家罗斯托将区域经济的发展划分为 6 个阶段：①传统初级阶段，以农业为主体的非城市化时期；②起飞前阶段，农业制度开始变化，农业生产技术有所改良，家庭手工业和商业逐渐兴起；③起飞阶段，传统方法在很大程度上已被现代方法所取代，投资迅速增加，经济增长趋于自我调节；④成熟阶段，技术密集型工业兴起，城市社会形态波及农村社会，交通网络迅速发展；⑤高消费阶段，人们的基本生活需求已经得到满足，社会的注意力由生产转向消费；⑥追求生活质量阶段，随着经济进一步发展，国家开始注意提高生活环境质量。

我国学者蒋清海结合以上区域经济发展阶段的各种划分标准，以制度因素、产业结构、空间结构和总量水平为依据，将区域经济发展分为四个阶段（表 6-4）：①传统经济阶段；②工业化初级阶段；③全面工业化阶段；④后工业化阶段。该区域经济发展阶段理论综合考虑了多种反映区域经济发展过程中质的特征的主要因素，准确地把握了区域经济发展的阶段性变化；区域经济发展阶段的划分方法及其所采用的指标体系比较适合当前我国现状。

表 6-4　区域经济发展的阶段及其一般特征

发展阶段	产业结构		空间结构	总量水平	
	产业比重	主导产业		消费结构	收入水平
传统经济阶段	一＞二＞三	农业	混沌无序 均衡状态	饮食支出比重大	低
工业化阶段	二＞一＞三	纺织、食品、采矿	极核发展阶段	饮食支出比重小，对工业品的需求增加	有所提高
全面工业化阶段	二＞三＞一	电力、化学、钢铁、汽车、机电	城镇化速度加快，城镇数量增多、空间分布不均衡，首位分布	转向耐用消费品和劳务服务并呈多样性和多变性特点	大幅提高
后工业化阶段	三＞二＞一	高新技术和第三产业	城市空间分布平衡化，城市规模呈序列分布	从耐用消费品和劳务服务转向文化娱乐享受	很高

　　1949 年以来，我国依据不同的时代特征与阶段性特点，将区域经济发展分为三个阶段。第一个阶段为均衡发展阶段，1949 年到改革开放前的实行高度集中的计划经济体制，区域经济发展主要由国家重工业发展战略推动。第二个阶段为非均衡发展阶段，改革开放后，我国实行向沿海地区倾斜的发展战略，促进了沿海地区经济的高速增长。第三个阶段为区域经济协调发展阶段，20 世纪 90 年代以来，我国的区域发展协调性显著增强。虽然我国区域经济协调发展取得了历史性成就，但依然存在一些需要解决的问题，推动区域经济协调发展仍然面临挑战。

　　请同学们选定一个感兴趣的区域，说一说该区域的发展如何划分阶段？每个阶段有何特征？

6.2.4　城乡规划与发展原理（四）：工业区位论

　　新华网 2005 年 3 月 4 日电，国家发展和改革委员会日前正式批准首钢集团将其钢铁冶炼部分全部从北京迁到河北唐山的曹妃甸，在那里建设一个具有国际水准的钢铁联合企业。这意味着中国前所未有的、规模最大的、最系统的城市特大型企业搬迁工作正式启动。曹妃甸位于塘沽新港与秦皇岛之间，被誉为"钻石级港址"，地处河北唐山滦南县南堡地区，西北距北京约 225km，距唐山 85km，甸头向前延伸 500m，水深达 25m，甸前深槽水深 36m，是渤海最深点，天然海沟直通渤海海峡。该案例涉及工业区位问题，那么究竟什么是工业区位论，工业区位论又有什么意义呢？

　　工业区位论产生于产业革命后的欧洲，当时工业发展迅速，社会分工不断深化，资本主义竞争越来越激烈，人口进行了大规模的迁移，为了解决工业区位的问题，德国著名经济学家韦伯在 1909 年出版的《工业区位论》中提出了工业区位论，奠定了西方区位理论研究的基础。

　　韦伯的工业区位论采用了与杜能类似的方法，从简单假设开始。他提出：①分析的区域是具有相同的气候、地形、技术的孤立国；②劳动力普遍分布在特定地域，劳动力供应充足，每类劳动力的工资率是固定的；③消费地点和消费量均是已知的；④已知原料产地的地理分布。

　　根据以上假设，韦伯抽象地分析了生产分配过程，对工业区位进行深入研究。他认为，对工业区位和企业选址起决定作用的区位因子是运输费用、劳动力费用和集聚力：①在这三个区位因子中，运费对工业区位起到决定作用，如钢铁、煤炭等工业因原材料体积过大，为降低运输成本，在选址时应靠近原材料产地和交通干线等；②劳动力费用的影响可能引起由运输费用定向的工业区位产生第一次"偏离"，如服装加工厂、玩具制造厂等劳动密集型产业，在选址时应考虑劳动力成本较低且劳动力充足的地区；③集聚力可改变运输费用和劳动力费用的定向而产生第二次"偏离"，如汽车制造厂的产业集聚可以共同利用基础设施，缩短交通运输线，降低成本。综上所述，在选择最佳工业区位时要综合考虑运输费用、劳动力费用、集聚力三个因子，这就是韦伯工业区位论的核心内容。

韦伯首创性、系统性地建立了工业区位论体系，100 多年后的今天，他的理论对现实工业布局仍具有重要的指导价值。该理论具有以下优点：①该理论首次将演绎和抽象的方法运用于工业区位研究中，建立了较为完善的工业区位论体系，为以后的工业区位论发展提供了理论基础；②该理论提出了最小费用区位原则，对工业区位和企业选址具有重大意义；③该理论不仅适用于工业，对其他产业布局也具有一定的指导意义。但韦伯的工业区位论也具有较多局限性：①该理论是在特定的假设前提下进行的，由于假设条件过多，在社会生产中难以实现；②对于工业区位的分析中排除了社会文化方面的因素，而这些因素会严重影响企业的区位选择；③分析的是单个企业区位分布，这是一种局部的、静态的分析，缺乏对区位的整体研究和动态研究；④韦伯假定的完全竞争条件是非现实的，缺少一般经济理论的基础。

我国工业化发展水平分布不均，中西部地区明显落后于东部地区。我国东部地区工农业基础水平较高、人口密度大、劳动力资源丰富、交通发达、产业配套协作条件较好、基础设施比较完善、工业经济聚集效益较高、距发达国家及新兴工业化国家和地区较近。由于东部地区具有的交通运输、廉价劳动力和聚集经济的综合优势以及率先进行的改革开放，使东部地区迅速抓住了发达国家及新兴工业化国家和地区大规模转移劳动密集型产业的机遇，较好地利用了国际、国内资源，实现了经济腾飞。反观中西部地区，虽然有丰富的资源与廉价的劳动力，但交通运输落后、产业配套条件差、基础设施薄弱，而且远离发达国家及新兴工业国家和地区，因而难以对国际、国内资本产生足够的吸引力，这正是中西部地区经济发展缓慢的重要原因。

请大家结合本节所学理论知识，分析一下你所在的城市适合发展哪些工业产业。

6.2.5　城乡规划与发展原理（五）：循环经济理论

北京市朝阳循环经济产业园位于朝阳区金盏乡南部，始建设于 2002 年，秉持循环经济的发展思想，产业园实行精细化管理，实现了水资源、热力资源的循环利用和沼气回收利用。目前该产业园已建设成为集固废处理、再生资源循环利用、环保科教功能于一体的示范园区，成为国家循环经济教育示范基地。朝阳循环经济产业园的成功离不开循环经济的发展模式，究竟什么是循环经济，循环经济和传统经济有什么区别呢？

循环经济一词源于 20 世纪 60 年代美国经济学家波尔丁的"宇宙飞船理论"，他认为宇宙飞船是一个与世隔绝的独立系统，会不断消耗自身的资源，虽然最终会因资源枯竭而走向毁灭，但是可以通过宇宙飞船内部的资源循环利用来延长其寿命。同理，地球经济系统也会因实现资源循环利用得以长存。

循环经济是一种以资源的循环和高效利用为核心，以减量化、再利用、资源化为原则，以物质闭路循环和能量梯次使用为特征，按照自然生态规律（系统论、物质循环论）指导下的一种经济发展模式。循环经济有三点需要强调：①循环经济是一个经济活动过程，符合经济学的价值形成规律，属于经济学范畴，所以需要用价格导向指导循环经济的发展；②循环经济的主要特征是节约资源和环境保护，它并不是以价值形态来评价经济发展水平，而是充分考虑了资源的节约水平和环境的改善水平；③环境与资源是循环经济的核心，是人类与大自然的直接对接方式，也是实现可持续发展的必由之路。

3R 原则，即减量化、再利用、资源化，是循环经济的发展原则。各原则在循环经济中的重要性不是并列的。其中，减量化是指在产品的生产和消费过程中，尽可能减少资源的使用和废弃物的排放；再利用是指要求生产出的产品能够被重复多次使用，延长资源的使用周期，尽可能利用可再生资源替代一次性资源；资源化是指要求生产出来的物品在完成其使用功能后，能重新变成可以利用的资源，减少最终废弃物的处理量。

循环经济是社会进步的必然产物，它与传统经济有一定的区别。传统经济（图 6-7）是一种由资源-产品-污染排放所构成的物质单向流动的经济。在这种过程中，人类大量地开发地球上的资源，在生产和消费过程中又把产出的污染物排放到自然环境中，对资源的利用是一次性的，通过持续不断地把资源变成污染物来实现经济的增长，从而导致了许多自然资源的枯竭，并造成了环境的污染和自然灾害的发生。循环经济（图 6-8）是一种资源不断循环利用的经济发展模式，它要求把经济活动组织成一种资源-产品-再生资源的物质循环流动的过程，在生产和消费的过程中基本上不产生或者只产生少量的污染物，其特征是资源的低投入、高利用和污染物的低排放，从根本上缓解环境和发展之间的冲突。

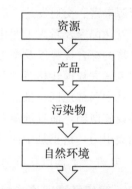

图 6-7 传统经济流程图

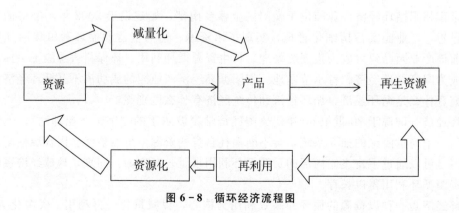

图 6-8 循环经济流程图

人类为什么要选择循环经济的发展模式呢？这是因为：①发展循环经济是实施资源战略、促进资源永续利用、保障国家经济安全的重大战略措施；②发展循环经济是防治污染、保护环境的重要途径，该发展模式要求实施清洁生产，可以从源头上减少污染物的产生，是保护环境的治本措施；③发展循环经济是应对挑战、促进经济增长方式转变、增强企业竞争力的重要途径和客观要求。2021 年 7 月，国家发展改革委印发《"十四五"循环经济发展规划》。该规划指出：大力发展循环经济，推进资源节约集约循环利用，对保障国家资源安全，推动实现碳达峰、碳中和，促进生态文明建设具有十分重要的意义。

请大家思考一下，是否可以将循环经济的理论运用到自己所在城市的产业园区，如果可以，如何让循环经济助力经济发展？

6.2.6　城乡规划与发展原理（六）：断裂点理论

城市间相互作用使城市同其周围一定区域保持着密切的联系，具有控制、调整和服务所在区域的功能，从而形成外部效应场，即城市吸引范围。城市的吸引范围是根据空间相互作用的断裂点理论确定的，那么究竟什么是断裂点理论，该理论有什么意义和不足之处呢？

断裂点理论是关于城市与区域相互作用的理论，由康维斯在 1949 年对赖利的零售引力规律（一个城市对周围地区的吸引力，与它的规模成正比，与它们之间的距离成反比）加以发展而得。康维斯认为，中心城市可以对相邻区域的发展产生深远的影响，中心城市的规模决定对周围地区的吸引范围和作用的大小。随着距离的增加，中心城市对周围地区的影响逐渐减弱，并最终形成一个平衡点，这一平衡点即断裂点。

断裂点计算公式：$DA = DAB + PB/PA$

式中，DA 为从断裂点到 A 城的距离，DAB 为 A、B 两城市间的距离，PA 为 A 城市的人口，PB 为 B 城市的人口。该公式被广泛应用于计算城镇吸引范围和城市经济区划分，并用来测度城镇空间联系方向。

下面以浙江省金华市为例，用断裂点理论划分金华市对邻近城市的吸引范围。

根据浙江省统计局 2022 年的人口数据，结合金华市与邻近城市的距离，计算出城镇吸引范围并绘制出表 6-5。

表 6-5　金华市对邻近城市的吸引范围计算结果

城市	DAB/km	人口数 PA /（万人）	PB /PA	吸引范围/km
金华		705.1		
丽水	73.1	205.7	0.292	48.41
绍兴	139.2	527.1	0.748	74.84
杭州	142.3	1193.6	1.693	61.87
台州	179.6	662.2	0.939	91.17
衢州	77.1	227.6	0.323	49.12

通过断裂点理论在实际中的应用，我们可以由断裂点位置验证城市人口辐射与经济辐射的关系，为城市的发展提出建议，从而有利于提升区域间相互竞争力，促进区域经济健康可持续发展。针对欠发达地区城市的发展阶段，科学分析其吸引范围，对于区域性中心城市的发展具有一定的借鉴意义。虽然断裂点理论在研究中运用普遍、优点突出，但也存在一定的

缺陷和不足。首先，人们的习惯、社会风俗、城市地理边界都可能出现理论与实际不符的情况，所以，对断裂点位置和吸引范围的边界应适当调整。其次，人为确定的断裂点计算公式的参数存在误差，吸引范围会随着参数的逐年变化而变化，只有了解其变化规律，才能合理地规划区域经济，制定正确的发展策略，从而带动整个区域的可持续发展。

每个城市都有一个与其规模相适应的吸引范围，请大家根据断裂点理论来计算自己所在城市的吸引范围，并谈谈如何进一步扩大城市的吸引范围。

6.2.7　城乡规划与发展原理（七）：多规合一

宁波作为浙江海洋经济发展示范区的核心区，在海洋国土综合利用等方面取得了一定的经验，支撑了宁波参与海上丝绸之路节点建设。但是其有诸如海岸带资源使用效率低下、各利益主体冲突凸显等问题，背后的深层原因是海岸带管理体制滞后、海洋经济示范区规划冲突等。针对这些问题，宁波象山港区通过叠加《宁波市城市总体规划》和《宁波市生态红线保护规划》，发现两种规划一致的区域面积共计 190.94km²，占比 26.38%，约为两者有冲突面积的 1/3（图 6-9），所以说多规合一的提出有着重大的意义。

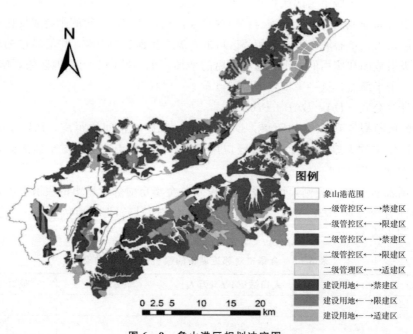

图例

	象山港范围
	一级管控区←→禁建区
	一级管控区←→限建区
	二级管控区←→禁建区
	二级管控区←→限建区
	二级管理区←→适建区
	建设用地←→禁建区
	建设用地←→限建区
	建设用地←→适建区

0 2.5 5　10　15　20 km

图 6-9　象山港区规划冲突图

多规合一指的是强化国民经济和社会发展规划、城乡规划、环境保护、土地利用规划、社会事业规划等各类规划的衔接，并且建立总分体系，开展有序的、层次明确的规划模式，以实现优化空间布局、有效配置土地资源、提高政府空间管控水平和治理能力的目标。

国家层面首次释放"多规合一"的信号是在 2013 年 12 月中央城镇化工作会议上，习近平强调：在县市通过探索经济社会发展、城乡、土地利用规划的"三规合一"或"多规合一"，形成一个县市一本规划、一张蓝图，持之以恒加以落实。2014 年 8 月，国家发展改革委、国土资源部、环境保护部、住房城乡建设部四部委在全国选定了 28 个县市，启动了"多规合一"试点。2015 年中央城市工作会议再次强调提升规划水平，增强城市规划的科学性和权威性，促进多规合一。

将多规合一理论运用于城乡规划中，一是解决市县规划自成体系、内容冲突、缺乏衔接等突出问题，保障市县规划有效实施的迫切要求；二是强化政府空间管控能力，实现国土空间集约、高效、可持续利用的重要举措；三是改革政府规划体制，建立统一衔接、功能互补、相互协调的空间规划体系，对于加快转变经济发展方式和优化空间开发模式，坚定不移实施主体功能区制度，促进经济社会与生态环境协调发展都具有重要意义。

多规合一理论之所以能开展实行，主要是因为其本身遵循了人地交互协同发展的规律性，并且重视各个不同区域以及空间尺度的功能承接性，最关键的一点在于多规合一理论体系要求有效地对区域规律性、层级性以及功能性展开综合分析，并对地域演变和发展过程给予关注，从宏观角度分析不同地区的主体功能，形成多层次的规划模式。

尽管当前政府部门与学术界已从体制或技术层面进行了试点和探索，但多规合一在实际落实和发展进程中依旧存在以下问题。①各个规划的依据和期限不同，基础数据难以统一，很难相互衔接，如城乡规划的规划期限一般为 20 年，国民经济发展规划的规划期限为 5 年，土地利用总体规划的规划期限一般为 10 年，这些规划期限不同，规划依据更是大相径庭，所以很难相互对接和协调。②规划主体不统一，各项规划因缺乏共同的认知体系而各自为政；由于部门并行的规划管理体制，各职能部门实施各自的规划，导致规划"打架"的现象，相互之间缺乏认可和协同。③多规合一存在规划空间布局的差异性问题，项目落地难，空间利用效率和行政效率低；规划的编制时间和规划期限的差异，导致各个规划空间的错位和冲突，项目选址难、落地更难，造成规划空间利用效率低下；各个地区多规合一信息难以实现有效共享，导致行政效率低下。

目前，多规合一仍面临不少挑战，还有很长的路要走。请大家思考一下多规合一试点城市的共性问题及其解决路径。

6.2.8 城乡规划与发展原理（八）：农业区位论

农业区位论产生于 19 世纪 20—30 年代，其标志是德国农业经济学家杜能的著作《孤立国同农业和国民经济的关系》的出版。农业区位论是指以城市为中心，由内向外呈同心圆状分布的农业地带，因其与中心城市的距离远近不同而引起生产基础和利润收入的地区差异。这是首次系统地阐述农业区位论的思想，奠定了农业区位论的理论基础。

杜能在构建农业区位论体系时，采用了科学抽象法，设定了"孤立国"这样一个假想空间，并对其假想的"孤立国"提出了以下几个假定条件。①"孤立国"平原中央有一个巨大的城市，周围都是农业地带，农业地带周围是未被开垦的荒地且与外界隔绝。②所有农产品都要以城市为主要的销售市场，周围农村则靠城市供给工业品。③在"孤立国"中不存在可通航的河流和运河，马车是国内唯一的交通工具。④"孤立国"内各地气候特点和土壤质量等完全相同，并且各地农业经营能力和技术条件也相同。⑤农业生产者的动力是追求利润最大化，并且会根据供求关系来调整农产品的经营类型和品种。⑥运输费用与运输距离以及产品重量成正比，由农业生产者自己负担。

根据上述的 6 个假定条件，在"孤立国"内不同地点到城市的运输费用决定了农产品收益的多少。为了追求利润最大化，不同地点选定生产的农产品的类型也有所不同，都应当是能获得最高利润的产品。随着与城市中心的距离增加，不同地点农产品的收益因运输费用的增加而降低，超过一定距离后，该农产品的收益将低于其他类型的农产品。因此农业生产者就调整生产方向，使土地利用类型发生变化。不同生产经营类型的农业将会围绕城市呈同心圆状分布，由内向外划分为 6 个农业圈，即杜能圈（图 6 - 10）。

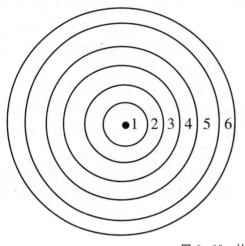

6.畜牧业圈（家畜、黄油、奶酪）
5.三圃式农作圈（黑麦、大麦、休闲轮作）
4.谷草式农作圈（谷类、牧草、休耕轮作）
3.轮作式农业圈（谷物和饲料作物轮作）
2.林业圈（林业产品）
1.自由式农业圈（易腐烂食品和不易运输产品）

图 6 - 10　杜能圈

　　杜能圈的第一圈为自由式农业圈，主要生产易腐烂食品和不易运输产品，如蔬菜、花卉等。该圈最接近城市中心，圈内大小由城市人口规模所决定的消费量大小决定。第二圈为林业圈，该带专门从事林业产品生产，由于建筑用材、木炭等重量和体积均较大，从经济角度需要在城市近处（第二圈）种植。第三圈为轮作式农业圈，该圈内以谷物和饲料作物的轮作为主要特色，作物每 6 年为一个轮回，6 年中两年稞麦，土豆、大麦、苜蓿、豌豆各一年，没有休闲地。第四圈为谷草式农作圈，该带为谷类、牧草、休耕轮作地带，在轮作中增加了牧草的比重，出现了休闲地，一般 7 年轮作一次。第五圈为三圃式农作圈，此圈是距城市最远的谷作农业圈，也是最粗放的谷作农业圈，三圃式农业将每一块地分为三区，第一区黑麦，第二区大麦，第三区休闲，三区轮作，即为三圃式轮作制度。第六圈为畜牧业圈，此圈是杜能圈的最外圈，生产谷麦作物仅用于自给，而生产牧草用于养畜，以畜产品如黄油、奶酪等供应城市市场，实行粗放式经营。

　　杜能的农业区位论不仅阐述了市场距离对农业生产集约化程度和土地利用方式的影响，而且验证了土地利用方式的区位存在着优势区位的相对性和客观规律性。但是，该理论的假设条件过于严格，在现实世界中很难找到这样的区域，具有一定的局限性。尤其城市群的出现、交通的发展使得杜能圈很难维持同心圆状分布。随着冷藏技术、罐头制造等技术的发展，航运运输等现代交通的不断便利，使得运输费用不断下降，市场距离决定土地利用方式成为次要因素，而气候、地形、政策等条件对区域农业的影响比市场距离更为显著。

　　现如今农业区位论在我国仍有体现，我国特色的农业生产模式，使得农民可以自主地决定农产品的种类。为了获得最大利润，在决定农产品种类时，农民必须考虑区位因素，所以通常城市近郊的农民种植蔬菜等新鲜易腐烂食品，稍远一些则种植果林，更远的才会种植小麦、水稻这些粮食作物，这与杜能圈所给出的情况基本吻合。

　　请大家结合杜能的农业区位论，对你的家乡进行调研，分析其农业布局。

6.2.9　城乡规划与发展原理（九）：空间管治理论

吾元镇隶属于山西省长治市屯留区，地处屯留区西北部，东邻余吾镇，南连张店镇，西靠沁县杨安乡，北接襄垣县上马乡。近年来，为了优化配置各项资源，协调城乡各项建设，实现社会、经济、人口、资源、环境的可持续发展，该地区进行了空间管治，进一步完善了以城乡规划和土地利用规划为主体的空间资源开发利用规划。为什么在城市规划中空间管治能发挥重要作用，究竟什么是空间管治呢？

空间管治是以空间为载体的一种规制行为，是一种有效而适宜的资源配置调节方式，实际上是一种发展管理模式，是调节社会、经济、环境可持续发展的重要手段。空间管治是对空间资源的流通、分配等进行一定的管理和控制，它根据各个区域的不同发展特性制定相应的开发标准和控制引导要求，是区域管治的重要内容和手段。许多规划研究中"空间管治"被称为"空间管制"，前者的称谓相对更准确。原因在于"管制"一词刚性色彩太浓，而区域规划中的管治分区以分类指导为主。

空间管治分析是区域规划的重要手段，核心内容是通过地理学的区划方法，将研究区划分为不同类型区，分别制定相应的管治政策，从而指导城镇建设活动的布局。区划基于针对空间单元的综合分析，通常将目标区域分为禁止建设区、限制建设区、已经建设区与适宜建设区 4 类。

空间管治规划在技术创新、城市与区域规划管理等方面成为一种特别有效而适宜的调节方式。空间管治规划主要有以下作用。①可以带动区域社会经济发展，提高经济效益，对土地、资本、技术等生产要素的流通分配有较大的影响；②可以提高公共管理效率，有效调节资源管理部门与其他管理部门之间的业务矛盾；③提高政府管理部门决策的科学性，对其决策的实施提供引导性措施；④促进城乡统筹发展，为城镇建设方案提出可操作措施。

空间管治在实际运用中需要遵循以下原则。①可持续发展原则：在解决区域发展和协调各种空间资源问题中，应注重长远、整体的利益，通过管治营造公平竞争的发展环境，使区域得到可持续发展。②空间准入的可操作性原则：空间管治应设定准入门槛，还要考虑其可操作性和前瞻性。③强制性和指导性原则：强制性是指对基础设施条件和影响区域利益的环境因素提出明确的管制和要求；指导性是指对空间资源开发利用的指导。④与相关规划相协调的原则：区域空间管治要与其他相关规划协调发展，尤其是与基础设施规划、生态环境保护规划等的衔接与协调。

请大家谈一谈如何将空间管治的原则具体运用于城市的规划与发展中。

6.2.10　城乡规划与发展原理（十）：城乡转型发展理论

磁县位于河北省南端，煤炭产业曾经是县域经济的"半壁江山"。随着国家去产能等政策要求，煤炭经济渐渐退出历史舞台。磁县大力实施"生态美县"战略，依托在四省交界区域，集山水林田湖草于一体的独特生态资源，走出一条生态优先、绿色发展的新道路。从这个案例我们可以看出城乡转型发展的优势与重要性，那么到底什么是城乡转型发展，具体又有什么表现呢？

城乡转型发展是城市和乡村在产业与职能划分上出现的新变化，是 18 世纪以来世界范围内的一种重要的经济社会现象。我国人均 GDP 在 2008 年超过 3000 美元，这标志着城乡发展进入快速转型阶段，具体表现在：城镇人口密度持续增加、农村非农产业迅速发展、非农业人口就业比例在农村人口中持续增加。然而，在城乡二元结构体制和城市倾向的经济政策作用下，城乡生产要素的长期不均衡、配置不合理，导致了农村地区发展受限，农村空心化、耕地非农化以及留守人口等问题日益突出。因此，引导生产要素在城乡间均衡配置，是统筹城乡的基本要求，也是城乡转型发展的重要途径。

对于城乡转型发展理论，学术界观点不一。国外学者 Lo 等调查研究了亚洲地区的城乡发展转型后，发现城乡差距不断扩大是二元体制下城市与乡村相互影响、相互作用后的结果，而城乡转型发展受国际关系、国家发展模式以及发展政策的影响。McGee 指出，中国的后发优势、现代技术、行政机构调整等因素给城乡转型发展带来机遇的同时也面临着巨大挑战，如城乡发展差距增大、人多地少、资源分配的不合理与过度消耗、环境污染等。国内学者许学强等认为，城乡转型发展是农村向城市转化的过程，也是从量变到质变的过程，城乡转型并不是某个领域的转型，而是包括社会、经济、人口、景观等全方位、宽领域的转型。胡必亮等指出，城乡转型包含从农业经济转变为工业与服务业经济、从乡村社会转变为城镇社会、从乡村生活方式转变为城镇生活方式，进而从乡村文明转变为城镇文明等内涵。

综合以上国内外学者的观点，笔者认为城乡转型发展是在众多因素影响下，城乡间社会、经济、环境等多领域的变化过程，是一个综合性的、动态的过程。城乡转型的驱动力有两种：一是自下而上的集聚力，即农村经济改革与发展、农村工业化、乡村城镇化；二是自上而下的扩散力，即兴建新城、扩建旧城、开发区建设、郊区化（图 6-11）。

党的十六大以来，我国逐步进入统筹城乡发展的新阶段，但仍面临环境污染、城乡资源分配不合理、城乡收入差距大等问题。为实现城乡之间生产要素分配合理、资源配置均衡，我们需要加快城乡发展转型，改善原有的城乡制度体系。这个过程需要以城乡发展系统的优化做保障，既需要城市带动乡村的发展，又需要乡村内动力带动的自我发展，其关键在于深化改革与创新发展，加快实现城乡人口、土地、产业等要素的协同转换及城乡地域经济社会系统的重构，系统探索符合我国国情、时代特点的城乡转型发展的道路（图 6-12）。

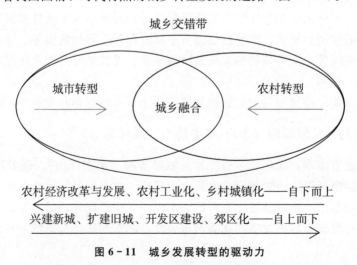

图 6-11　城乡发展转型的驱动力

请大家结合本节的理论分析一下自己家乡是如何转型发展的，并提出你的建议。

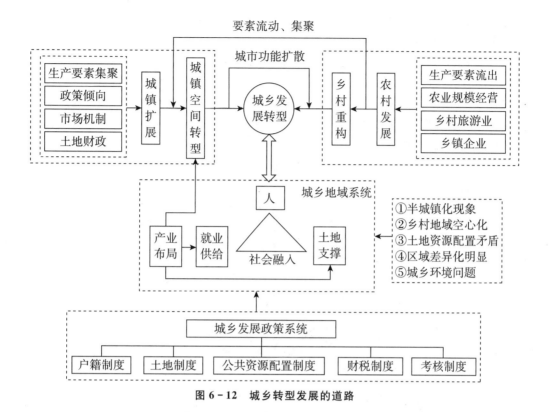

图6-12　城乡转型发展的道路

6.3　城乡规划与城乡发展研究方法

6.3.1　城乡规划与城乡发展研究方法（一）：SWOT分析

当前，在整个旅游市场一片欢腾的景象之下，许多地方到处学习别人经验，通过模仿把自己打造成所谓的"知名景区"，结果往往事与愿违，失败者多，成功者少。他们往往把注意力放在建筑和景观打造等细节问题上，而忽略了景区开发的精准和深度定位这个关键核心问题。旅游定位是旅游规划所要解决的核心问题。本地是否适合发展旅游？打造的景区是做综合型景区还是做主题型景区，其核心竞争力到底在哪里？……回答这些问题或许有多种路径，但我们首先需要用的就是SWOT分析。

1. SWOT分析

SWOT分析是一种战略规划工具，由美国旧金山大学的管理学教授韦里克在20世纪80年代初期提出。SWOT分析最初主要用于评估一个组织在当前市场和行业环境下的优势（Strengths）、劣势（Weaknesses）、机会（Opportunities）和威胁（Threats），通过调查列举出与研究对象密切相关的内部的优势、劣势和外部的机会和威胁，依照矩阵形式排列，用系统分析的思想，把各种因素相互匹配起来加以分析，得出一系列相应的结论。SWOT分析可以帮助企业制定相应的发展战略、计划以及对策等，被广泛应用到包括广告营销、经济管理、市场研究、产品研发、行业分析以及个人发展分析等领域。

SWOT分析可以分为两部分：第一部分为SW，主要用来分析内部的优势和劣势；第二部分为OT，主要用来分析外部的机会和威胁。通过这种分析，可以找出有利的因素和需要避开的不利因素，发现存在的问题，明确以后的发展方向。

针对规划地区内部的优势和劣势，以及所面临的外部机会和威胁，进行单因素的归纳，可以得出初步的方案。通过各因素间的交叉分析，对上述某些战术进行加权，同时通过复合因素的"碰撞"，制定出发挥优势、利用机会，发挥优势、应对威胁，克服劣势、应对威胁，利用机会、克服劣势方案（图6-13）。

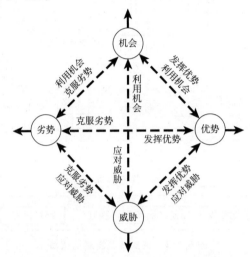

图6-13 SWOT因素交叉分析示意图

2. SWOT分析的适用范围

SWOT分析近几年来逐渐在国土资源规划、城市战略发展规划、旅游规划等方面得到了广泛应用。该方法是进行区域旅游规划和制定区域旅游发展战略时了解区域旅游发展各项影响因素的一种切实可行的研究方法。目前，国际旅游业已经将SWOT分析应用于编制旅游发展战略（表6-6）、发展规划和重要的旅游开发、营销项目的策划与决策判断。但事实上，SWOT分析并不局限在规划与发展，还可在地理教改等中广泛应用。

表6-6 旅游地SWOT分析类型及旅游发展战略

SWOT分析类型	基本战略原则	旅游发展战略
SO型（优势＋机会）	开拓原则	面临众多的机会，又具有明显的优势，应积极开发新产品，拓展经营领域，获得更大的旅游市场空间
ST型（优势＋威胁）	抗争原则	尽管面临众多的机会，但旅游区域存在明显的劣势，应设法弥补不足，扬长避短，提升与对手的抗争能力
WO型（劣势＋机会）	争取原则	面临强大的威胁，又具有明显的优势，应利用自己的优势，具体分析威胁的来源，变被动为主动
WT型（劣势＋威胁）	保守原则	面临强大的威胁，又具有明显的劣势，只能采取业务调整，改善自身条件，回避威胁，寻找新的市场机会

3. SWOT 分析运用实例

案例一：历史文化名村旅游开发的 SWOT 分析

张谷英村位于湖南省岳阳县以东的渭洞笔架山下，其质朴的风韵和深邃的文化，构成了研究明清湘楚文化的"活化石"。2001 年 6 月 25 日被国务院公布为第五批全国重点文物保护单位，2003 年被建设部和国家文物局公布为首批中国历史文化名村。目前，张谷英村已成为湘北的重要旅游景点之一。以张谷英村为例，对历史文化名村旅游开发的 SWOT 分析提供类比性（表 6-7）。

优势分析：①区位条件好，交通便利；②旅游资源类型丰富，资源稀缺性强；③具有一定的知名度；④与周边旅游资源的互补性强。

劣势分析：①物质遗产资源破坏严重，民风、民俗等传统文化逐渐消亡；②旅游资源等级不高，旅游设施缺乏，游客停留时间短；③景区管理滞后。

威胁分析：①区域内客源市场的争夺日趋激烈，旅游业竞争压力空前加大；②旅游业发展对社会文化环境和自然生态环境潜在的破坏；③旅游开发中利益主体的分配不合理制约着古村发展。

机会分析：①宏观政策为张谷英村旅游业新一轮发展提供了良好契机。②古村落旅游丰富了旅游类型，满足了人们的旅游需求 古村落旅游已成为乡村旅游市场中的一朵奇葩；古民居的稀缺性及其与现代民居景观上的强烈差异使得古村落的旅游价值和经济价值逐步显现出来，古民居成为一种新兴旅游类型。③国家法定节假日为人们提供了更多的出游机会，很大程度上改变了人们的旅游方式。

表 6-7 历史文化名村——张谷英村旅游开发的 SWOT 分析

外部因素	内部因素	
	优势	劣势
机会	SO 战略： 深入挖掘文化遗产资源的旅游价值，塑造特色鲜明的古村品牌形象	WO 战略： 加强旅游硬、软件环境建设，全面提升景区品质
威胁	ST 战略： 融入区域合作旅游大环境，实施区域协作战略	WT 战略： 加强科学的规划管理，寻求保护与发展双赢的最佳途径；强化村民参与力度，建立旅游发展与村落发展的良性互动局面

6.3.2 城乡规划与城乡发展研究方法（二）：区位商

1979 年，按照市场汇率计算，我国的人均 GDP 不及当时世界上最贫穷的非洲地区的三分之一。在当时我国的劳动力非常丰富而资本极度短缺的情况下，发展是劳动密集型的加工业是最有竞争力的。经过多年的发展，我国的要素禀赋发生了很大变化。从低收入国家跃升到中等偏上收入国家，资本已经不那么短缺，劳动力却从过去的极端丰富，转变到现在的相对短缺，原有的优势产业就逐渐失去了其比较优势。另外，比较优势永远是比较出来的，过去的产业失掉了比较优势，在新的资本和技术相对密集的中高端产业，我们又具有了新的比较优势。因此，现在应该优先发展的产业也就不一样了。每个国家、地区、经济体都必须按其发展阶段的要素禀赋结构所决定的比较优势来选择发展何种产业。而在判别比较优势产业时，区位商是一项重要的方法和指标。

1. 区位商介绍

区位商又称专门化率，由哈盖特首先提出并运用于区位分析中。区位商（Location Quotient，LQ）是产业经济学、区域经济学中常用的分析区域产业布局和产业优势的指标，它是指一个地区特定部门的产值在该地区总产值中所占的比重与全国该部门产值在全国总产值中所占比重的比率，其表达式为

$$LQ_{ij} = \frac{L_{ij} / \sum_{j=1}^{m} L_{ij}}{\sum_{i=1}^{n} L_{ij} / \sum_{i=1}^{n} \sum_{j=1}^{m} L_{ij}}$$

式中，i 表示第 i 个产业；j 表示第 j 个地区；L_{ij} 表示第 j 个地区的第 i 个产业的产值指标。

如有两个地区，地区 1 的工业总产值占全国的 10%，其中 50% 集中在制造业；地区 2 的工业总产值占全国的 50%，但制造业只占 10%，由此可以看出地区 1 的制造业集中程度较高，即专业化水平较高，具有比较优势。因此，可以说，区位商越大，该地区该产业的比较优势越明显，竞争能力越强。如果区位商大于 1，可以认为该产业是该地区的专业化部门；区位商越大，专业化水平越高；如果区位商小于或等于 1，则认为该产业是该地区的自给性部门。一个地区某产业的专业化水平以该部门可以用于输出部分的产值与该部门总产值之比来计算。地区某产业的专业化系数＝1－（1/LQ），利用它可以为发展区域经济提供定量分析的参考依据。

LQ 的计算强烈地依赖以下假设。

假设 1：全国和区域的劳动生产率是相同的。如果某区域某一产业有较高的劳动生产率，那么它每生产单位产品所需人数就小于全国平均水平，因此，在这种情况下，LQ 将会低估该产业的出口导向；反之，如果某区域某一产业的劳动生产率较低，LQ 则会高估该产业的出口导向。

假设 2：地区的消费结构同全国消费结构基本相同。从区位商的公式可以看出，我们是以全国的供给结构代表全国的消费结构。判定各地区在各行业的供给和进出口是以全国的消费结构为参照系判定的。

假设 3：区域的总消费等于总产出，进口额等于出口额。

2. 区位商的适用范围

按照比较优势来发展是经济学家的语言。可以说，每个国家、每个地区、每个经济体判别比较优势产业时，都可以用到区位商。现在，城市群发展得如火如荼，关于产业协同、产业集群的选择和配置，区位商是其中一项重要的方法和指标。

3. 区位商的运用实例

案例：基于区位商的湖北省十堰市主导产业分析

我们选择 2020 年《湖北省统计年鉴》数据与 2020 年《十堰市统计年鉴》数据，选取就业与人口的分行业在岗职工人数来进行区位商计算（表 6-8）。按照统计年鉴行业划分标

准，将行业分为农、林、牧、渔业，采矿业，制造业等 19 项。根据十堰市这些行业分别进行了数据采集与整理，并输入 Excel 表，用区位商算法进行下一步计算，本文研究所采用数据为就业人口数。

表 6-8 根据 2020 年湖北省与十堰市统计年鉴数据得出的区位商

行业	分行业就业人数/人		商比		区位商
	十堰市	湖北省	十堰市	湖北省	
总计	639375	10891623			
农、林、牧、渔业	7424	152928	0.0116	0.0140	0.8270
采矿业	4419	127559	0.0069	0.0117	0.5901
制造业	217687	3374241	0.3405	0.3098	1.0990
电力、燃气及水的生产和供应业	15511	184147	0.0243	0.0169	1.4349
建筑业	59254	2025984	0.0927	0.1860	0.4982
批发和零售业	105553	1019100	0.1651	0.0936	1.7644
交通运输、仓储和邮政业	13186	401474	0.0206	0.0369	0.5595
住宿和餐饮业	10089	319601	0.0158	0.0293	0.5377
信息传输、软件和信息技术服务业	8408	188772	0.0132	0.0173	0.7587
金融业	9278	168888	0.0145	0.0155	0.9358
房地产业	18343	306474	0.0287	0.0281	1.0196
租赁和商务服务业	10625	283583	0.0166	0.0260	0.6382
科学研究、技术服务业	5150	198929	0.0081	0.0183	0.4410
水利、环境和公共设施管理业	5548	124326	0.0087	0.0114	0.7602
居民服务、修理和其他服务业	10643	95451	0.0088	0.0166	1.8994
教育	49582	724295	0.0775	0.0665	1.1661
卫生和社会工作	36365	417557	0.0569	0.0383	1.4836
文化、体育和娱乐业	4445	100554	0.0070	0.0092	0.7530
公共管理、社会保障和社会组织	47865	677760	0.0749	0.0622	1.2030

研究地区的数据结果并分析，得出如下结论。

（1）十堰市 $LQ>1$ 的产业有居民服务、修理和其他服务业；批发和零售业；卫生和社会工作；电力、燃气及水的生产和供应业；公共管理、社会保障和社会组织；教育；制造业；房地产业共 8 个产业，意味着这几个产业集聚度较高，高于全省平均水平。其中，居民服务、修理和其他服务业的 LQ 非常接近 2，具有比较优势。

（2）$LQ<1$ 的产业有金融业；农、林、牧、渔业；水利、环境和公共设施管理业；信息传输、软件和信息技术服务业；文化、体育和娱乐业；租赁和商务服务业；住宿和餐饮业；交通运输、仓储和邮政业；采矿业；建筑业；科学研究、技术服务业共 11 个产业，说明其具有相对劣势。

（3）根据《十堰市城市总体规划（2011—2030 年）》：十堰市是湖北省发展汽车制造业和

生态文化旅游业的重要战略支撑点。同样，由 2020 年《十堰市统计年鉴》可知，全年全市规模以上工业中，汽车制造业增加值增长 5.1%，高新技术产业实现增加值 368.2 亿元，比上年增长 11.1%；全年全市旅游接待总人数 7540.3 万人次，比上年增长 15.8%；旅游总收入 773.3 亿元，比上年增长 31.8%；入境游客 20.4 万人次，比上年增长 2.1%；旅游外汇收入 6992 万美元，比上年增长 3.5%。虽然汽车制造业与生态文化旅游业均呈现利好趋势，但由计算所得的区位商可知，制造业的 LQ 为 1.0990，旅游业所属的租赁和商务服务业的 LQ 为 0.6382，均存在一定的上升空间。因此，十堰市的产业结构还需进一步分析与调整。

（4）十堰市产业就未来发展来看，居民服务、修理和其他服务业具有良好的发展前景；但科技创新能力弱，内生动力不足，多数产品处于产业链的低端，产业竞争优势不明显，亟待提高。同时十堰市还应力求建成国家生态发展示范地区、国际知名的生态文化旅游区、国家重要的汽车产业基地、鄂渝陕豫四省（市）交界地区的区域性中心城市和生态宜居城市，即稳步提升制造业与旅游业，使其成为特色主导产业。

6.3.3 城乡规划与城乡发展研究方法（三）：田野调查（实地调查）

在脱贫攻坚中，许多地方都想到了大力发展旅游产业，利用当地优异的生态资源和独特的人文资源，变资源为资本，不仅能够较快改变家乡的面貌，还能使贫困群众获得一条可持续的发展之路。初衷虽然美好，但美好愿望和现实之间还有一段漫长艰难的道路。如何找到一条适合当地旅游产业发展和脱贫相结合之路，成为很多地方亟待破解的难题。破解难题的第一步，便是实地调研，即要用到田野调查。旅游扶贫绝不是千篇一律的，具体问题一定要具体分析，"没有调查，就没有发言权。"只有深入实地调研才能够掌握第一手资料，才能发现发展机会，做到"精准"扶贫。

1. 田野调查介绍

田野调查是社会学中的一种实证研究方法，英文为"field work"，又被译为田野工作、田野作业、田野考察、野外考察、实地考察等。美国传统辞典中的定义是："the collecting of sociological or anthropological data in the field"。它既不是按照预先拟定的理论框架去收集资料，也不是根据调查资料归纳出一般的结论。它的重点是直观社会本身，力图通过记录一个个鲜活的人、事、物，来反映调查对象的本质。田野调查的过程其实是理论与经验两个层面往返交流、相互修正的过程。

田野调查是人类学的基本方法，是"一种对一个社会及其生活方式亲身从事的长期性的调查和体会工作。……研究其社会结构，并致力于了解当地人的观点，以期达到研究该社会整体文化的目的。"

科学的人类学田野调查是由英国功能学派的代表人物马林诺夫斯基奠定的，我国这方面卓有成绩的是著名社会学家费孝通先生。实地调查有多种收集资料的方法，包括观察、访谈、收集文件、心理投射以及通过使用照相机和录像等工具进行收集。其中观察和访谈是实地调查中收集资料的重要方式，其最重要的研究手段之一就是参与观察。它要求调查者要与被调查者共同生活一段时间，从中观察、了解和认识他们的社会与文化。田野调查工作的理想状态是调查者在被调查地居住两年以上，并精通被调查者的语言，这样才有利于对被调查者的文化有深入研究和解释。传统的田野调查花费时间和精力等成本较高，如果方法运用不当的话，其信度和效度也会大打折扣。

2. 田野调查的适用范围

田野调查被公认为是人类学学科的基本方法，随着跨学科研究方法蓬勃发展，已经被许多学科所采用，成为一种普适性方法，广泛应用于民俗学、考古学、环境科学、民族音乐学、地理学、地质学、语言学、古生物学、地球物理学、生物学、生态学及社会学等。只有田野调查运用得当，才能更顺利地取得第一手调查资料，为研究者写出高质量的调查研究论文打下坚实的基础。

3. 田野调查的运用实例

案例：太行山田野调查的经验与方法

行龙教授曾说：走进田野是史料、研究内容、理论方法的三位一体，三者相互依赖、相互包含、紧密相连。田野调查有一套复杂而精细的运作体系，走进田野并非调查的开始，需要相应的前期培训与指导、策划与统筹；离开田野亦远非调查的结束，后续的整理资料、发现问题、论文写作、形成成果更为重要。

（1）田野调查的前期准备

① 依据研究目标选择田野调查类型和调查区域。田野调查依照有无明确的研究目标，可分为探路式调查、普查和专题调查三种类型。选取调查类型时依照研究目标和研究区域的具体实践随时调整。

② 选定调查区域的研究资料进行前期搜集和阅读。选定田野调查目标和研究区域后，应立即对调查区域已有的研究资料进行前期搜集和阅读。这些资料大致可以分为3类：一是常见史料，如方志、碑刻集、地方文集、古舆图等；二是研究工具，如现代地图、文物地图、传统村落数据库、历史文化名村数据库等；三是研究文献，如著述、论文等。

③ 设计调查表和访谈问题。在设计调查表时应尽量全面，尽可能涵盖调查区域各方面的内容和变化。依照太行山田野调查涉及的各个层面，分别设计了"村庄概况登记表""庙宇情况登记表""传统民居情况登记表""非物质文化遗产情况登记表""民间文献情况登记表""村庄历史文献集成""村庄人居环境现状情况登记表"7个表格。一般来讲，依照调查提纲设计的调查表可用于村庄普查，调查者依照表格内容对村中干部或者中老年人进行提问，即可获得对应的基本信息。

④ 准备调查工具。在太行山进行田野调查要综合考虑多方面因素，出发前应尽量准备好必备生活用品和调查所需的工具。

（2）田野调查过程中的具体实践与注意事项

① 团队角色分工与具体职责。在田野作业过程中，团队分工非常重要，一定要做到分工明确、职责清楚。

② 调查过程的一般流程与注意事项。无论哪种类型的田野调查，都需要对调查流程进行整体把握。在田野调查中，调查团队除需要宏观把握调查时段、区域与范围外，中观层面还应设计阶段性任务和中期报告会，微观层面应设计每日工作安排和注意事项。

③ 田野调查的后续及成果。调查的总结形式可以多种多样，既可以是就整体或者局部的调查过程撰写田野报告，也可以是对感兴趣的某一话题开展初步的实证性探究。

田野调查倡导实事求是的探索精神，最终目的是找到事情真相、发现规律，通过对"他人"的观察，反观"自我"，树立起人文主义思想，实现科学性与价值性、共性与个性的辩证统一。田野调查要想取得成功，丰富的理论必不可少。只有带着多种理论进入田野，才能在调查中对社会文化现象做出全面、客观的判断、观察、描述和分析，从而又反馈理论，为理论的提升完善做贡献。未来的田野调查会向着更本土化、多元化、高科技化等方向发展。同学们在学习时一定要重视理论的积累，思考如何与自己所要进行的田野调查结合，还可以思考 GIS 等技术的应用。

田野调查的更多相关内容将在"地理学研究方法"等课程中进行介绍，感兴趣的同学还可以通过查阅文献等方式深入了解田野调查。

6.3.4 城乡规划与城乡发展研究方法（四）：制图法

"规划"一词经常能在生活中听到，大到国家的"十三五""十四五"规划，小到个人的各种规划。在规划界，我们有专业的规划师；在学术界，我们有规划学；在各大院校，开设城乡规划（城市规划）专业。规划成果包括文本和图件两大项。规划图件并非可有可无的文本附件，而是用图形的方式展现那些规划文本难以表达的规划意图。形形色色的规划图件能够形象呈现产业的空间布局、资源的空间分布……如何实现规划图件的制作和改良呢？我们自然要用到制图法。

1. 制图法介绍

20 世纪 90 年代以来，随着世界科技日新月异的进步，各种先进的技术、方法在城市规划实践中得到了大量的运用，这些技术解放了规划师，推动了规划的系统化、科学化发展。当前，制图软件种类繁多，主要有 AutoCAD、Photoshop、3Dmax、SkechUp、CoreDraw、MapGIS、ArcGIS 等。最基本的总规、控规都要使用 AutoCAD，包括鸿业、湘源等 CAD 插件；详规会用到 Photoshop、3Dmax 做平面图、效果图（或鸟瞰图）；区域规划还可能要用到 mapGIS 做地形分析、模拟和多因素叠加；城市设计可能用到 SketchUp 进行空间模拟。

制图能力是指基于当前城乡规划的要求，能够在具体规划中辅助展现主体规划内容的制图基本能力。其主要包含两方面：一是图纸的规划能力；二是图纸的绘制能力。其中，图纸的规划能力主要体现在以下三个方面。首先，在通过具体的实地调研后，对规划区域的现状进行综合分析的能力，包括对规划区域的空间区位、周边地域关系等的地域解析；其次，对规划内容的解读能力，对规划主题内容的"条条规划"及"块块规划"的详细解读，深刻领会规划的核心及方向；最后，对规划方案的设计能力，能够有形成方案、评价方案及优化方案的能力。图纸的绘制能力主要体现在以下三个方面。首先，对国家及地方职能部门最新的规范、规程的掌握能力；其次，对主要制图软件熟练的应用能力，特别是对接当前市场需求的软件应用能力；最后，对规划图纸的底图要素、专题要素及图则要素（图则要素主要指法定图则，是由城市规划主管部门每年根据城市总体规划、分区规划的要求编制，对分区内各片区的土地利用性质、开发强度、配套设施、道路交通和城市设计等方面作出的详细规定）的表达能力，力求规划图纸的科学、准确、直观、美观。

规划制图是区域规划中一项重要的技术。特别是对于人文地理与城乡规划专业的学生来说，制图能力是核心能力，制图能力的高低能够体现专业人才培养质量的高低。在城乡规划体制变革的背景下，强化人文地理与城乡规划专业学生制图能力显得尤为重要。

2. 制图法的适用范围

制图法能形象直观地反映各要素之间的规律和关系，弥补文字表达的不足，是一种常用的方法，其应用几乎渗透到了所有学科，如数学、物理学、工程学等。本节介绍的规划制图则普遍运用于各种类型的规划设计中。

3. 制图法运用实例

案例：苏州历史文化名城保护专项规划（2035）

为加强苏州历史文化名城保护，落实国家文化发展战略，保护和弘扬苏州地方优秀传统文化，延续城市历史文脉，保留中华文化的苏州基因，推动优秀传统创造性转化、创新性发展，彰显苏州名城价值特色，凸显苏州文化自信，苏州出台了《苏州历史文化名城保护专项规划（2035）》（见二维码）。

《苏州历史文化名城保护专项规划（2035）》彩图

规划构建市域"两城、四点、三带、六廊、四区"的"大苏州名城"历史文化保护空间结构，形成网络化的历史文化保护格局，促进苏州市域历史文化的整体性保护。

两城即苏州、常熟 2 个国家历史文化名城的历史城区。

四点即太仓城厢、昆山玉山、张家港杨舍、吴江松陵 4 处老城。

三带即大运河文化带、江南水乡文化带和长江海上丝绸之路文化带。

六廊即元和塘-福山塘-白茆塘、盐铁塘-长江古堤和冈身、胥江-娄江、吴淞江、頔塘 5 条水系，独墅湖-澄湖-淀山湖和沿线大小湖泊组成的 1 条历史水上商路线路。

四区即环太湖文化景观区、环常熟－阳澄湖塘浦文化景观区、环澄湖塘浦文化景观区、东太湖溇港文化景观区 4 个文化景观区。

规划图的要素非常丰富，而它的实现主要用到的是 Photoshop，底图可从专门的地图网站下载。

绘图软件的操作都是熟能生巧的。同学们刚开始学的时候可能会遇到这样那样的问题，但只要及时改错、坚持操作，多看多思考，将规划理论与技术结合起来，就能画出美观的规划图。有的专业可能不会开设专门的绘图课，感兴趣的同学可以自行下载软件，在网络上找教程进行自学，还可以请教建筑、规划、风景园林等专业的老师，在课外进行兴趣学习。

规划界曾经被人们戏谑为"规划规划，纸上画画，墙上挂挂"。一张好图，单单绘制出来还不够，关键在落实。在画好一张蓝图的基础上，各级单位要完善规划信息管理平台，建立规划编制及实施管理机构，探索相应的督查机制……只有相关配套改革的不断深化，为实现"一张蓝图干到底"奠定坚实的基础，才能努力打破过去我们非常苦恼的"规划规划，纸上画画，墙上挂挂"和朝令夕改的困局。

6.3.5　城乡规划与城乡发展研究方法（五）：数学模拟法

生活中，我们常常会看到一些街头访谈，访谈者有的是记者，有的是学者，他们通过访谈获取民众的看法，而后整理成样本数据，得出一个以小见大的结论，这是定性研究的一种常见方法。定性研究的目的在于说明、解释或者预测真实世界的现象，用访谈、文件、参与式观察等得到的资料来解释或者感受社会现象。但是，用定性描述收集数据很多时候是基于研究人员的个人观察，再加上被研究对象是一个特定的群体，这种在特定场合下的反应得出的结论很难推广到更广泛的场合，结论的客观性也难以保证。为了更精准地表达研究要素的状态、特征、数量关系与数量变化，我们需要用到数学模拟法等定量研究方法，如在制定规划时，我们可以通过访谈和观察得到的资料来感知现状，但不能直接用某一人群的观点来预判经济社会的发展。根据经济社会发展的历史轨迹预测未来，需要真实和大量的统计数据，需要发现各要素变化的相互关系，此时数学模拟法便派上了用场。

1. 数学模拟法介绍

随着信息技术的快速发展，基于网络的大数据越来越多地应用到区域规划的实践中。实践表明，20 世纪 60 年代以来，电子计算机技术和数学模拟方法在区域规划研究中得到广泛应用，使得以多目标、多要素、多方案、复杂结构和动态变化为特征的区域规划的许多问题得到了较好的解决。一方面，各类数学模拟法能辅助定性描述，更理论化、科学化支持地区规划思路。另一方面，采用数学模拟法，能比较有效地掌握多方面的大量信息，并进行有效的整理，解决多目标、多方案、多种结构所提出的复杂要求。

建立模型是数学模拟法的关键。按照功能和应用范畴大致分类，区域规划模型可分为如下几类。

（1）区域结构功能分析模型

该类模型着重对区域组成要素的作用、功能进行结构分析，以分析区域发展变化的内因，并组建未来合理的结构，如投入产出模型、判别分析模型、网络模型等。

（2）经济社会发展预测模型

这类模型是根据经济发展的历史轨迹预测未来，或者根据经济发展过程中各要素变化的相互关系预测总体的变化，包括时间序列模型、回归预测模型等。

（3）决策分析模型

决策过程是拟订方案和对方案可能产生的效果进行评价的过程。这类模型可分为两类：单目标决策分析模型，如线性规划、非线性规划模型、求极值的模型等；多目标决策分析模型，如线性加权模型、成本效益分析模型、模糊分析模型等。

2. 数学模拟法的运用

在制定区域规划时，我们常常需要对经济社会发展进行预测，如定量分析影响中国旅游市场发展的主要因素、分析居民收入的影响因素、预测建设用地规模、预测某一产业未来的产值……实现这些预测有很多路径，但最常用的是多元线性回归模型。因此，本部分以多元线性回归模型为例向大家介绍数学模拟法的使用。

（1）模型基本情况

回归分析预测时，首先要对预测对象（因变量）进行定性分析，确定影响其变化的一个或多个因素，然后通过预测对象和影响因素的多组观察值建立适当的回归预测模型进行预测。这种方法利用了因变量和自变量之间的因果关系，因而也称因果回归分析法。

在经济领域中，一个经济变量往往受多个因素的影响，因此，需要建立多元回归模型进行预测。但在多元回归模型中，自变量对因变量影响的重要程度是不同的，我们需要从这些变量中剔除那些次要的、可有可无的变量，建立一个更简单的回归方程，从而更好地进行预测。逐步回归分析是解决此问题的一个很好的方法。逐步回归分析具体的做法是将变量单个引入，但每引入一个变量后，对已引入的变量要进行逐个检验，当原引入的变量由于后面变量的引入而变得不再显著时，要将其剔除。这个过程反复进行，直到既无显著的自变量选入回归方程，也无不显著自变量从回归方程中剔除为止。引入和剔除都以给定的显著性水平为标准。

（2）模型应用案例——建设用地需求量预测

随着城镇化和工业化进程的加快，建设用地规模不断增大，耕地保护与建设用地保障矛盾日益突出，科学预测与有效控制建设用地规模具有重要的现实意义。建设用地需求量预测是土地需求量预测的核心，科学准确预测建设用地需求量是提高土地利用规划的科学性和可操作性的重要途径。

如利用多元线性回归模型预测晋城市建设用地总量。收集 1996—2010 年《晋城市统计年鉴》和 2008—2010 年《晋城市国民经济和社会发展统计公报》相关数据，根据研究区的自然条件和社会经济条件，选取相关影响因子进行研究。

结合文献查阅和晋城市自然和社会经济条件，初步选定总人口、生产总值、第二和第三产业所占比重、全社会固定资产投资、一般预算支出、城镇化率、非农业人口比重和城乡居民收入 8 个建设用地影响因子，运用 SPSS20.0 进行 Pearson 相关性分析；再根据建设用地预测模型的数据需要进行综合筛选，得出影响晋城市建设用地总量的主要因素为总人口和全社会固定资产投资。

在此基础上，以总人口（X_1）、全社会固定资产投资（X_2）这 2 个主要因素作为自变量，建设用地总量（Y）作为因变量，利用 SPSS20.0 软件分别对晋城市 1996—2007 年和 2002—2007 年建设用地总量、总人口和全社会固定资产投资建立多元线性回归模型。通过多元统计分析可知，两组不同长度历史数据建立的多元线性回归模型，均符合参数估计和假设检验，因此均可用来预测晋城市建设用地总量（表 6-9）。

表 6-9　多元线性回归模型预测晋城市建设用地总量

数据长度	回归方程	拟合优度	D-W 检验值
2002—2007 年	$Y = 20101.811 + 110.939 \times X_1 + 10.127 \times X_2$	0.973	2.940
1996—2007 年	$Y = -19089.217 + 291.221 \times X_1 + 6.283 \times X_2$	0.983	1.742

从模型特性来看，多元线性回归模型是对历史数据的分析研究，探索经济、社会各有关因素与建设用地总量的内在联系和发展变化规律，并根据对预测期内本地区经济、社会发展情况的预测来推算未来的建设用地总量。

除了多元线性回归模型，数学模拟法中还有其他模型等着同学们去探索。数学模拟法是区域规划中的定量研究方法，其研究思路为：搜集定性信息—提出模型框架结构—分析定量信息—构造最佳模式—检验模式—得出可供选择的方案和结论。针对区域规划具有多主体、多层次、多目标、多时段的特点，从感性的定性分析上升到理性的定量分析是很有必要的。我们倡导定性分析与定量分析有机结合的系统集成方法，将理论模型、计算仿真技术、专家群体和智能技术有机结合起来，形成一个系统集成环境，并通过集成的整体优势来寻求区域规划有关问题的正确答案。同学们可以尝试以自己的家乡为例，收集相关数据，对家乡的经济发展做分析和预测。

数学模拟法的更多相关内容在"区域规划与分析""城乡规划原理""经济地理学"课程中进行介绍，感兴趣的同学还可以查阅文献来深入了解数学模拟法。

6.4　城乡规划与城乡发展应用

6.4.1　应用案例（一）：乡村振兴中的地理学贡献

1. 乡村振兴战略

改革开放以来，我国经济社会发展取得了巨大成就。伴随着工业化、城镇化的快速发展，城乡地域结构、产业结构、就业结构、社会结构等发生了显著变化，城乡转型发展、新型城镇化、城乡一体化，成为国家现代化建设与可持续发展的重大战略，也是地理学研究面向国家战略需求的重要课题。

新时代，我国社会主要矛盾为人民日益增长的美好生活需要和不平衡不充分发展之间的矛盾。实施乡村振兴战略的核心就是着力破解城乡发展不平衡、农村发展不充分等突出问题，弥补全面建成小康社会的乡村短板。

实施乡村振兴战略，是党的十九大作出的重大战略部署，是决胜全面建成小康社会、全面建设社会主义现代化国家的重大历史任务，是新时代"三农"工作的总抓手。其主要内容如下。

（1）提升农业发展质量，培育乡村发展新动能。

（2）推进乡村绿色发展，打造人与自然和谐共生发展新格局。

（3）繁荣兴盛农村文化，焕发乡风文明新气象。

（4）加强农村基层基础工作，构建乡村治理新体系。

（5）提高农村民生保障水平，塑造美丽乡村新风貌。

（6）打好精准脱贫攻坚战，增强贫困群众获得感。

（7）推进体制机制创新，强化乡村振兴制度性供给。

（8）汇聚全社会力量，强化乡村振兴人才支撑。

（9）开拓投融资渠道，强化乡村振兴投入保障。

（10）坚持和完善党对"三农"工作的领导。

2. 乡村振兴中的地理学贡献

（1）科学研究

早在 20 世纪 50 年代，竺可桢就强调地理学要为国民经济建设服务，特别要为农业生产服务。21 世纪初，吴传钧倡导地理学要为"三农"服务。新时代，地理学当然要服务乡村振兴。

近几十年来，我国地理学者积极关注乡村地理方面的科学研究，涉及的内容主要有：①农业与乡村地理学综合研究；②乡村转型发展与重构研究；③新农村建设综合研究；④城镇化、农村空心化与空心村整治研究；⑤中心村与专业村建设；⑥城乡发展一体化与等值化；⑦区域农业与乡村发展研究；⑧研究成果的系统化与国际化。为进一步助力乡村振兴，当前国内学者围绕乡村振兴的内涵、要素识别、评价体系、实现路径、实施要点、机制与模式等作出了富有启迪性的探讨。乡村振兴地理学研究着眼于乡村地域系统的复杂性、综合性、动态性，探究以根治"乡村病"为导向的新型村镇建设方案、模式和科学途径，为实现新时代中国乡村振兴战略提供重要理论支撑。

乡村地理学涌现了许多可敬的学者，他们的成果是助力乡村振兴的重要力量，刘彦随就是其中一位。刘彦随现任中国科学院地理科学与资源研究所研究员、博士生导师、长江学者特聘教授、发展中国家科学院院士，曾获全国优秀科技工作者奖、发展中国家科学院科学奖等。

2015 年，刘彦随担任国家精准扶贫工作成效第三方评估专家组组长，带领 1700 余人的专家学者团队，系统研制了扶贫评估指标体系与技术规范，创新实地调查"六个一"工作方式，开发评估调查成套技术和"精评通"设备，建成了国家精准扶贫评估与决策系统。刘彦随应用新技术方法，提高工作效率 30%、降低成本 40%，保障了评估工作的客观、公正与科学性，连续 4 年圆满完成国家精准扶贫成效第三方评估及全国首批贫困县退出评估重大任务，为打赢脱贫攻坚战及扶贫成效考核提供了科学依据。与此同时，刘彦随还探索出了贫困化"孤岛效应"理论和工程扶贫模式，创建了多个扶贫研究示范基地，提交了多份报告并得到国家领导人批示和相关部委采纳。刘彦随团队的工作，被时任国务院副总理、国务院扶贫开发领导小组组长汪洋誉为"21 世纪最有意义的上山下乡"。

（2）乡村规划

美丽乡村建设，规划要先行。中共中央、国务院印发《乡村振兴战略规划（2018—2022 年）》提出，要顺应村庄发展规律和演变趋势，根据不同村庄的发展现状、区位条件、资源禀赋等，按照集聚提升、融入城镇、特色保护、搬迁撤并的思路，分类推进乡村振兴，不搞一刀切。该规划将乡村分为四类，分别是集聚提升类村庄、城郊融合类村庄、特色保护类村庄、搬迁撤并类村庄。

乡村规划是通过规划来使乡村整齐整洁，包括农田规划、排污规划等。规划内容主要有：①乡村自然、经济资源的分析评价；②乡村社会、经济的发展方向、战略目标及其地区布局；③乡村经济各部门发展规模、水平、速度、投资与效益。制定乡村规划要根据乡村的资源条件、现有生产基础、国家经济发展方针与政策，以经济发展为中心，以提高效益为前提，要实行长远结合，留有余地，反复平衡，综合比较，选取最优方案。

随着"乡村振兴"战略的提出与成熟，我国乡村空间规划研究变得多样化和微观化。在乡村振兴、规划先行的新时代，乡村规划的高质量编制和高品质实施正日益受到政府、企业以及社会各界的多方关注。2019 年，由华南理工大学承办的中国城市规划协会乡村规划与建设委员会年会以"乡村振兴·美好家园"为主题，设置了"村庄规划的法定性和实施性""设计下乡与村庄建设""乡村产业振兴与运营""乡村治理与乡风文明"4 个议题，汇聚了同济大学、中国人民大学、华南理工大学、南京大学、西安建筑科技大学、天津大学等知名高等学校的专家与学者，围绕乡村振兴战略全面实施进程中如何发挥规划的引领作用、如何发挥专业团队的支持作用、如何提升乡村的现代治理水平、如何为乡村发展注入新动能等重要议题进行了深度对话。

除了经常探讨乡村规划与建设，各大高等学校建筑系和规划系的老师们将规划实践写在广袤的乡村大地上，基于实地调研获取数据，编制了许多乡村规划，例如，湖南大学的何韶瑶。何韶瑶及其团队做过的村庄规划数不胜数，他们的著作《湖南传统村落（第二卷）》为研究湖南传统村落的人员提供了具体的资料，对湖南省的乡村规划具有很强的参考价值。《湖南传统村落（第二卷）》详细研究了湖南省第四批传统村落中 113 个传统村落的基本概况、村落布局、空间特点、建筑特征、人文环境和非物质文化遗产等，并附有大量实地调研和拍照的相关图纸。该著作将湖南地区的传统村落纳入一个大框架体系，以湖南不同民族和地域这两条主线为切入点，系统地研究了湖南各民族、地域分类中传统村落、传统建筑和传统民居的民族地域性表现。

（3）规划案例——浙江安吉的"中国美丽乡村"规划

浙江安吉的"中国美丽乡村"规划是我国美丽乡村建设规划项目，安吉被称为"中国美丽乡村的发源地"、习近平"两山理念"的诞生地和实践地，主持这项规划的严力蛟（浙江大学）因此被誉为"美丽乡村规划设计第一人"。2015年，《美丽乡村庭院建设指南》国家标准在安吉发布。2021年，安吉入选全国乡村建设评价样本县。

截至2023年10月，安吉成功创建187个省级美丽宜居示范村。美丽宜居示范村创建通过合理布点、串点成线，形成了环灵峰山、黄浦江源、大竹海、白茶飘香4条美丽宜居示范带，带来了良好的生态效益、经济效益、社会效益，也为乡村振兴、共同富裕等工作的推进夯实了基础。

安吉的成功得益于以下几点：顶层设计，规划引领；一届一届接着干，一张蓝图绘（干）到底；有一整套透明、公开、公正、公平的政策体系、评价体系、考核体系和奖惩制度（一个好的体制机制和政策体系）。

以浙江安吉鲁家村为例：从2011年村集体欠债150万元、村容村貌全县倒数第一到成为美丽乡村、乡村振兴的明星村、全国田园综合体试点单位，可谓是脱胎换骨。2022年，该村集体资产达2.9亿元。

鲁家村美丽乡村规划是以递铺街道鲁家村为中心，联动南北庄村、义士塔村、赤芝村，以打造"田园鲁家"美丽乡村为目标，总体布局思路为"一核、两溪、三区、四村"。一核：鲁家村家庭农场集聚核心区；两溪：鲁家溪，梅园溪；三区：家庭农场集聚区、创意农业休闲度假区、生态农林乡居体验区；四村：鲁家村、南北庄村、义士塔村、赤芝村。功能布局为"一院一环三区"。一院："两山学院"；一环：田园鲁家·两山绿道；三区："溪上田园"——绿色生态农业示范区、"岭上家园"——创意农业休闲度假区、"溪谷林园"——生态农林乡居体验区。

鲁家村最特别的做法是村＋旅游公司＋18个家庭农场，用小火车将18个家庭农场串联起来。其成功的经验主要体现在四新：新机制（"三统三共"：统一规划、统一平台、统一品牌；共建共营、共营共享、共享共赢；三农联动）；新模式（村＋旅游公司＋家庭农场）；新主体（家庭农场）；新业态（"农场式"民宿）。鲁家村的主题农场集群在乡村旅游模式上也有创新，其对于大型农业园区或村集体主导下的休闲农业和乡村旅游的发展，具有重要的借鉴意义，解决了规划的统一性和定位的差异化问题。美丽乡村、规划先行，面对资源较为分散的状态，在不改变农业种植为重点的产业基础上，制定家庭农场规划战略。

鲁家村生态圈的打造和多方共赢的合作机制发挥了关键作用。鲁家村注重生态圈的建设，18个家庭农场不是孤立的存在，在它们的周围，分布着村民自主经营的农家乐、民宿、农副产品，为家庭农场提供配套服务，形成了一个循环机制，整个产业链健康且完善。

鲁家村被视为乡村发展"逆袭"的代表，它的成功与鲁家村的顶层设计及总体规划团队是分不开的。从模式提出到项目最终落地，合易农业农村规划研究院提出了种种设想并不断在实践中完善，最终才打造出如今的鲁家村。

3. 结语

乡村振兴地理学研究以问题为导向、以战略为指引，致力于乡村地域系统结构、转型过程、演变机理、分异格局、地域功能、振兴模式与智慧乡村综合研究。要传承发展几代地理学家应用地理相关工程技术解决国民经济重大建设问题的专业情怀和优势，重视研究与区域可持续发展相关的资源、生态、环境与治理问题，推进乡村振兴地理学研究信息化、网络化、结构化、工程化、基地化。

当前服务乡村振兴国家战略，地理学者重点关注乡村地理的这 9 个前沿问题：城乡地域系统分异规律与融合机制；乡村地域系统转型机理及科学途径；乡村"三农"互动原理与规划治理；乡村自然－社会－技术系统互馈机理；乡村人地系统耦合过程与情景模拟；乡村空间重构适宜程度与承载强度；乡村转型发展内生动力及协同机制；乡村振兴新型主体化与农民组织化；乡村地域系统灾变与风险调控机制。

地理学之于乡村振兴一定是大有作为的。感兴趣的同学可以通过阅读课外书籍和文献等方式了解乡村振兴相关研究和实践情况，立足于家乡的现实状况，为乡村振兴建言献策。为了探索开创地理学服务乡村振兴研究的新局面，凸显中国三农地理学研究的时代特色，为了推进形成服务乡村振兴国家战略的"地理智库"，也为了发展中国家和地区研究解决"三农"问题提供"中国经验"，地理学学者们还有很长的路要走。让我们共同期待，共同努力，在党中央的英明指引下，用汗水将美丽乡村变成现实！

6.4.2　应用案例（二）：智慧城市规划建设中的地理学贡献

1. 智慧城市

人类历史上从来没有像现在这样——移动支付已全面渗透到商超、住宿、餐饮等方方面面，"刷脸"进小区、扫码乘公交……一部手机走天下；出门担心堵车吗？热力图可以让你知道哪里人多哪里人少，助你错峰出行；没有时间打扫家里的卫生？有扫地机器人，它每天都会像警察一样在家里四处巡视，保证把家里打扫得干干净净；家长不能辅导孩子的功课？No problem，智能机器人完全可以帮忙辅导……我们的生活越来越便捷，整个城市仿佛被一张看不见的网连接起来，海量信息触手可及，各种资源体系协同共享，这就是智慧生活。我们的城市正在迈向新的发展模式——智慧城市。

智慧城市是以云计算、物联网、移动互联网、大数据等新一代信息技术应用为基础，以实现城市中的人与人、物与物、物与人的全面感知、互联互通和信息智能利用为特征，从而实现高效的政府管理、便捷的民生服务、可持续的经济发展为目标的先进的城市发展理念，也是一种城市信息化的高级形态。其可实现信息化、工业化与城镇化深度融合，有助于缓解"大城市病"，提高城镇化质量，实现精细化和动态管理，并提升城市管理成效和改善市民生活质量。

当前，智慧城市成为国际城市化发展的热点之一，全球都在紧锣密鼓地布局智慧城市建设。我国也在进行智慧城市试点建设，并形成了多个智慧城市群。我国的智慧城市发展非常快，住房和城乡建设部正式启动首批国家智慧城市试点，覆盖 90 个城市。2021 年 5 月 6 日，住房和城乡建设部公布智慧城市基础设施与智能网联汽车（"双智"）协同发展首批示范城市，北京、上海、广州、武汉、长沙、无锡 6 市入选。

2. 智慧城市中的地理学贡献

（1）智慧城市理论研究

无论是大数据时代的时空要素和流动性变化，还是当前经济社会转型和新型城镇化发展的背景，都需要从地理空间的视角去认识智慧城市的出现与发展。城市地理学长期聚焦城市空间结构和布局、城市社会与文化、城市居民行为与活动等方面的研究，能够有效指导城市发展战略选择和空间安排，从而支撑城市规划和建设。大数据的影响和作用使得以空间为核心内容的地理学面临着根本性的变革，流动空间理论、新的人地关系系统协调发展和时空优化布局等，是智慧城市建设的重要理论支撑。具体来说，主要有以下三个方面。

① 流动空间理论的虚拟网络空间与地理空间相互作用及其空间结果研究，为智慧城市建设提供重要基础。

② 新的人地关系系统研究，为人本导向的智慧城市建设提供重要的理论支撑。智慧城市的建设是以构建更加全面、协调、可持续的新型人地关系系统为目标。电子政务、智慧服务、智慧经济等智慧应用，则通过积极的手段来引导生存环境能更好地服务于人类的生产生活，提升解决交通、生态环境、公共安全等各种城市问题的能力，促进经济的高效运行和人们生活质量的提高。

③ 各类管理平台、智慧服务体系、智慧产业经济等的协调发展和时空优化布局，是科学建设智慧城市的重要保障和前提。区域空间关系与城市相互作用、城乡空间发展质量、社会空间分布特征及空间差异、城市交通运行与土地利用等核心问题与相关理论，引导智慧城市功能空间的协调布局。

作为智慧城市最前沿的一批学者，李德仁、王家耀、郭仁忠、周成虎、孟建民、邬贺铨、高文、王坚、尹浩、吴志强等，他们对智慧城市的发展都提出了建设性意见，认为智慧城市发展需要构建一套更科学的范式。

王家耀表示，智慧城市建设是一个巨大的系统工程，涉及自然、社会、经济、人文等方方面面。智慧城市是城市这个复杂系统的数字化、网络化、智能化过程，是人的自然智能与计算机人工智能的深度融合，涉及组织管理科学方法——系统工程。智慧城市由多个系统及其子系统组成，系统之间、子系统之间、系统与子系统之间有着密切的关系。因此，智慧城市建设必须遵循系统科学理论和系统工程的方法，才能得到应有的效果。

周成虎关注人地关系和谐理论在智慧城市建设中的重要性。他认为，城市就跟人一样，是个生命体，让数据多走路，让人少走路的提法，可能变成数据不孤独了，人孤独了。所以，我们要改变不仅仅是数字化，而是让人和自然、人和社会更加和谐；必须理解智慧城市的精神战略、拓展力和深度；需要考虑政府的投入产出；要关注人的问题。政府主导以人为本，这样才有可能从历史、现在和未来，从自然、人文社会经济，从投入产出这几个角度将智慧城市进行下去。

（2）智慧城市规划实践

自 2011 年开始，住房和城乡建设部、工信部、科技部相继开展了智慧城市的试点工作，极大地推动了智慧城市的规划和建设。智慧城市规划的焦点是智慧城市顶层设计，重点关注城市产业、民生、建设与管理等领域信息管理系统设计和信息基础设施的建设。住房和城乡建设部和各省级住房和城乡建设厅陆续出台了《智慧城市交通基础设施智能监测技术要求》

《智慧城市对象标识系统总体要求》等一系列规划编制标准和导则来约束试点城市的智慧城市规划内容，对提升规划编制的质量与可操作性具有重要作用。国务院发布的《国家新型城镇化规划（2014—2020年）》进一步强调将智慧城市作为提高城市可持续发展能力的重要手段和途径，并明确了今后智慧城市的发展方向。这些规划编制导则都离不开地理学者的建设性意见。

GIS能对城市各类基础设施数据以多样化形式进行可视化展示；GIS数据和云计算、大数据、物联网等技术相结合，构建真正的数字经济、数字城市、数字中国；以时空为基础，通过可视化分析技术，对城市的规划、布局、分析和决策提供技术支撑，推进城市数字化转换和建设。

（3）典型城市案例——智慧城市的深圳模式

2018年，在智慧城市的要求下，深圳提出"六个一"的发展目标，即"一图全面感知""一号走遍深圳""一键可知全局""一体运行联动""一站创新创业""一屏智享生活"。同年，深圳在全国率先推出政务服务"秒批"改革，实现"网上办、马上办、就近办、一次办"。

2019年，深圳在全国首创无感申报，即"秒报"模式，申请人全程不用见面审批，而且全城通办。

2019年10月31日，深圳市规划和自然资源局领导小组为空间平台建设专家委员会委员颁发了聘书。中国工程院院士王家耀、周成虎受聘为荣誉主任委员，中国工程院院士郭仁忠受聘为主任委员，自然资源部信息中心主任蒋文彪等15名国内一流的专家受聘为委员。3位院士受聘为深圳打造智慧城市"最强大脑"，助力新型智慧城市的深圳模式进一步完善。在学者专家的智力支持下，智慧化体验将覆盖一个个城市场景，深圳会变得更加宜居、宜业、宜游。

2020年，深圳推出政务服务"免证办"，首批涉及市民与企业日常生产生活需用到的90%以上的证照，意味着只需一部手机即可办理大部分政务服务业务，实现"一屏智享生活"。在此基础上，又创新推出"秒报秒批一体化"政务服务新模式。据介绍2020年已有274项实现"无感申办"，"秒批"事项完成300项，"秒报秒批一体化"事项58项。根据2017年业务办理情况推算，"秒批"改革每年至少惠及10万人，节约办事成本过亿元。

2020年，深圳携手华为宣布共建"鹏城智能体"。鹏城智能体是以数据为基础，融合5G、云计算、物联网大数据、人工智能、区块链等新一代信息技术，建设"数基、数网、数纽、数脑、数体"系列工程，打造数据驱动的、具有深度学习能力的城市级一体化智能协同体系。

2021年，城市竞速迈进智慧城市赛道，包括深圳、上海、南京、武汉等在内的多个城市相继推出智慧城市建设方案，并将其写入2021年的首要发展任务。2021年1月，深圳市政府印发《深圳市人民政府关于加快智慧城市和数字政府建设的若干意见》，明确指出到2025年，深圳将打造具有深度学习能力的"鹏城智能体"，成为全球智慧城市标杆和数字中国城市典范。

如今深圳"1+4"智慧城市和数字政府建设体系日臻完善（"1"即"以新型基础设施建设为支撑"，"4"即"公共服务、城市治理、数字经济和安全防控"四大板块），融合人工智能、5G、云计算、大数据等新一代信息技术，建设城市数字底座，打造城市智能中枢，推进业务一体化融合，实现全域感知、全网协同和全场景智慧，让城市能感知、会思考、可进化、有温度。

3. 结语

通过大数据、云计算、人工智能等手段推进城市治理现代化，大城市可以变得更"聪明"。从信息化到智能化再到智慧化，是建设智慧城市的必由之路。《新型智慧城市发展报告2018—2019》显示，我国大量城市已经从新型智慧城市建设的准备期向起步期和成长期过渡，处于起步期和成长期城市占比从 57.7％增长到 80％，而处于准备期的城市占比则从42.3％下降到 11.6％。《数字孪生应用白皮书》显示，2023 年我国智慧城市市场规模将达到1.3 万亿元。可见，我国智慧城市建设已然进入全面推进的"深水区"，全新的篇章即将开启。

地理学对智慧城市建设有着强有力的理论支撑，运用地理学综合分析方法和技术能保障智慧城市规划与建设的持续、健康进行。当然，地理学作为一门古老的学科，在技术进步的驱动和社会经济转型的背景下，无论是理论体系还是方法技术都需要与时俱进。毫无疑问，在智慧城市建设的国家战略和社会、企业需求框架下，地理学与其他学科之间的融合并形成合力是至关重要的。

智慧城市是一个很大的命题，是一个没有终点的长期持续性工程。智慧城市的挑战很多，解法也很多，加上新技术层出不穷，有许多话题值得我们去充分讨论。感兴趣的同学可以通过阅读课外书籍和文献等方式了解智慧城市，立足于家乡的现实状况，为智慧城市建言献策。

6.4.3 应用案例（三）：陆大道的"T"字型空间战略

1. 提出背景

20 世纪 80 年代初，就在我国改革开放和现代化建设在沿海地区逐步展开之时，一些中西部同志就要求将国家投资规模大幅度转到中西部地区。1984 年，国家领导人相继到西宁、贵阳、重庆、乌鲁木齐等地考察，强调要进行"西部大开发""向西部地区实行战略转移""要在 15～20 年内将西部地区建成为全国现代化的基地"等。与此同时，学术界也出现了多种为向西部战略转移服务的理论：有的主张将经济发展战略重点由沿海地区转移到中部地区，再转移到西部地区，实施区域开发的"梯度论"；有的主张各地带、各地区均衡发展的"均衡论"；有的主张将战略重点由沿海地区跳跃至中西部地区的"跳跃论"；等等。

陆大道深感问题的严重性。因为此时，我国沿海地区对外开放的局面才刚刚打开，特区体制和相关政策还在制定中，各类开发区的基础设施建设和外资引进还处于萌芽阶段，大型的集装箱码头和航空港等刚开始大规模建设，城市建设也刚开始。如果此时就实行战略转移，那将使大量的开发区、重点工程、政策配套体系建设形成无数的"半拉子工程"，境外投资者和商人将陷入不知所措乃至大规模撤资的混乱局面，这完全违背了空间经济发展的客观规律。

陆大道认为，凡是成功开发和发展的地区和国家，在空间布局上客观上都基本符合点

-轴模式。例如：第二次世界大战后，德国主要发展集中在莱茵河沿岸区域及其中的重点城市；苏联对西伯利亚的开发是沿着西伯利亚大铁道及其部分重点城市进行的；我国在20 世纪五六十年代沿哈大线、80 年代沿胶济线及其重点城市的建设等都取得了很好的效果。由此他提出，我国生产力布局应该按照点-轴模式进行发展，这样可以有效集中国力和资源，将国家最有利的沿海岸和沿长江的"T"字型区域很快发展起来。对于全国来说，"T"字型一级轴线是东中西连接和由东向西的转移通道，是使我国大区域间从不平衡发展到较为平衡发展的一个重要原则和途径，通过点-轴渐进式扩散，使轴线和中心城市进一步延伸，就可以逐步实现大尺度的转移。他在 1984 年乌鲁木齐举办的全国经济地理学术讨论会上的大会报告"2000 年我国工业生产力布局总图的科学基础"中对这一思想就做了首次阐述。

2. 理论基础

"T"字型空间战略的理论基础是点-轴系统。该理论是建立在德国地理学家克里斯塔勒的中心地理论基础上的。由法国经济学家佩罗克斯在 20 世纪 50 年代提出来的增长极理论，即区域发展往往从一个点开始，增长极理论是不平衡发展理论的依据之一。哈格斯特朗等理论地理学家在 20 世纪六七十年代就证明类似物体空间相互作用原理，社会经济客体存在空间扩散和空间集聚两种倾向。这几个方面的理论是提出点-轴系统的科学基础。

陆大道指出，在国家各部门各地区有限的人力物力条件下，应该根据市场竞争原则投向最有利的区位。市场竞争的结果就是导致不平衡，但是可以通过点轴的充分发展带动周边区域，采用轴线延伸，逐步积累的渐进方针，随着国家和区域经济网络的逐步形成，可以实现从区域间的不平衡到较为平衡的发展。

点-轴系统理论的核心是关于区域的最佳结构与最佳发展的理论模式的概括。区域经济要取得最佳的发展，必须以点-轴系统理论对社会经济的客体进行组织。这个理论还回答了区域发展过程与地理格局之间的关系。点-轴系统理论反映了社会经济空间组织的客观规律，是最有效的国土开发和区域发展的空间结构模式。大量的区域经济发展实践已经证明了该理论的科学性。

3. 战略应用

近 30 年来，我国的"T"字型国土开发与经济布局的大框架，在我国国土资源开发中发挥了重要作用。"T"字型空间战略科学地反映了我国经济发展潜力的空间分布框架。这个战略使我国的生产力布局与交通运输、水土资源、城市依托和国内外市场实现了最佳的空间组合。我国国土开发的重点区域由海岸经济带和长江经济带两个"T"字型一级重点经济带组成，并在长江三角洲交会，长江经济带将成渝地区、武汉地区与海岸经济带联系起来，这种空间结构准确反映了我国国土资源、经济实力以及开发潜力的分布框架。"T"字型空间战略区域是现如今中国经济增长的主要部分和财政的主要来源。

1985—1987 年，陆大道参与由国家计划委员会组织的《全国国土总体规划纲要》（以下简称《纲要》）的制定工作。作为未来 15 年我国国土开发和经济布局基本框架的"T"字型空间战略被写进了《纲要》，经多次修改和 1986 年的省长会议讨论，《纲要》于 1987 年 3 月在全国试行。

随即点-轴系统理论和国土开发、经济布局的"T"字型空间战略，被写入 23 个省、自治区的国土规划以及诸多的地区性（包括县域）规划。由此，"T"字型空间战略和点-轴开发模式被大规模推广实施。许多地区都在宣传实施本地区的点-轴重点开发模式，集中开发建设各种类型的密集产业带。

点-轴系统理论和"T"字型空间战略在我国产生了重大影响和无法估量的经济效益，在相当程度上，使我国国土开发和经济布局模式得到了调整而走向科学化。国内著名学者及有关部门的领导桂世镛、魏礼群、刘江、孙尚清、魏后凯、白合金、王一鸣、徐国弟、王梦奎、李善同等在其著作中都强调了 21 世纪初我国继续实施"T"字型一级轴线的宏观空间战略的重要性。

4. 结语

陆大道长期从事经济地理学和国土开发、区域发展问题的研究，曾参与组织了多项国家级及地区级规划和战略的制定。陆大道最重要的理论创新和实践贡献是点-轴系统理论和"T"字型空间战略。点-轴系统理论已经成为区域经济和经济地理的经典理论，对我国社会经济发展起到极其重要的空间组织作用，产生了不可估量的社会经济效益。点-轴系统理论与"T"字型空间战略具有严谨的逻辑关联，一个是理论基础，一个是实践应用，已经成为一个不可分割的理论和实践的关系。

点-轴系统理论提出以来，在多学科、多领域中产生了广泛而深刻的影响，在区域国土开发和生产力布局、区域综合开发和发展规划以及区域旅游开发和规划中被广泛应用。

感兴趣的同学可以通过阅读课外书籍和文献等方式进一步了解点-轴系统理论与"T"字型空间战略，立足于家乡的现实状况，思考是否可以借用点-轴系统理论助力家乡发展，为家乡建设建言献策。

 国外地理人物（6）：

韦伯

韦伯是工业区位论的创立者，1909 年出版的《工业区位论》阐释了产业集群的现象。韦伯认为，产业集聚分为两个阶段。第一阶段是企业自身的简单规模扩张，从而引起产业集中化，这是产业集聚的低级阶段。第二阶段主要是靠大企业以完善的组织方式集中于某一地方，并引发更多的同类企业出现，这时，大规模生产的显著经济优势就是有效的地方性集聚效应。

韦伯出生在埃尔富特，在柏林长大，他父亲在柏林任市长。从少年时代起，他和哥哥就同在他们家作客的一些杰出的政治家、学者有过频繁的接触。韦伯在柏林大学学习，师承于古斯塔夫·施莫乐。韦伯被培养成一个纯理性的社会主义者，潜心钻研社会学理论。1895 年，韦伯获得柏林大学博士学位，四年后开始在柏林大学任教，讲授经济学。1904 年他转到了布拉格大学，1907 年

韦伯
（1868—1958 年）

到海德堡，他整个学术生涯都在那里度过。韦伯的主要著作有《工业区位论》《文化社会学的原则》《德意志和欧洲文化危机》《现代欧洲国家思想危机》《民主告终了吗》《作为文化社会学的文化史》《悲剧和历史》《告别欧洲史：虚无主义的征服》《文化社会学和历史原则》

《历史存在意义上的第三者、第四者》《社会学导论》等。

　　《工业区位论》是自杜能的《孤立国》出版以来用德文撰写的对经济理论最有独创性、意义最深远的著作。韦伯曾计划续写《工业区位论》的第二部，但一直没完成。在韦伯的早期著作中，他对社会学分析表现出极大兴趣，这后来成了他著作的核心。在《工业区位论》中，韦伯部分地接受了杜能的农业生产概念，并把这种概念改变成对一定发展和增长时期影响工业布局的因素分析。韦伯的研究是以对1860年以后的德国资料作的历史研究为依据的。他的工业区位论首先提出了一些有关分布条件的概念，后来又发展了有关交通运输和劳动的概念，最后又对聚落的规律进行了分析。按照这些规律，能够促进发展的社会因素不是经济理论的因素，就是社会历史的因素。很明显，这种工业区位论既不是纯粹的理论，也不是普遍的理论，因为这种理论和特殊资源、能源的联系太密切，而那些特殊资源在过去已发生了人们无法预料的变化，将来这种变化还要重演。韦伯的理论可用来指导发展中国家的工业合理布局。

　　第一次世界大战期间，韦伯的兴趣逐渐转移到社会学，而当时知识界对社会学并没有给予应有的重视。韦伯在这一领域成果丰硕，出版了一系列颇有影响的著作。1933年，韦伯被迫退休，在同纳粹斗争了几年以后，韦伯就生活在完全孤立的圈子里，但一直坚持写作。纳粹垮台后，韦伯已近80岁高龄，他又开始讲课，在他去世前的13年里，这位"海德堡的德高望重的老人"影响相当大，作为一个政治家，他受到人们的尊敬；作为一个学者，他特别受到领导人的尊敬。在他生命的最后十多年里，韦伯出版了《告别欧洲史：虚无主义的征服》等著作。

　　韦伯的认识比斯宾格勒和汤恩比都深刻。他熟悉人类的多变性，对全部人类文化有更深刻的理解。但韦伯的创造力和对直观的信念，使得他的著作更像一部艺术作品，而不像科学著作，他将著作同德国及所处时代的情感、哲学信仰联系在一起。

 国内地理人物（6）：

陆大道

　　陆大道是中国科学院院士、经济地理学家、区域经济学家。他于1940年生于安徽桐城，1963年毕业于北京大学地质地理系，1966年于中国科学院地理研究所获得硕士学位，1980—1982年在原联邦德国波鸿鲁尔大学做访问学者，1992—1993年在德国不来梅大学和波鸿鲁尔大学任客座教授，1997—1999年任中国科学院地理研究所所长。

陆大道
（1940—　）

　　陆大道长期从事经济地理学和国土开发、区域发展问题研究，尤其是工业布局影响因素的评价，初步建立了我国工业地理学的理论体系。一方面，在生产力布局、工业地理、国土开发、区域发展领域完成了大量全国性和地区性研究任务；另一方面，在区位论、空间结构理论等方面对我国经济地理学和区域发展研究的学科理论建设做出了重要贡献。陆大道参与了《全国国土总体规划纲要》《环渤海地区经济发展规划》等多项国家级及地区级规划的制订和战略研究。20世纪80年代中期，他提出了点-轴系统理论和我国国土开发和区域发展的"T"字型空间战略，即以海岸地带和长江沿岸作为今后几十年我国国土开发和经济布局的一级轴线的战略，被国家所采纳，并获得学术界的广泛引用和推崇。近年来，他对我国区域发展、地区差距和区域可持续发展进行了大量实证性和理论研究。

思 考 题

1. 随着我国城镇化的不断发展，乡村空心化问题日趋严重，请思考如何应对这一问题？
2. 农村的生活垃圾越来越多，你有什么好办法解决农村垃圾污染问题？
3. 你家乡所在的城市堵车问题严重吗？请思考其堵车的原因及治理对策。
4. 农村非农化现象越来越明显，请思考农村非农化的利弊。

第7章 地理信息科学

小明游衡山

小明是个典型的"低头族"，工作和生活已经越来越离不开手机等移动设备。小明这周末打算从长沙出发自驾去南岳衡山游玩，平时很宅的他，怎么借助手机完成两天的自驾游呢？

出发前，小明打开手机中的美团 App，根据距离景点远近、人气、评价等筛选条件，很快就确定了晚上入住的酒店和想去品尝的美食。出发后，不熟悉路况的小明通过使用车载导航轻松查询出到达衡山的最佳路径，并借助车载导航在行进过程中实时定位和指引路线（图 7-1）。最终，小明顺利到达衡山，享受了美好的南岳之旅。小明完满的南岳之旅得益于现在日益便捷的地图服务。

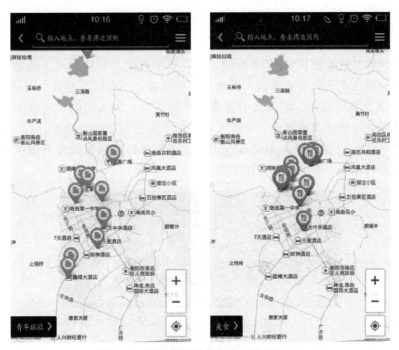

图 7-1 查询最近的兴趣点（美团 App）

随着智能手机的普及和移动互联网时代的到来，基于移动终端定位数据的应用迅猛发展。与此同时，以车载导航（图 7-2）为典型代表，依托于定位信息的地图服务日益深入人们的日常生活，这是 3S 技术应用的一个典型方面。从用户层面上来看，涉及地理信息的可视化、空间查询、网络分析、实时定位和导航等方面。

图 7 - 2　车载导航

7.1　地图的演变与 3S 技术

　　除非你能回答"它在哪里？"这个问题，否则即使你把世界描述得再清楚，也是没有多大价值的。而地图在不同的历史阶段，借助不同的媒介，不断回答着这个问题。

　　16 世纪，大地测量出现、印刷技术和质量不断提高，为大比例尺地形图的测绘和批量印刷奠定了基础，印刷的纸质地图不断普及，人们不再受制于手绘地图。20 世纪中期以后，纸质地图（图 7 - 3）已经普及，不仅政府决策、军事布局等国家大事有图可循，居民出行等生活琐事也都可以借助纸质地图按图索骥。

图 7 - 3　纸质地图

1. 纸质地图的困境

纸质地图虽然极大程度地方便了人们的生产与生活，但是，随着社会的发展，它的缺陷也日益明显。

(1) 纸质地图的内容及其详略程度存在着很大的局限性

在盘综错杂的地理信息中，纸质地图包含的信息力求全面，但碍于图面的负载量有限。因此，纸质地图只能按照系统性和规范性的原则，选择性地表达地图内容。更为重要的是，纸质地图一经印发，其内容是无法随时进行修改和更新的，所以很难满足不同使用者的地理信息需求。

(2) 纸质地图比例尺和图幅大小是有限定的

传统纸质地图的生产、管理和使用都是分开的。因此，一幅地图的比例尺是固定的、不可修改的，若要满足不同使用者的需求，则需要按比例大小进行分幅制作与印刷。

(3) 纸质地图更新周期长、信息现势性较差

纸质地图出版后往往要经过一段时间才能进行修订、再版或重编，且由于数据获取方法的局限性以及人力、物力、财力等多方面原因，修订、再版或重编的时间比较长（一般地图集至少需要 1 年，更多是 5 年以上）。而这期间制图区已发生了日新月异的变化，这使得纸质地图更新速度落后于现实世界中地理信息的更新速度，从而造成了纸质地图信息滞后、信息现势性差的情况。当手中的地图信息更新滞后时，就会出现图 7-4 中纸质地图与现实地物不符的情况。

因此，随着多波段图像和卫星遥感（RS）技术的突破，地面自动观测站网络的建立，以及在计算机技术支持下的遥感图像处理、数据库、地理信息系统（GIS）等技术的发展，从技术层面上对地球空间信息的采集精度和采集效率不断提高，地图数据更新周期缩短且地图信息更加丰富。而传统纸质地图与生俱来的缺陷却严重束缚了信息的传播和共享的速度。在这样的大背景下，纸质地图陷入困境，亟须摆脱纸质"围墙"的束缚，使人们可以享用技术革新带来的实时、高精度、大信息载荷的地理信息。

2. 3S 技术支持下的地图现代化

20 世纪末，地图开始进入数字时代，数字化电子地图不仅可以按比例进行放大、缩小或旋转，还具有实时修改、信息检索、移向分析、模拟、设计预测和线路导航等多种功能，实现制作、管理、阅读和使用一体化，而这些都不会影响原有地图的显示效果。在这样的形势下，传统的纸质地图日渐式微，BBC 于 2012 年在 *Why modern maps put everyone at the centre of the world* 一文中甚至说：对于多数 25 岁以下的人来说，恐怕很难记得上一次拿着纸质地图的感觉了。

这一变革要得益于 3S 技术集成的支撑，以及以互联网、移动终端为媒介的信息传播方式的普及。曾经，知道自己身在何处一直是人们好奇的事情，而随着电子导航地图（图 7-5)的不断普及，迷路的可能性越来越小了。例如，在北京这种大型并且处于快速城镇化的城市，要在纸质地图中查找一个街名、地名是很难的，而带着纸质地图去找到一个地方更是不易；但是有了电子导航地图，出门时只需要在"公交换乘"输入出发地和目的地的地名，电子导航地图就为用户提供多种乘车方案，用户还可在行进过程中实时查看自己的位置。开车时，车载导航地图可以实时引路，司机根本不用思考该怎么走，便可很快到达目的地。

图 7-4 纸质地图与现实地物不符的情况

图 7-5 电子导航地图

现在，地图公司与人们的日常生活更为紧密地结合起来，可为用户提供道路通畅度、定位点周边天气状况等一切与交通、地点、定位有关的信息查询服务。在 3S 技术支撑下，地图现代化向着越发便捷的地图服务的方向发展。

7.2 3S 技术的基本理论与方法

由于人类的活动几乎都与位置有关，3S 技术已经越来越深入人们的生产和生活中。测量学、地理信息系统、遥感已成为地理学的重要技术学科，那么它们涉及的基本概念和方法（技术）有哪些呢？

1. 测量学

测量学是研究如何对地球上各种自然和人造物体的空间信息（与地理空间分布有关的信息）进行采集、处理、管理、更新和利用的科学。简而言之，测量学就是研究地球的形状、大小以及确定地面点形状和位置的科学。

按研究内容和研究对象，测绘学包括大地测量学、摄影测量与遥感学、工程测量学、海洋测绘学和地图制图学等分支学科。

（1）大地测量学

大地测量学是建立国家大地控制网并研究和测定地球形状、大小、重力场和地面点形状、几何位置及其变化的理论、技术和方法的一门学科。解决大地测量学所提出的任务有三种方法：几何法、物理法、卫星法。随着 20 世纪 50 年代末人造地球卫星出现以及人类社会对测量精度和速度要求的提高，出现了卫星法，所以大地测量学包括几何大地测量学、物理大地测量学和卫星大地测量学 3 个主要分支学科。卫星大地测量使得传统大地测量由地球表面扩展到空间星球，由静态测量发展到动态测量。

（2）摄影测量与遥感学

摄影测量学是通过研究摄影像片和辐射能等手段获取的影像数据，从中提取物体的形状、大小和位置的模拟形式或数字形式，并用图形、图像和数字形式表达的一门学科。由于现代航天技术和电子计算机技术的发展，当代遥感技术可以提供比光学摄影所获得的黑白相片更丰富的影像信息，因此在摄影测量学中引进遥感技术，促使摄影测量学发展成为摄影测量与遥感学。

（3）工程测量学

工程测量学是研究工程建设和自然资源开发的各个阶段进行测量精度控制、地形测绘、施工放样和变形监测的理论和技术的学科，是测量学在国民经济建设中的直接应用，因此它包括规划设计阶段的测量、施工阶段的测量和竣工后运营管理阶段的测量。每个阶段测量工作的重点和要求各不相同。

（4）海洋测绘学

海洋测绘学是以海洋水体和海底等为对象进行测量的总称，主要包括海道测量、海洋大地测量、海底地形测量、海洋专题测量以及航海图、海底地形图、各种海洋专题图和海洋图集等的编制。

（5）地图制图学

地图制图学是研究模拟和数字地图的基础理论、设计、编绘、复制的技术方法及应用的学科，是用地图图形反映自然界和人类社会各种现象的空间分布、相互联系及其动态变化。测量学的研究结果主要是地图，地图的演变及其制作方法的进步是测量学发展的重要标志。

测量是人类社会了解地球空间信息的基础，被各个领域所需要，于是产生了地籍测绘、房产测绘、海洋测绘、行政区域界线测绘等不同的测量体系。因应用领域的不同，测量任务、规范和实施过程也有所不同。但测量的基本工作无外乎是水准测量、角度测量和距离测量 3 个部分，这 3 个部分是"测量学"课程的基本内容。

① 水准测量

水准测量是测定地面点高程最常用的方法。水准测量是利用一个能提供一条水平视线的仪器（常用仪器为水准仪）测定未知点高程的一种测量方法。其工作原理如下（图 7-6）。

$$h_{AB} = H_B - H_A$$
$$H_B = H_A + h_{AB}$$

显然，当点 A 的高程 H_A 已知时，若能测出点 A 至点 B 的高差 h_{AB}，则点 B 高程 H_B 即可求得。

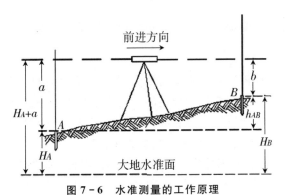

图 7-6　水准测量的工作原理

② 角度测量

角度测量是为了测定角度，以确定地面点位置。角度测量包括水平角测量和竖直角测量。水平角测量测定的是一点至两目标的连线垂直投影到水平面的夹角；而在同一竖直面内，对一点与一目标的连线与水平面间夹角的测定为竖直角测量（图 7-7）。经纬仪就是根据上述两种角度的测量原理设计的测角仪器。

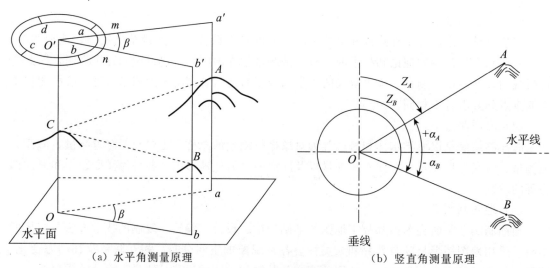

(a) 水平角测量原理　　　　　　　　　(b) 竖直角测量原理

图 7 - 7　角度测量原理

③ 距离测量

距离测量是测量的最基本工作，是借助钢尺、皮尺和测绳等丈量工具直接或间接地获取地面上两点间水平距离的测量工作。

常用的距离测量方法包括普通距离测量、视距测量和光电测距，每种量测方法都有其自身的特点。

a. 普通距离量测就是利用钢尺直接或间接地测量距离，测量结果精度高。但对于工作量大的测量任务，钢尺测量距离耗时较长，因而常用于小范围、小工作量的距离测量工作。

b. 视距测量是根据三角学和几何光学原理，利用仪器望远镜内视距装置及视距尺同时测定两点的水平距离和高差。所用的仪器主要是经纬仪、测距尺，而测距尺一般用水准标尺代替。视距测量操作简便、速度快，因而在碎步测量中应用广泛，但精度相对较低。

c. 20 世纪 60 年代出现了光电测距，是以可见光、红外光为载波体的先进测距技术。其体积小、测程远、精度高、受地形影响小，被广泛应用于生产实践中。

2. 遥感

遥感通常是指通过某种传感器，在不与研究对象直接接触的情况下，获得其特征信息，并对这些信息进行提取、加工、表达和应用的一门科学技术。遥感技术实现了地表信息的动态、周期性获取，为地图更新以及自然、人文等地理信息动态监测提供了实时、快速的数据来源，成为地理研究以及 3S 技术应用重要的数据来源。

遥感系统包括遥感平台、数据接收、数据控制、数据处理和数据管理五大部分（图 7-8）。遥感学科的理论知识主要围绕着遥感影像数据获取原理、遥感图像处理及其信息提取展开的。

（1）遥感探测原理——电磁辐射与地物光谱特征

电磁辐射的概念来源于物理学。在近代物理中，电磁波又称为电磁辐射，是指当电磁振荡进入空间并激发涡旋磁场，使电磁振荡在空间传播。实际上，任何物体都是辐射源，不仅能够吸收其他物体的辐射，还能向外辐射，只是辐射强度和波长不同而已。因此，遥感探测实际上就是辐射强度和波长的测定和判断。

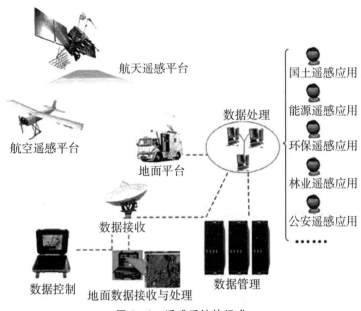

图 7-8　遥感系统的组成

地物反射波谱特征是指地物反射率随波长的变化规律和特征。太阳辐射也就是太阳光，是被动遥感中最主要的辐射源，地物发出的波谱主要以反射太阳辐射为主。不同地物因其反射率不同，地物反射波谱曲线便不同；而同一地物的反射率虽相同，但在不同内部结构和外部条件的影响下，其反射波谱曲线亦不同，呈现一定的规律性。这种地物的反射率随波长变化有规律可循的特征，为遥感影像判读提供了依据，其正是利用遥感影像反演地物特征的原理。图 7-9 所示为健康、轻度病害、重度病害三种不同状态下，植物的反射波谱曲线。

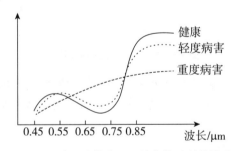

图 7-9　三种不同状态下，植物的反射波谱曲线

（2）遥感数据

通过遥感技术获取的数据就是遥感数据。搭载传感器的工具称为遥感平台，遥感数据依据遥感平台的不同而产生差别。根据运载工具的类型，遥感平台分为航天遥感平台、航空遥感平台和地面平台三种。航天遥感平台根据服务内容可分为气象卫星遥感、陆地卫星遥感和海洋卫星遥感。因此，常见的遥感数据类型有航空遥感数据、气象卫星遥感数据、陆地卫星遥感数据、海洋卫星遥感数据等。

不同遥感平台所获得的遥感数据有其不同的特点和应用领域。陆地卫星是航天遥感中应用最广、最深入的卫星系列，其应用涉及地学和社会经济的各个领域。气象卫星成像面积大且其高轨卫星相对地球静止，使得气象卫星遥感数据具有较高的时间分辨率、实时性强、成本低，有助于对地面快速变化的动态监测，适宜用于天气分析、气候研究和火灾、水污染等资源环境监测。因海洋面积大、反射强等特点，海洋卫星以微波为主，并与声波结合，进行大面积同步观测，这使得海洋卫星数据成为研究海面形态、海面温度、风场等数据的重要途径。

如何评价遥感图像的质量呢？对遥感图像进行解译时，我们要从图像中获取目标地物大小、形状及空间分布特征、属性特征、变化动态特征三方面信息。因此，我们从几何特征（空间分辨率）、物理特征（光谱分辨率）和时间特征（时间分辨率）三方面来评价一幅遥感图像。

（3）遥感图像处理

在对遥感图像进行分析、判读之前，我们需要对遥感图像进行一定的处理，主要包括光学处理、数字图像校正、数字图像增强等方法。

光学处理就是用光学方法处理遥感图像，使其有用的信息更加突出，更适合目视判读，这是遥感数据处理的重要方法之一。

数字图像校正是改变在遥感图像获取过程中产生的几何位置的错误（几何畸变）和辐射强度值的错误（辐射畸变）。因此，数字图像校正分为几何校正（图 7-10）和辐射校正两种类型。

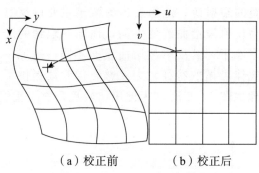

（a）校正前　　　　（b）校正后

图 7-10　几何校正的前后对比

数字图像增强是当一幅图像的目视效果达不到解译要求或有用的信息不够突出时，对图像进行的增强处理。常用的方法有对比度变换、空间滤波、彩色变换、图像运算、多光谱变换等。

（4）遥感数据的信息提取

从遥感数据中获取目标地物信息的过程称为遥感图像解译。遥感图像解译通常分为目视解译和计算机解译两种。

目视解译又称目视判读，是专业人员通过直接观察或借助辅助判读仪器在遥感图像上获取目标地物信息的过程。它是地学研究和遥感应用中的一项基本技能。遥感图像处理和遥感图像计算机解译的结果，均需要运用目视解译进行抽样检验。从这点来看，目视解译是遥感图像计算机解译发展的基础和起始点。

计算机解译又称遥感图像理解。它是将模式识别技术与人工智能相结合，让计算机根据遥感图像中目标地物的解译经验和成像规律等知识进行分析和推理，实现对遥感图像的理解，从而完成遥感图像的解译。可见，计算机解译的过程就是计算机理解遥感图像原理的过程。

3. 地理信息系统

地理信息系统（Geographic information system，GIS）是研究地理信息采集、存储、管理、分析、显示、传播与应用，即研究地理信息流的产生、传输和转化规律的技术系统。因其用数字形式来表述空间实体，GIS 被誉为地学的第三代语言。

GIS 课程主要培养的是空间数据的采集、编辑与处理、存储与管理、分析与可视化这几个方面的基本理论、基本知识和基本技能，具体理论框架体系如下。

（1）地理空间数据

数据是人类在认识世界及改造世界的过程中，描述事物的直接或间接的原始资料。而地理空间数据则是数据的一种特殊类型，是指以地球表面空间位置为参考，对各种地理特征和现象间关系的数字化表示，包括地理要素的空间位置、属性特征及时域特征等。

地理空间数据类型丰富，包括地图数据、影像数据、实测数据等，也可以是图像、文字等（图 7－11）。地理空间数据是 GIS 所表达的现实世界经过模型抽象的实质性内容，也是GIS 完成数据管理及各种分析应用的基础。

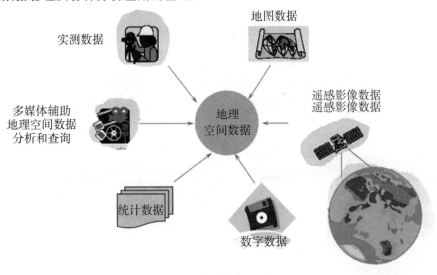

图 7－11　地理空间数据

地理空间数据包括空间位置数据、空间关系数据、属性数据三种互相联系的数据类型。不同类型的地理空间数据的用途、采集方法、精度都不同，各有其应用范畴。其中，空间位置数据标识的是空间对象在某个已知坐标系中的地理位置；空间关系数据是指地理空间对象间相互作用的关系，主要有拓扑空间关系、顺序空间关系和度量空间关系等；属性数据表示的是与地理对象相联系和对应的地理变量或地理意义。

① 地球空间参考。GIS 所处理的空间数据代表的是地球表面的空间要素，而要想将现实世界与数字化的地球表面相对应，前提是要解决地球的空间定位与数学描述，即建立地球空间参考。GIS 的一个最基本的原则是在一起使用的地理空间数据层必须是基于相同的空间参考才可以进行空间分析。

地球空间参考包括地球的几何模型及在此基础上建立的坐标系统。其中，地球表面的几何模型分为地球自然表面、大地水准面、地球椭球面、地球数学表面 4 种类型（图 7-12）；坐标系统通常分为球面坐标系统和平面坐标系统（投影坐标系统）。

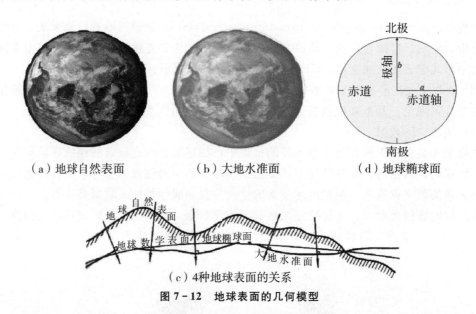

（a）地球自然表面　　　　（b）大地水准面　　　　（d）地球椭球面

（c）4种地球表面的关系

图 7-12　地球表面的几何模型

② 地理空间数据模型。GIS 面对的是错综复杂的地理事物和现象，要处理的信息以数字、文字、符号、图像等多种形式存在。因此，在我们对现实世界进行抽象形成地理空间数据的过程中，建立了地理空间数据的数据模型。常用的空间数据模型有矢量数据模型和栅格数据模型（图 7-13）。

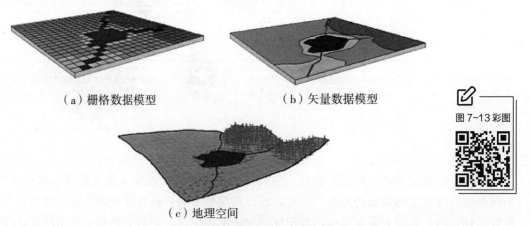

（a）栅格数据模型　　　　（b）矢量数据模型

图 7-13 彩图

（c）地理空间

图 7-13　矢量数据模型与栅格数据模型

矢量数据模型是将空间要素作为不连续的几何对象来看待，适用于用要素模型来抽象表达空间对象。该模型最终通过记录坐标的方式来表示点、线、面等地理实体。在矢量数据模型中，点用一对空间坐标表示，在二维空间中表达为 (x, y)；线由一串坐标对组成，即 (x_1, y_1)，(x_2, y_2) … (x_n, y_n)；面由闭合的边界线表示，即首尾相接的坐标串 (x_1, y_1)，(x_2, y_2) … (x_n, y_n)，(x_1, y_1)。矢量数据模型具有位置明显、属性隐含的特征。

栅格数据模型是用一个具有不同灰度或颜色的、规则或不规则的格网阵列来描述空间对象的位置和取值。格网由行、列、格网单元及格网单元的值 4 个部分组成，我们常称一个格网单元为"像元 Pixel"。其中，空间对象的位置信息隐含在格网的行、列，行作为 y 坐标，列作为 x 坐标，像元地理空间坐标即由行、列位置定义；而空间对象的特征记录于像元的灰度值中。栅格数据模型中，每个图层中像元大小是一致的，而像元大小决定了栅格数据模型的空间分辨率。实质上，栅格数据模型是将连续空间离散化，将空间进行格网矩阵的划分，适宜用场模型抽象表达空间对象，具有位置隐含、属性明显的特征。

（2）空间数据采集与处理

空间数据的准确、高效获取是 GIS 平稳运行的基础。GIS 中的数据采集与处理主要完成空间数据的获取并保证数据在内容与空间上的完整性、数值逻辑一致性与正确性等。

因 GIS 的数据源类型繁多，不同的数据源有不同的采集与处理方法，但总体流程包括数据源选择、采集方法确定、数据编辑与处理、质量控制与评价、数据入库 5 个部分，如图 7 – 14 所示。

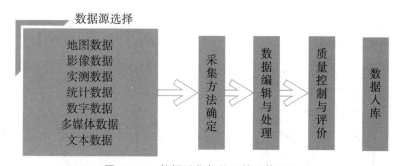

图 7 – 14　数据采集与处理的总体流程

空间数据的采集方法要根据所选数据源的特征来确定，数据采集方法主要有扫描数字化、野外采集、摄影测量、遥感数据处理、数据交换、键盘输入等（图 7 – 15）。

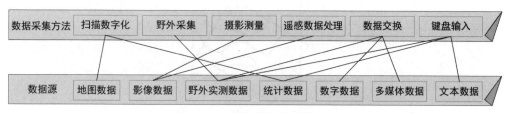

图 7 – 15　空间数据的采集方法

以扫描数字化为例，地图扫描处理的数字化过程如图 7 – 16 所示。受仪器大小的限制，扫描仪可扫描图面往往小于地图幅面，因此首先要将地图进行分块扫描，并在扫描后进行拼接；在对扫描图进行矢量化之前，会遇到内存或显示分辨率超出存储终端的处理限制的情况，这时候需要对扫描图进行归一化的矩形裁剪。在对扫描图进行矢量化后，生成便于编辑处理的矢量地图，对这些矢量图进行合成，从而得到一个完整的矢量电子地图。

（3）空间数据处理方法

各种方法所采集的原始空间数据和属性数据都不可避免地存在着误差或错误，所以对地理空间数据和其属性信息进行检查和处理是很有必要的。根据实际需要和数据质量，所采取的数据处理方法不尽相同，常用的数据处理方法包括坐标变换、图形/影像拼接等。

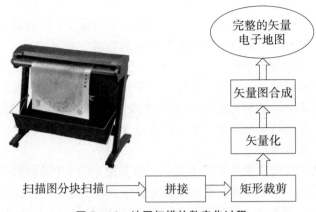

图7-16　地图扫描的数字化过程

① 坐标变换。由于原始坐标系统错误、应空间分析或管理的要求，常需要将现有空间参考系统变换为另一种空间参考系统。坐标变换的实质是建立两个空间参考系统之间点的对应关系。常用的坐标变换方法包括投影变换、仿射变换、相似变换等。三种基本的变换操作包括平移、比例缩放和旋转（图7-17）。

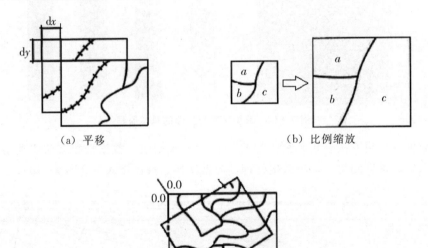

图7-17　三种基本的相似变换操作

② 图形/影像拼接。根据 GIS 数据管理及分析的需要，对于将研究区域分多个图幅获取的情况，我们需要对图幅进行拼接。比如地图扫描数字化时，由于图幅太大或仪器幅面较小，难以完成研究区域整幅地图的扫描，就需要将整个图幅划分成几个部分分别扫描，待扫描完成后再进行图形/影像拼接（图7-18），遥感影像的获取和共享亦是如此。

（4）空间数据存储与管理

GIS 空间数据因其惊人的数量和空间上的复杂性，使得数据的存储与管理成为 GIS 的核心工作。空间数据的管理既是数据处理、分析及输出的资料提供者，也是这些过程结果的归宿。在这些过程中有两个重要的概念。

图 7 - 18　两幅影像的拼接

① 空间数据库。数据库是存储在计算机内的长期的、有组织的、可共享的数据集合。而空间数据库是某一区域内关于一定地理要素特征的数据集合，不仅具有数据库的数据性质，还有大量的用于描述地理要素位置及特征现象的空间数据。

② 空间索引。当区域内的数据录入计算机并建立空间数据库后，得到一个包括空间数据、属性数据、关系数据等类型繁多、数量庞大的数据库，那么如何高效、正确地完成 GIS 的空间查询与分析是数据管理阶段需要完成的重要任务。由此，我们建立了空间索引这种辅助性的空间数据结构。空间索引是指依据空间对象的位置和形状或空间对象间的某种空间关系按照一定的顺序排列的一种数据结构。空间索引介于空间操作与数据之间，用于完成操作对象的筛选以提高空间操作的速度和效率。

空间索引的优劣将直接影响空间数据库和 GIS 的整体性能。代表性的空间索引方法有对象范围索引、格网索引、BSP 树、R 树、R＋树、四叉树等。

（5）空间分析

空间分析是从空间数据中获取有关地理空间本身的特征、分布形态和时空演化过程等信息的技术，是 GIS 的核心功能，也是 GIS 与其他计算机系统的根本区别。GIS 基本的空间分析包括空间数据查询、缓冲区分析、叠置分析、空间插值。

① 空间数据查询。空间分析始于空间数据查询，空间数据查询是空间分析的基础。空间数据查询就是按查询的属性约束条件或空间约束条件从空间数据库中查找所有满足要求的地理对象。空间数据查询的基础便是空间索引的建立，查询方式主要有"按属性查询"和"按图形查询"两大类。空间数据查询是 GIS 以及其他自动化地理数据处理系统应具备的最基本的功能。

② 缓冲区分析。缓冲区分析是研究空间实体或特征的影响范围或服务范围的方法。从实现角度来看，缓冲区分析依据空间实体或特征及其邻域大小，自动在周围一定宽度范围内建立的缓冲区多边形，从而实现研究对象的影响范围或服务范围。因此，围绕点形成的缓冲区是指定邻域半径的圆形缓冲区；围绕线形成的缓冲区是一系列与线走势相同的缓冲带；围绕多边形的缓冲区是由多边形边界向外延伸的缓冲带。

图 7 - 19 所示是研究区域服务设施的缓冲区示意图，图中蓝色区域为服务设施点 2000m

半径内的服务范围，红色区域是半径为 2000～4000m 时服务设施点的服务范围。

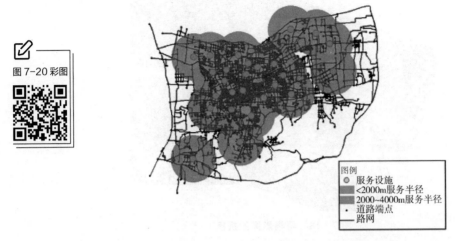

图 7-20 彩图

图 7 - 19　研究区域服务设施的缓冲区示意图

③叠置分析。叠置分析是 GIS 中最常用的提取空间隐含信息的方法之一。它是将两幅或多幅相同区域有重叠且空间参考系统相同的数据图层产生一个新的数据图层的操作。叠置分析不仅可以生成新的空间关系，还可以产生新的属性关系，而具体叠置结果可按分析需要进行规则的设定。ArcGIS 中常用的三种地图叠置分析工具是 Union（联合）（图 7 - 20）、Intersect（相交）、Identity（标识）。

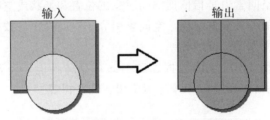

图 7 - 20　两幅数据图层的 Union 叠置分析

④空间插值。空间插值是用已知点的数值来估算其他未知点数值的过程，常用于将离散点数据通过数据估算得到连续的数据曲面，以便与其他空间分布模式进行比较与分析。空间插值方法和类型有很多，常用的空间插值方法有：趋势面分析、反距离权重插值、样条函数插值、克里金插值等。

（6）地理信息可视化

可视化是利用计算机图形学和图像处理技术将大量非直观的、抽象的或者不可见的数据以图形图像信息的形式，直观形象地表达出来，从而完成对数据的探索和分析。地理信息可视化是可视化与传统地图学的相互作用和融合，是关于地理空间信息及其规律的视觉表达及分析。

GIS 中的地理信息可视化从表现形式上有地图（图形）、多媒体、虚拟现实等；从空间维数上来分，有二维可视化、三维可视化、多维可视化等。地图是空间信息可视化最主要和最常用的表现形式，是 GIS 的界面和操作的对象，也是 GIS 操作的结果形式之一。从历史发展的角度来看，GIS 脱胎于地图，是地图信息新的载体形式。

图 7-21 所示是地理信息可视化中的几种常见表现形式，包括专题地图、影像地图、地形图、三维虚拟图等。

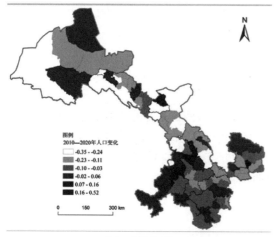

（a）专题地图

（b）影像地图

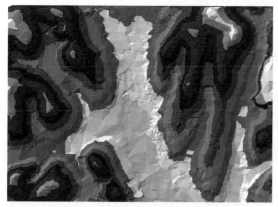

（c）地形图

（d）三维虚拟图

图 7-21　地理信息可视化中的几种常见表现形式

4. 全球定位系统

全球定位系统（Global Positioning System，GPS）是利用人造地球卫星进行点位测量导航技术的一种。GPS 是地理科学专业的非必修课内容，只需要了解基本的 GPS 知识及其典型应用即可。

（1）定位和导航的概念

定位是测量和表达某一空间对象或事件发生在什么空间位置的理论和技术，也就是实时地回答"where?"这个问题。

导航是指运动目标（通常是指运载工具如飞船、飞机、船舶、汽车、运载武器等）的实时动态定位和包括航向、纵摇、横摇三个角度的姿态的确定。

对定位的需求自古有之，才出现了像司南、记里鼓车、规、矩这样的古代定位仪器。但直到 1957 年 10 月苏联发射的人类第一颗人造卫星，人们在探测其位置时记录它的无线电信号，发现了卫星无线电信号的多普勒频率变化，提出了卫星定位的初步概念，从此，人类进入了卫星定位时代。

（2）GPS的工作原理

GPS的工作原理是利用在空间飞行的卫星不断向地面监控站发送某种频率并加载了某些特殊定位信息的无线电信号来实现定位测量的定位系统。GPS（图7-22）所示GPS工作原理是利用测距交会确定点位的，系统包括三大部分。

① 空间部分——卫星。其用于向地面发送某种时间信号、测距信号和卫星瞬时的坐标位置信号。

② 地面监控部分——监控站。它通过接收上述信号来精确测定卫星的轨道坐标、时钟差异，发现其运转是否正常，并向卫星注入新的卫星轨道坐标，进行必要的卫星轨道纠正等。

③ 用户设备部分——GPS信号接收机。它通过卫星无线电信号接收机接收监控站发送的多种信号并进行处理计算，从而最终确定用户的位置。

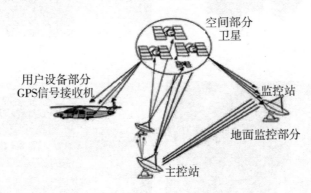

图 7-22 GPS 工作原理

现有的卫星导航定位系统有美国的全球卫星定位系统（GPS）、俄罗斯的全球卫星定位系统（Global Navigation Satellite System，GLONASS）、中国北斗卫星导航系统（BeiDou Navigation Satellite System，BDS）以及欧洲伽利略卫星导航系统（Galileo Satellite Navigation System，GSNS）等。

（3）GPS应用

GPS作为实时提供空间定位数据的系统，能够以不同的定位定时精度实现目标点的精确定位、准确定时测速和动态监控导航等功能，定位精度可从几毫米到几十米不等，定位时间响应最快可达到0.05s，从而满足不同定位定时精度的需求。这些优良的特性，使得GPS有广泛的应用性。

① GPS精密定位在地球板块运动研究中的应用。GPS在几十千米到数千千米内能以毫米级和亚厘米级精度水平测量大陆地块的位移。目前，全球GPS地球动力学服务机构通过国际合作在全球各大海洋和陆地板块上布设了200多个GPS观测基准站，连续对地块进行精密定位，测定各大板块的相互运动速率，以确定全球板块运动模型，并用来研究板块的短时间运动规律，从而为预测地震灾害提供必要的数据支撑。

② 动物跟踪。动物跟踪是GPS一个非常有趣的应用。如今，GPS硬件越来越小，可做到一粒纽扣大小，将这些迷你型的GPS装置安置到动物身上，可实现对动物的动态跟踪，

研究动物的生活规律，比如鸟类迁徙等，为生物学家研究各种陆地生物的相关信息提供了一种有效的手段。

5. 3S 集成——"一个大脑，两只眼睛"

3S 集成就是将 RS、GIS、GPS 综合运用，取长补短，形成"一个大脑，两只眼睛"的框架。

"一个大脑"是 GIS 这一强大的空间数据处理、管理及分析系统，"两只眼睛"则是 GPS、RS 两大对地观测工具。GIS 在 3S 集成中提供空间数据处理、管理、分析及可视化功能；RS 提供 GIS 数据库实时、高效的数据源，并获取地面高程，更新 GIS 中的高程数据；GPS 负责实时、连续地提供地球表面目标点的经纬度与高程，为精确定位和准确定时测速提供技术支持。

3S 集成为人们定时、定位、定性和定量地获取、处理、分析空间对象相关的特性、分布及演变等多方面信息提供了可能，成为科学研究、政府管理和社会生产的一种全新的观测手段、描述语言和思维工具。

7.3　3S 技术的应用及典型案例

1. 地理国情监测

地理国情监测就是从地理的角度，采用空间化的方法，对与地理相关的自然要素和人文要素的国情进行持续观测并对观测结果进行描述、分析、预测和可视化的过程。它是提高宏观调控科学性的需要，也是科学、准确、及时地掌握国情、国力的重要手段。地理国情监测强调的是摆脱原有的地理信息数据的静态特征，对自然与社会经济信息进行连续、动态、全面的信息采集与分析。

地理国情监测的内容包括地貌、土地利用、大气污染、自然灾害等自然国情地理信息（图 7 - 23）以及交通、土地利用、主体功能区划等人文地理国情信息的普查、资源管理、灾害监测预警和损失估计（图 7 - 24）。

地理国情监测开展的基础是运用测量学、RS、GPS 等技术手段，对地形、水系、湿地、冰川、沙漠、地表形态、地表覆盖、道路、城镇等要素进行动态、定量、三维、连续的测绘。然后根据以上测绘成果，运用 GIS 技术统计分析其变化量、变化频率、分布特征、地域差异、变化趋势等，形成反映各类资源、环境、生态等要素的空间分布及其变化的地理信息数据，从地理空间的角度，客观、动态地综合展示国情、国力。

2. 文化遗产数字化探测、研究与保护

文化遗产是人类历史信息的载体，是不可替代的宝贵资源。而今，文化遗产受到了不同形式的自然侵蚀和人为损毁，亟须借助现今发达的信息化手段进行数字化研究与保护，而这也是 3S 技术的另一个典型应用。文化遗产数字化研究与保护涉及文化遗产的专题制图、信息化数据管理、三维重建与虚拟修复、多平台的交互式展示等方面，是一项利用测绘技术、遥感技术、计算机技术、虚拟现实技术等多学科综合的复杂过程。

（1）遥感技术的应用

对于保存于地表或地表下的古代遗迹来说，传统的田野考古探测可依据的特征信息是微乎其微的。但地表或地表下的人工建造的古代遗迹在土壤、水分、地表温度等方面都传递出

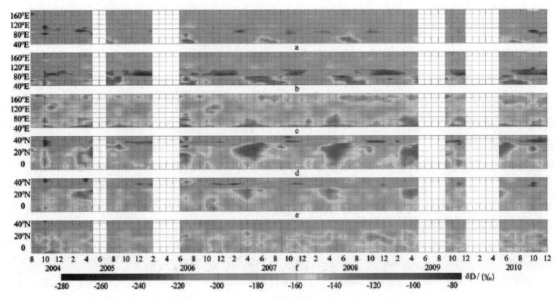

图 7 - 23　亚洲大气水汽中 δD 随时间的变化监测结果（黄一民，2014）

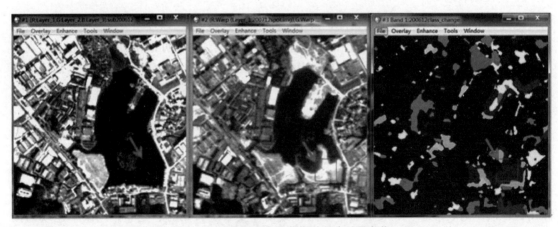

图 7 - 24　利用遥感图像监测土地利用变化

与周围地物不同的光谱辐射信息。而多源、多平台的遥感探测方法具有穿透探测能力强、覆盖范围广、时空分辨率高、光谱范围大等特征，这使得其在考古探测方面具有独特的优势。

图7-23 彩图

在文化遗产数字化研究和保护方面，高分辨率的卫星遥感图像和航空照片是大比例尺制图、3D可视研究、立体分析与表达等功能实现的主要数据源和技术手段。

（2）现代测量技术的应用

图7-24 彩图

对于已发掘或发现的文化遗产，尤其是古文物和古建筑，对其内外景观特征的精细数字化是文化遗产可持续保护的重要技术手段。其中，近景摄影测量技术以及影像间的匹配可快速重建三维模型；三维激光扫描设备采集的高精度彩色点云可直接作为文化遗产量测的三维表达。

（3）GIS 的应用

GIS 在文化遗产数字化探测、研究和保护中依然起着"大脑"的作用。GIS 为文化遗产制图提供技术手段，还需要不断完善多源异构的文化遗产信息（包括图片、音频、视频、文档、遥感图像、点云数据、三维模型等）的管理并构建文化遗产信息共享和服务平台，最重要的是 GIS 要为文化遗产修复提供分析与模型建立。

图 7-25～图 7-27 所示为衡阳师范学院古村古镇文化遗产数字化传承协同创新中心基于 3S 技术，借助行业相关设备和软件，研究和实现的古村古镇信息展示和服务平台以及古建筑的三维虚拟仿真图和三维虚拟修复效果图。

图 7-25　古村古镇信息展示和服务平台

资料来源：衡阳师范学院古村古镇文化遗产数字化传承协同创新中心

图 7-26　古建筑的三维虚拟仿真图

资料来源：衡阳师范学院古村古镇文化遗产数字化传承协同创新中心

图 7 - 27 古建筑的三维虚拟修复效果图

资料来源：衡阳师范学院古村古镇文化遗产数字化传承协同创新中心

3. 精细农业——农业区划

精细农业就是一种因地制宜的农业区划，它可以借助 3S 技术进行抽样调查，获取作物生长的影响因素，从而根据区域自然环境的特点进行宏观或微观调控、精耕细作，以获取较高的经济效益。

3S 技术在精细农业中最早的应用是将 RS 用于作物估产，其源于 1984 年中国气象局主持的"全国冬小麦 NOAA 卫星遥感综合估产"项目。高光谱遥感在精细农业中还可用于作物长势监测、作物类型识别与分类、作物物理参数估算等方面。GPS、RS 在精细农业中可进行智能化农业机械作业动态定位、农业信息采样定位和遥感信息定位等。GIS 在精细农业中用于组织、分析、显示作物的各种参数，以实现尽可能准确地规划农业资源。

4. 其他应用

3S 技术是使用空间数据和空间信息的大多部门都会涉及的基本工具。但由于需求不同，3S 技术的应用方式和重要性也不同，其较为紧密的应用领域包括城市规划、自然灾害预警、交通管理等。

（1）3S 技术在城市规划中的应用

在对快速城镇化城市的管理中，快速、准确的定位、分析和决策是至关重要的。而借助 RS、GPS 等技术可以快速、真实地采集和更新土地、道路、管网、环境等数据，从而帮助决策者实时地了解城市基本布局和分布现状，并监测城市规划的实施；GIS 在城市规划中的真正价值在于它的快速分析，在问题出现之后能帮助决策者快速解决问题，并完成专题数据的管理、分析和制图。

（2）3S 技术在自然灾害预警中的应用

3S 技术应用于防汛工作时，需要借助 RS 的实时动态数据，并将 GIS 与三维虚拟现实技术结合，建立 GIS 支持下的降雨时空统计模型，为早期防汛预报提供先决条件，这是防汛信息系统的一个核心评估计算模型。此外，3S 还可用于其他自然灾害的监测与预警。

（3）3S 技术在交通管理中的应用

3S 在交通管理中的典型应用是车辆导航与监控，通过对车辆等移动目标的导航、动态跟踪和监控来完成对车辆的综合管理。其中，GPS 的作用最为突出，它需要在 GIS 电子地图中以点状符号的形式对行驶中的车辆进行实时定位并将定位信息传输到 GIS；在紧急状况下，GPS 可以通过报警方式将车辆信息及车辆位置上报至警务控制中心；在正常情况下，GPS 可以为车辆行驶提供道路网及其他相关信息。

 国外地理名人（7）：

古特柴尔德

古特柴尔德是美国国家科学院院士，被誉为"地理信息科学之父"。他于 1965 年获剑桥大学（Cambridge University）物理学学士学位，1969 年获麦克马斯特大学（McMaster University）地理学博士学位。古特柴尔德在加拿大西安大略大学（University of Western Ontario）工作 19 年之后，于 1989 年起在加利福尼亚大学圣芭芭拉分校地理系任教。1991—1997 年，他担任美国国家地理信息与分析中心（NCGIA）主任，1997—1999 年任美国国家研究委员会制图科学委员会主席。他于 2012 年正式退休。

古特柴尔德
(1944—)

古特柴尔德最早提出"地理信息科学"的概念，是国际空间数据不确定性研究先驱之一。他于 2002 年当选为美国国家科学院院士和加拿大皇家学会外籍院士（Foreign Fellow of the Royal Society of Canada），2006 年当选美国艺术与科学院院士，是拉瓦尔大学（Laval University）、麦克马斯特大学（McMaster University）、瑞尔森大学（Ryerson University）荣誉博士。2009 年 10 月受聘为中国矿业大学（徐州）名誉教授！曾获得加拿大地理学会卓越学术奖、美洲地理学家联合会卓越学术奖、加拿大制图学会卓越学术贡献奖、地理信息科学大学联盟（UCGIS）教育家年奖、皇家地理学会奠基人勋章，入选城市与区域信息系统协会（the Urban and Regional Information Systems Association）名人堂，并且于 2007 年获得有地理学诺贝尔奖之称的"瓦特林·路德国际地理学奖"。

古特柴尔德的主要研究领域是地理信息科学、空间数据不确定性、空间分析等。他出版了 10 余部学术专著，发表了 500 多篇学术论文，并担任多本国际知名学术期刊的主编、编委，主持或参与累计近 5000 万美元的科研项目，对地理信息科学的科研、教育、社会传播做出了重大贡献。其代表著作包括 "*Accuracy of Spatial Databases*" "*Geographical Information Systems：Principles and Applications*" "*Environmental Modeling with GIS*" "*Scale in Remote Sensing and GIS*" "*Interoperating Geographic Information Systems*" "*Geographic Information Systems and Science*" "*Uncertainty in Geographical Information*" "*Foundations of Geographic Information Science*" "*Spatially Integrated Social Science*" "*GIS，Spatial Analysis，and Modeling*" "*Geospatial Analysis：A Comprehensive Guide to Principles，Techniques and Software Tools*"。

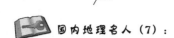

国内地理名人（7）：

陈述彭

陈述彭是地理学家、地图学家，遥感应用与地理信息系统专家、国际欧亚科学院院士、中国科学院资深院士、第三世界科学院院士，代表作有《地学的探索》《石坚文存》《遥感地学分析》《地理信息系统导论》，获国家自然科学奖二等奖 2 次、国家科技进步奖一等奖、航天部科技进步奖一等奖。

1920 年，陈述彭出生于萍乡市白竺乡的一个小山村。从小学开始，他就跟随教书的父亲翻越 20 多 km 的山路去县城上学。从萍乡中学毕业后，他只身来到长沙报考了省立第一高中（其前身是毛泽东的母校——长沙第一师范学校）。地理入学考试时，他用几幅简单的地图答完了全部的考卷，受到了校长的青睐，从而成为了学校的一名江西"留学生"。他后来在校刊上发表了《南岳游记》一文，受到教师、校长的赏识和鼓励，这成了他日后终身从事地球科学的契机和信号。

陈述彭
(1920—2008 年)

1938 年，陈述彭仅上了两年高中就以同等学力考上了浙江大学。浙江大学是名牌大学、严师如云，在这里他得到了叶良辅、张其昀、涂长望等著名教授的指点，能够系统地学习地学知识和严格的野外考察基本功的训练。一次偶然的机会，他参加了由校长竺可桢亲自主持的纪念徐霞客诞辰 350 周年的大会，竺可桢极力赞扬徐霞客不辞艰辛、终年跋涉，为认识自然献身的精神，号召莘莘学子效法古人，一番话说得陈述彭热血沸腾，点燃了他对地理学的炽情，在自己的强烈要求下，他从教育系转到了地理系，开始迈向我国地学研究领域。毕业后，他留校为叶良辅教授的助教兼研究生。在浙江大学学习和工作期间，陈述彭先后撰写的《桂林七星岩喀斯特洞穴地貌图》《西南地区的喀斯特地貌》《徐霞客游记在怒江、腾冲地区的实地验证》等论著，都具有很高的学术价值。1954 年，他和周延儒、施雅风一同对七星岩的测绘，是我国以立体地图方法考察洞岩的创举，并从中总结出了喀斯特洞穴的类型，对洞岩学的研究发展做出了贡献。陈述彭有着不同一般人的超前意识。早在 1954 年，他在编制《中国地形鸟瞰图》时，把透视点放在外层空间的高度上，这种从空间的高度来研究国土的构思，反映了他当时从宇宙观测地球表层的憧憬，没想到却遭到持传统地图观念的一些人的非议，直到 1958 年人造地球卫星上天，阿波罗卫星图像普及以后，当年不理解的同行、学者们才逐步接受了卫星上对地球观测的概念，对陈述彭的超前意识表示钦佩和叹服。而此时，陈述彭的思绪又飞向了另一个高度，主张地图制图要有计算机介入，实现输入、处理、存储、更新、输出、显示的自动化。他提出地图的内容应当数字化，符号要规范化、标准化，以便与电脑功能相适应。

20 世纪 60 年代，他就开始组织手扶跟踪与光电扫描的实验，并借助航空摄影，倡导航空像片综合利用与遥感系列制图。1970 年，他以一个优秀科学家的敏锐，强调遥感将为全球研究服务，指出卫星遥感对认识全球地学、生物学规律、分析世界环境问题以及研究外貌地理条件都十分必要，他的《航天遥感对地球的宏观分析》发表后引起科学界普遍关注。20世纪 70 年代末，他借助国际卫星数据，开展遥感应用工程实验，拉开了我国遥感系列制图的序幕，遥感应用连续三个五年计划中被列为国家科技攻关重点。20 世纪 80 年代，他又借助计算机技术与信息科学，致力于推动我国制图自动化地理信息系统的进步，从而为我国发展应用卫星与卫星应用，实现地面系统"超前"起步奠定了基础，同时也向地球科学的现代化迈上了一个新的台阶。进入 20 世纪 90 年代，陈述彭又洞察到地球科学面临信息时代的挑战，密切注视着国际遥感发展动向，积极参与国际遥感交流与合作，同时更加关注人类生存的环境。几十年来，全世界发射了 4000 多颗人造卫星和飞行器，其中 1/3 是对地观测的遥感卫星。这些卫星被用来调查地质矿产资源、天气预报、海洋监测、自然灾害预报等诸多领域。

面对 21 世纪的空间时代和信息社会，为了切实解决一些资源开发与环境保护宏观调控的难题，并能够积极参与全球变化、灾害防治等国际研究计划，他这样策划：加深对地球信息机理的研究，加强人文与自然的协调；建立实用化、产业化的资源与环境信息资源系统，适用全球信息网络的思潮与信息共享；不断提高对自然界动态监测与预测、预报能力，为国家经济建设区域社会经济持续发展及时提供信息服务。

回首献身科学的 70 多个年头，陈述彭可谓硕果累累。他曾经语重心长地说：作为一个科学家，不应奢望当代的荣誉和理解，需要的是对国家、对人民负责的使命感和时代责任感，要顶天立地，立意创新，勇敢超前，去追求真理。他是这么说的，也是这样做的，为了祖国的强盛、科学的发达，他生命不息、奋斗不止。

思 考 题

1. 请思考遥感技术在哪些方面改变了地理学研究思维？
2. 地理信息技术进步对地理学的发展产生了哪些方面的影响？

第8章 怎样学好地理学

沈括上山看桃花

沈括（1031—1095年），字存中，号梦溪丈人，浙江杭州人，北宋时期科学家、改革家、卓越的工程师和出色的外交家。沈括一生致力于科学研究，在众多学科领域都有很深的造诣和卓越的成就，被誉为"中国整部科学史中最卓越的人物"，其名作《梦溪笔谈》，内容丰富，集前人科学成就之大成，在世界文化史上有着重要的地位。

孩提时代，沈括给母亲背诵白居易的一首诗，当背到"人间四月芳菲尽，山寺桃花始盛开"一句时，沈括的眉头凝成了一个结，当时正是4月暮春天气，庭院中的桃花纷纷谢落，为什么我们这里花都开败了，山上的桃花却好似一片红霞才开始盛开呢？为解开这个谜团，沈括上山实地考察发现，四月的山上，乍暖还寒、凉风习习，人冻得瑟瑟发抖，他的脑子里蓦然闪出母亲的话："山上风大天凉"，沈括茅塞顿开，原来山上的温度比山下要低很多，因此花季来得比山下晚。通过实地考察，沈括弄明白了自然界的一个重要规律：气温随高度变化而降低，同时，温度不同，植物生长的情况也不同。

沈括生于一个官宦家庭，他的父亲沈周当过多个地方的知府，使得沈括有机会随父亲走过全国许多地方，见识比同龄人要广阔得多。他与众不同之处，就是每到一地，很关注当地与自然科学相关的新鲜事。有一次，他听说江西铅山县有一泓泉水不是甜的，而是苦的，当地村民将苦泉水放在锅中煎熬，苦泉水熬干后就得到了黄灿灿的铜。他对这一传说很感兴趣，于是就克服重重困难，不远千里来到铅山县，目睹了村民"胆水炼铜"的全过程，并搞清楚了其中的玄机。原来，铅山县有几道浑浊、味苦的溪水，当地村民称为"胆水"，村民将"胆水"放入铁锅中煎熬，"胆水"与铁产生了化学反应，就分解成了铜。

凭借着这种求索精神和实证方法，沈括写出了《梦溪笔谈》，留给后人许多值得借鉴的精神和知识。这两则小故事告诉我们，做事要勤于思考，克服困难，理论联系实际，多问几个为什么，知其然还要知其所以然，才能不断成长进步！

8.1 大师学地理

如何学好地理学，每个地理人都有自己的看法。但是，作为在地理学领域奋斗了几十年甚至是一辈子的贡献卓著的地理学大师们，他们的成长经历和成才之道无疑对我们有着非常重要的借鉴意义。因此，本部分将在探寻我国老一辈地理学大师成长道路上的点滴故事的基础上来领悟地理学的学习之道。

1. 树立远大志向，心系国家发展

纵览地理学大师们的成长经历，无一例外都在少年时期就树立了远大志向，立志在地理学领域为国家的发展贡献自己的一切。而且，大师们还有一个共同特点，那就是非常热爱祖国，无论是在国难当头的特殊时期，还是在百废待兴的和平建设时期，为国效力的想法均时刻铭记在心。

我国著名自然地理学与海岸科学家、中国科学院院士（原学部委员）任美锷（1913—2008 年）与地理学结缘源自他中学时代的一本课外书《战后新世界》。书的作者是一位曾经作为威尔逊总统助手参加过巴黎和会的美国大学教授。书中详述了第一次世界大战后，随着奥匈帝国的解体，世界各国尤其是欧洲各国领土的变化。那些直观的图表，给少年任美锷留下了深刻的印象，使其感到地理是和国家的命运紧密相连的，对国家的决策起着巨大的作用。从此，他立志学好地理、报效祖国，一生就再也没有离开过地理学。

心系国家发展，到国家最需要的地方去是大师们的共同特征。1962 年，在广州召开的全国科学工作会议上，一位海军领导恳切地说："中国海洋科学很落后，国家建设迫切需要它，希望更多的科学家留心于此。"那次会议以后，任美锷就决心"下海"。可是，"下海"并不是件容易的事。苏北沿海海滩大多是长满野草的泥滩，一脚踩下去，淤泥没过膝盖，要花很大劲才能拔起脚。为了摸清海岸带资源，他挑起了考察队队长的重担，踩泥滩、穿芦苇、沐海风、喝咸水，整整 5 个年头，为海岸带的开发利用和管理提供了宝贵的第一手资料。此项工作，1986 年获江苏省科技进步奖特等奖。

中国著名历史地理学家、中国科学院院士（原学部委员）侯仁之（1911—2013 年）坚定地深入沙漠地区，进行沙漠地区的历史地理研究就与周恩来总理的一次指示有关。他在《历史地理学的理论与实践》这部论文集的自序中写道："当时，中央有关部门决定从黄河河套的西北隅，开渠引水深入乌兰布和沙漠进行灌溉。当开挖渠道时，发现了一些古代的墓群。对于这样一件看来与整个水利工程并无直接关系的偶然发现，周恩来同志也没有轻易放过，而是亲笔作了批示说，一定要查明这些墓群究竟是什么时代的，为什么要埋到沙漠里来。正是周恩来同志的这个批示，才为我打开了深入沙漠进行历史地理考察的大门。"

2. 兴趣是最好的老师

我们在探寻大师们成长经历的过程中惊奇地发现，他们之所以能够在地理学领域取得如此辉煌的成就，无不与其从小便对地理学产生浓厚的兴趣有关。"兴趣是最好的老师"这句话在大师们身上得到了很好的诠释。

遥感地学界的陈述彭（1920—2008 年）自幼受家乡（江西萍乡白竺）风光秀丽的环境影响而喜欢上了地理。从萍乡中学毕业后，他只身来到湖南长沙报考了省立第一高中。长沙和家乡一样美丽，湘江清澈，碧水长流，岳麓山树茂花盛。地理入学考试时，他用几幅简单的地图答完了全部的考卷，受到校长的青睐，从而成为学校的一名江西"留学生"。高中学习期间，他在校刊上发表了"南岳游记"一文，受到教师、校长的赏识和鼓励。1938 年，在烽火连天的日子里，陈述彭仅上了两年高中就以同等学力考上了浙江大学。刚开始，他读的是教育系，但是，绘画美丽的大自然依然是陈述彭课余的最大爱好。一次偶然的机会，他参加了由校长竺可桢教授亲自主持的纪念徐霞客诞辰 350 周年的大会。竺可桢极力赞扬徐霞客不辞艰辛、终年跋涉、为认识自然献身的精神，号召莘莘学子效法古人。一番话说得陈述彭热血沸腾，也点燃了他对地理学的炽情。在他的强烈要求下，陈述彭从教育系转到了地理系，从而开始迈向中国地学研究领域。

侯仁之专注历史地理学研究源于他对北平（现为北京）古城的浓厚兴趣。在他高中的最后 1 年，遵从父愿，从山东转学到北京东郊的通州潞河中学。时近傍晚，列车停在了北京前门东车站。随着人群一出车站，忽然迎面而来的正阳门把他一下子震慑住了：浑厚高大的城墙、巍峨壮观的城楼，傲然屹立在眼前。从此，他和北京城结下了不解之缘。以后若干年内，他对北京城起源和演变进行探索和研究，并将其一生献给了我国历史地理学研究和教育事业。

3. 治学广博，广泛涉猎

中国人口地理学的创始人、中国科学院院士胡焕庸（1901—1998 年），70 余年献身地理学研究和教育事业，涉猎相当广泛。他一方面以诲人不倦的精神对待学生的学习，另一方面又以学而不厌的精神对待自身的提高。在他的地理学研究生涯当中，屡次根据需要从一个教学领域转入另一个教学领域，并且从一个研究领域转入另一个研究领域，撰写了多种大学教材和专著。胡焕庸一直把人口地理和农业地理看成自己的主要科研方向，在《地理学报》上发表了我国人口地理和农业地理方面的论文。他认为，我国水利地理的重点在于黄河流域和淮河流域，出版了《黄河志·气象篇》《两淮水利盐垦实录》以及《两淮水利》等著作。受邀参与水利部治淮委员会技术委员会工作期间，他先后完成《淮河》《祖国的水利》《淮河的改造》等著作。抗日战争前期，胡焕庸则比较集中于经济地理方面的研究，在讲课的基础上，他先后完成一系列的经济地理著作，包括《中国经济地理》《美国经济地理》《苏联经济地理》和《世界经济地理》。抗日战争后期，受有关部门委托，胡焕庸在重庆进行战后重划省区的研究工作，提出了一个包括新的省区和省会的完整方案。20 世纪 60 年代初，他撰写了《古地理学教程》。1964 年，华东师范大学成立西欧北美洲研究所，他又根据主客观条件，着手撰写《法国地理图志》《英国地理图志》和《西德地理图志》系列著作。"文化大革命"风浪初步平息后，为了赶上时代，他在《古地理学教程》的基础上，写出《世界海陆演化》一书，重新探讨全世界的海陆演化问题。1980 年，胡焕庸编著《世界气候的地带性和非地带性》一书。

罗开富（1913—1992 年）也是典型的涉猎广泛的地理学家。他自己有"精于一门，触类旁通，未尝不可"之说。他青年时代在中山大学地理系读书时的兴趣是地貌学；后来进入美国克拉克大学，兴趣偏于气候学，在该校连获硕士、博士学位，获得美国地理学界的好评与重视。回国后，罗开富从事水文学方面的工作，逐渐发展到综合自然地理和区域地理。回顾自己的学术道路，罗开富曾谈道，个人的学术方向转了数次，并不是"见异思迁"，始终还是在地理学范畴内活动。多部门的涉猎，开阔了我的视野，扩大了知识领域，领悟了自然界诸要素内在的相互制约和相互渗透性，为后来从事综合自然地理和区域地理打下了基础。罗开富的卧室兼作工作室，满满几架子的中外文图书；写字台上，三分之二的桌面堆满各种书刊资料。他的藏书除大部分为地理科学及有关学科的专著外，文、史、哲、艺等方面的书籍也不少。因此我们很容易理解，他的广博知识，来源于博闻强记、好学多思。难怪写起文章来，立论严谨、旁征博引、立意常新；而文笔之流畅、文风之精练、外文之娴熟，为业界所称道。

4. 严谨治学，耕耘不息

黄秉维是当代中国地理学研究的主要组织者和带头人，曾长期担任中国科学院地理研究所所长、名誉所长，中国地理学会理事长、名誉理事长。在近 70 年的研究生涯中，黄秉维始终活跃在科研第一线，为后世留下许多宝贵的学术思想和创新成果。黄秉维留给我们的财富，不仅体现在他组织的科研活动、取得的创新成果和提出的科学思想中，还体现在他勤奋刻苦的态度、不随波逐流的唯真求实精神和爱护提携后辈的品格。他涉猎广泛、手不释卷，足迹遍布祖国大江南北，是读万卷书，行万里路的真正践行者；他一生勤奋，即使病重弥留之际仍不忘读书、治学；他为学严谨，敢于坚持真理，从不人云亦云。20 世纪 80 年代初，针对部分学者"森林万能"的认识，他发表了"确切地估计森林的作用"和"再谈森林的作用"等论文，强调要实事求是地研究和认识森林对自然环境的作用。

著名地理学家任美锷的勤奋是出了名的，他的书房里陈放着被水浸湿而泛黄的几十本笔记本，摞起来有一米多高。他说，这是一笔巨大的财富。任美锷几十年的地理生涯造就了他一个良好的习惯，那就是一直坚持现场观察、随时笔录、研究总结。1992 年，中国科学院组织的海平面变化考察，同行者都坐在一辆中巴车上，从珠江流域到长江流域再到黄河流域，同车的人大多比他年纪小，都闲得忍不住在车上打起了瞌睡，而他却全神贯注，一边观察，一边做笔记，令年轻的同行们肃然起敬。

5. 勇于创新，敢于争论

勇于创新，敢于争论是大师们所共有的学术品质。著名地理学和冰川学家、我国冰川学的开拓者和奠基人施雅风（1919—2011 年）就是这样一位科学家。李四光先生从 20 世纪 20 年代起，力主我国许多中低山地，如庐山、黄山、北京西山、太行山等都发育冰川，当时就引起了许多争论，这些争论延续了 50 余年都难有定论。施雅风虽是现代冰川学专家，但他对古冰川学的研究也有很深的造诣。1980 年 6 月，施雅风与许多冰川地貌学家同去庐山作短期考察后，认为李四光用冰川成因解释侵蚀和堆积的现象是不合适的。像庐山山麓所见的大小混杂、无分选的泥砾堆积，如以泥石流成因解释当更优于用冰川成因解释；再则，他认为从气候学上来说，庐山若有冰川，那么夏天必须下雪，而 7 月下雪就意味着当地温度要下降 16℃之多，然而从中纬度来讲，降温幅度不可能有这样大；另外，他又从孢粉的鉴定去进行分析，由此推知，当时实质上为暖性植物，因此，在庐山形成冰川也是不可能的。他以上的这些论点，使得关于庐山冰川成因的争论出现了新的局面。

陈述彭的创新和超前意识也是令人叹服的。早在 1954 年，他就构思将透视点放在外层空间的高度上，从太空的高度来研究国土资源，编制了一部《中国地形鸟瞰图》。这种从外层空间的高度来研究国土资源的构思，反映了他当时从宇宙观测地球表层的憧憬。没想到却遭到传统地图观念的一些人的非议，有人甚至胡乱上纲上线、滥扣政治帽子，说从东方俯瞰祖国是站在"帝国主义的立场"。直到 1958 年人造地球卫星上天，阿波罗卫星图像普及以后，当年不理解的同行学者们逐步接受了从卫星上对地球观测的概念，对陈述彭的超前意识表示钦佩和叹服。而这时的陈述彭却在思索着另外一个更为超前的问题：计算机制图问题。他主张制图要有计算机介入，实现输入、处理、存储、更新、输出、显示的自动化，并提出地图的内容应当数字化，符号要规范化、标准化，以便与电脑功能相适应。在他的大力推动下，借助国际卫星数据，开展遥感应用工程实验，拉开了中国遥感系列制图的序幕，遥感应用连续在 3 个"五年计划"中被列为国家科技攻关重点。陈述彭曾说，作为一个科学家，不应奢望当代的荣誉和理解，需要的是对国家、对人民负责的使命感和时代责任感，要顶天立地、立意创新、勇敢超前地去追求真理。

8.2　大学地理老师的经验之谈

8.2.1　老师谈大学地理学习

通过对我院老师的访谈，并结合本人 10 多年来的高等学校教学经验，本部分将与大一新生谈谈如何过好大学生活，如何学好大学地理专业。

1. 调整心理状态，尽快融入大学生活

经过高中生活洗礼的大一新生，进入大学后很容易在思想上松懈下来，从而产生"高中苦三年、大学玩四年"的错误想法。其实，恰恰相反，大学阶段的学习任务颇为繁重，对今后的发展至关重要，因此，大一新生应该树立"革命尚未成功，同志尚需努力"的正确观念。为此，大一新生调整心理状态，了解大学的学习和生活环境及其与中学的区别，尽快融入新的学习和生活当中去就显得极为重要。中学生与大学生在学习和生活方面存在诸多差别，只有充分认识到这些差别，才能尽快实现中学生到大学生的角色转换。实践证明，这个过程越短，融入大学生活的速度越快，大学生活就会过得越充实和成功。

粗略地说，大学与高中阶段在学习和生活方面的区别主要如下。

首先，老师和家长等外力干预显著减少，自我管理的作用凸显。高中阶段的学习和生活基本上都处在老师和家长的严密监控之下。进入大学后，家长已经鞭长莫及，老师对学生的管束也将大大减少。因此，如果大学生不能很好地进行自我管理、独立自主地安排自己的学习和生活，则很可能会迷失方向。

其次，大学阶段的学习任务更为繁重。高中阶段的课程是 10 门左右，大多数课程要学好几年。大学 4 年开设的课程超过 40 门，基本上每门课程都在一个学期内完成。另外，还有各种实习、见习、毕业论文、社会调查等实践教学环节。总体来说，对于那些学习认真的同学来说，一天到晚总是忙不过来。

再次，大学阶段自我支配的时间更多。一般来说，周课时 20～30 小时，其他时间均可自由支配。因此，能否利用好这些课余时间就成为读好大学的关键。经验表明，能够科学合理地利用课余时间进行学习的学生，大学生活过得充实、专业知识也学得扎实。

最后，大学课堂比高中课堂的授课速度快。大学老师讲课一是介绍思路多、详细讲解少；主要讲授重点、难点内容。由于课时压缩严重、教学任务重，因此，授课进度大多比较快，一节课可能要讲授一章或几章的内容。二是抽象理论多、直观内容少。三是课堂讲授多、课外答疑少。四是参考书目多、课外习题少。

总之，大学与高中阶段在学习和生活方面有较大的区别，大一新生必须趁早了解这些区别，才能合理规划自己的大学学习和生活。

2. 合理制订大学计划，确定不同阶段的学习目标

大学的学习具有阶段性，具体到地理专业来说，大一新生主要学习的是大学英语、大学语文、计算机基础、高等数学等通识课程，同时每个学期也开设了二三门专业基础课程。因此，大一新生重在熟悉大学学习环境，养成以自主学习为主的良好学习习惯。具体来说，通识课程在确保不挂科的基础上，力争好成绩；专业基础课程力求学扎实，因为它们是学好后

续专业课程的前提。因此，认真听课、按时预习和复习就成为必要。计算机和英语要引起高度重视，计算机课程要加强课后的上机练习，强化动手操作能力；还要进行课外拓展，对于常规的 Word（或 WPS）等文字处理和图表制作软件、Office 等数据处理软件、Photoshop、CorDraw 等图形图像软件最好能够熟练掌握。因为，这些知识不但能够为后续学习提供帮助，而且也是当今大学生的一项基本素质要求。

大二是专业知识学习的重要时段，开设的专业课程开始变多。因此，大二学生一方面要把握好课堂 45min；另一方面要有意识地进行专业知识的拓展，多阅读与所学专业课程内容相关的专业书籍，同时，要学会使用图书馆的中外学术期刊资源，特别是中国期刊网，阅读有关专业学术论文。专业技能方面，大二学生要加强地图学、RS 和 GIS 这三门课程的学习，特别注重 ArcGIS、Erdas 等地图制图、地理数据分析和遥感影像处理等专业软件的熟练操作与运用。建议大二学生开始参加科技创新、社会调查、科研论文撰写等科研工作，培养科研素养和科研能力。

大三已经没有通识课程，是集中进行专业课程学习的一年。大三学生本阶段的主要任务有：首先，应大量阅读课外专业书籍，努力提高地理专业意识，学有余力的同学可以通过学术期刊了解本专业的一些研究动态；其次，进一步强化地理信息获取、数据分析、地图制作、调查报告和科研论文撰写等专业技能；再次，积极申报科技创新和研究性学习项目，主动参加"挑战杯"全国大学生课外学术科技作品竞赛等，在专业老师的指导下进行研究性和探究性学习，初步了解和掌握学术研究的相关过程和方法；最后，有意识地进行粉笔字、普通话、板图板画等师范素质的训练，为大四的教育实习打基础。

大四学生主要有两大任务，一是教育实习，二是毕业论文，这都是对大学前三年所学东西的集中检阅。其中，教育实习尤为重要。不管学生是否考研，搞好教育实习，熟悉中学课堂教学、班级管理、作业批改等都是今后就业和进一步深造的基础。毕业论文是培养学生科学研究（或教学研究）和论文写作技能的重要实践教学环节，既可以为后续的研究生学习打基础，也可以为参加工作后从事中学地理教学做铺垫，为职业发展增加强劲动力。

3. 注重各项专业技能培养，做到全面发展

大学的学习既要求学生掌握本专业相关学科的基础理论知识，更要求学生重视各种专业技能和素养的培养。大学期间，地理专业的学生需要有意识地对以下技能进行训练和培养。

（1）表达能力

表达能力包括口头语言表达能力和书面语言表达能力。作为师范类专业的学生，口头表达能力尤为重要，一定要尽可能地学好普通话，有意识地训练演讲才能。从某种程度上来说，教师主要靠"嘴"立足三尺讲台。书面表达能力也很重要，书面表达能力主要包括文字表达、图表表达等。作为地理专业的学生，必须习惯用地图、示意图等图形和数据表格来表达研究结果。大学期间，学生必须至少写 1 篇论文（或调查报告），达到获得校级以上奖励或者公开发表水平。

（2）专业实践技能

专业实践技能主要包括实验室操作、野外采样、野外考察、地理素描、地形图判别和填图等自然地理方面的实践技能，问卷调查、实地访谈等人文地理学数据收集技能，课件制作、文本编辑等基础计算机技能。

（3）分析和处理地理数据的能力

学生要学会运用统计分析软件（Excel、SPSS 等）、GIS 专业软件（ArcGIS、MapGIS 等）进行数据分析和处理；必须熟练掌握一款主流遥感影像处理软件，从而具备对遥感数据进行分析和处理的能力。

（4）制作地图的能力

学生既要具有一定的野外手工绘图能力（地理素描），也要具有运用 ArcGIS、MapGIS、CAD 等计算机专业软件进行制图的能力。

（5）分析中学地理教材的能力

作为未来的中学地理老师，必须在大学期间的学习过程中掌握中学地理教材的分析和处理能力，能够快速抓住教材的重点、难点，理清知识脉络和逻辑顺序。一个优秀的老师主要体现在对教材的分析和处理水平上。

（6）科研能力（研究性学习能力）

培养创新型人才是新时代高等教育的要求。本科生虽然不以科学研究为培养目标，但是，科研能力的训练却是大学生创新能力培养的重要途径。因此，强烈建议学生在大二、大三期间积极申报科技创新项目或研究性学习项目，或直接参加专业教师主持的科研项目。在此过程中，学生的地理数据获取、分析，论文撰写等各项技能、思维方式、思维方法将会得到全方位的锻炼，从而能提高创新能力。

4. 掌握必要的学习方法

（1）培养自学能力

一方面，大学的课堂授课时间大大减少，大学生的空余时间多了，老师管得少了；另一方面，大学老师布置的各种调研报告、小论文以及开出的阅读书目目不暇接。这些都要求大学生养成良好的主动学习习惯，培养自学能力。联合国教科文组织的纲领性文件《学会生存——教育世界的今天和明天》中阐述的自学原则是：新的教育精神使个人成为他自己文化进步的主人和创造者。自学，尤其是在帮助下的自学，在任何教育体系中，都具有无可代替的价值；学会如何自学，这不仅仅是一个口号，而是一种特殊的教学方式。

大学课堂教学往往是提纲挈领式的，老师在课堂上只讲难点、疑点、重点或者是老师最有心得的部分，老师讲授的内容并非都来自教材，甚至许多都不在教材上。看起来大学的课表没有中学时排得满，但是大学课堂节奏很快，老师上课速度快、信息量大，介绍思路多、详细的讲解少，课后常常开列参考书目、资料，等等，要求学生自己查阅相关资料。大学里很多知识需要由学生自己去攻读、理解、掌握，大部分时间是留给学生自学的，学生在课外需要阅读大量的参考资料。因此，大学里看似自由的时间被许多自学任务压缩了，学习气氛是外松内紧。

（2）学会听课

大学课程与中学课程有很大区别。加之进入大学后，大多学生在心理上有"歇一歇"的想法。因此，特别提醒大家应养成良好的听课习惯。

首先，端正态度，靠前排就座，充分利用课堂 45min。大学生的主要任务是学习，而且学习任务比高中生更为艰巨，绝不可抱有"混文凭"的思想而用"睡大觉""玩手机"等方式打发宝贵的课堂时间。

其次，注意差别化听课。对于那些老师按教材讲授的课程，大学生在课前预习的基础上要特别注意那些重点和难点问题。对于那些老师基本上不按教材讲授的课程，老师讲授的内容可能发散得比较开，专业领域的最新进展及其应用往往是老师们的最爱，这种课程往往趣味性较强，利于学生专业意识的培养，但是，大学生听课不能仅停留在"听故事"的层面，要特别注意蕴含其中的专业方法和创新思路，因此这种课程需要在听课的过程中多思考、多体会，课后注意教材内容的自学。

最后，要学会强迫自己去听不太喜欢的课程。由于课程性质和老师授课风格的差异，难免有一些让人感觉索然无味的课程。对于这种性质的课程，我想对大家说的是，既然教学计划里开设了这门课程，就必然有它的价值，因此，大家唯一能做的就是强迫自己听下去。在你静下心来、专心听讲的时候，很可能会发现原来这门课程也挺有意思的，我们断不能奢求每位老师的讲课风格都符合自己的胃口，这是不现实的。大学四年授课的老师会很多，大学生要善于发现各位老师的闪光点，从他们的身上可以学到很多，有专业方面的知识，也有专业知识之外的东西：严谨的态度、高尚的师德、认真负责、幽默风趣、宽以待人、专注、执着等。

（3）博览群书

地理专业兼具自然科学和人文社会科学，具有双重属性和典型的交叉融合特点。因此，要学好地理专业，客观上要求学生涉猎广泛、博览群书。只有这样才可能做到厚积薄发，打好宽厚的专业基础。

地理专业的课外阅读书籍，大体可以分为两类：素质拓展类和专业拓展类。素质拓展类书籍，建议学生在哲学、经济学、法学、教育学、文学、历史学、理学、工学、农学、医学、军事学、管理学、艺术学 13 大学科门类均可选择最具代表性的一两本进行阅读，其中，哲学、经济学、教育学、历史学、理学、农学、管理学同地理专业的关系相对较为密切，可以适当多读一些。专业拓展类书籍，建议学生结合各门专业课程的学习、阅读老师提供的参考书目，特别是老师强烈推荐的一些经典专业书籍。另外，学生可以结合科技创新活动或直接参加老师的科研课题，有针对性地阅读中国知网上的最新科研论文。

学生阅读时需要注意方法。第一，经典书籍以及与研究任务紧密相关的资料需要精读，关联度小的资料则没有必要精读（没有这么多时间），泛读即可。因此，一本书不能不分青红皂白都从第一页读到最后一页，而是要根据它的内容来决定到底需要精读还是泛读。即便是同一本书的不同章节也要根据需要确定精读还是泛读。第二，学生在专业书籍阅读过程中肯定会碰到很多看不懂的知识，这很正常，不要因此而退缩，可以通过网上查阅、咨询同学、请教老师等多种方式解决问题；实在解决不了问题也无妨，多看几遍，随着所学专业知识的增多，慢慢就会理解。第三，建议养成做读书笔记的习惯，学生在阅读的过程中要多思考，把一些心得体会和思维火花随时记下来，日积月累后，专业理论和专业技能会得到显著提升。

（4）研究性学习

学术性是高等教育区别于基础教育的重要特征之一。在大学教学过程中，学生的自主作用递增，老师的主导作用递减；教学的发现性递增，知识的传习性递减；学生参加直接实践递增，接受间接经验递减。也就是说，大学生要积极参与研究性和探究性学习。大学生有很多进行研究性和探究性学习的机会，很多专业课程的作业都具有较大的开放性，老师给出的题目往往只是提出一个专业问题或任务，要求大家利用课外时间，通过文献查阅、数据收集、现场调查等方法去解决一个问题。学生带着任务去探究，往往需要查阅很多资料、掌握诸多技能，从而发现自己的不足，学到更多的东西，更为重要的是能够锻炼思维能力、动手能力、分析和解决问题的能力。

目前，各大学都非常重视学生创新能力的培养，学校层面的科技创新支持计划越来越多、覆盖面越来越广。另外，学校、教育厅、教育部每年都会发布和确立数量不等的大学生研究性学习项目，支持大学生利用课外时间进行科学研究活动。大家一定要密切关注和积极申报这些项目。一般来说，学校立项的科技创新项目相对较多，个人建议学生在大学期间一定要主持或参与一次完整的科技创新活动，力争申报更高层次的研究性学习项目。科技创新的成果争取正式发表、申请专利或参加"挑战杯"全国大学生课外学术科技作品竞赛或其他类竞赛。特别对于那些立志考研的同学，大学期间一定要争取主持完成一项科技创新项目，这不但可以为考研复试加分，而且对今后的研究生学习有很大的帮助。

（5）差异性学习

在学习方法上，地理同其他学科一样有许多共同特点，如：科学的学习态度；勤动脑、勤动手、勤动口；耳到、眼到、口到、手到、心到；等等。但是，每个学科都有其特点，因此，在学习方法上也有其独特性。地理专业的学生一定要注意不同类型课程的差别化学习：自然地理方面的课程重在理解，学习过程中要特别注意实验和野外调查等动手能力的培养；人文地理方面的课程重在博览和勤思，要特别注意社会调查和报告撰写能力的锻炼；地图学、地理信息系统、遥感等技术和方法类课程的学习重在应用，学生应在理解相关原理的基础上，注重数据处理软件、计算机制图软件、地理信息软件、遥感软件等的动手操作能力的锻炼。

8.2.2 学好地理专业的关键因素

如何学好地理专业，大学地理老师的忠告应该具有很好的参考价值。为此，课题组通过访谈和问卷的方式调查了10多位我院教学经验丰富的专业老师，在此将他们的主要建议进行归纳整理，供大家参考。

1. 多读、多思、多动

（1）多读

地理专业兼具自然科学和人文社会科学，学生需广泛阅读和涉猎相关学科知识。学生既要尽可能地阅读文、史、哲、理、经济学等多学科门类的书籍以拓展自己的综合素养，更要广泛涉猎地理学、环境学、生态学、规划学等相关专业书籍以拓宽自己的专业素养，还要充分利用网络资源以养成浏览国内外地理、环境、资源类相关专业网站和专业论坛的习惯。

（2）多思

"学而不思则罔，思而不学则殆。"要想学好地理专业，学生还必须在广泛涉猎的基础上勤于思考：一是对所学的理论知识要不时地进行举一反三的思考；二是紧密结合国家的经济建设和社会发展实际，要善于运用所学的理论知识去发现地理现象和地理问题，并试图用理论来解释和解决相关问题。

（3）多动

要想学好地理专业，学生还需要"多动"，练就一身"真功夫"。地理数据的获取（不管是实验室内还是野外）需要"动手动脚"；地理数据的分析和处理需要"动手动脑"；地图绘制、板图板画、课件制作、论文撰写等均需要"动手动脑"。

2. 掌握地理逻辑方法

地理逻辑方法是揭示地理规律、原理的方法，能增强学生思维活动的有序性。地理专业学习中的逻辑思维主要有两点。

一是联系思维。各种地理现象都是相互依赖、相互制约的，其中包括自然地理诸要素间的相互联系以及自然要素与人文环境之间的联系等，明确了结果（地理特征或规律），按照地理事物相互联系的思维，可以追溯地理成因。反之，知道地理成因，便可推知结果。

二是发展思维。任何地理现象都是处在不断的运动变化、更新和发展状态中的，如：地球本身的海陆变迁、地形塑造、沧海桑田，人类社会经济形态的新旧更替，等等。因此，无论学习自然地理还是人文地理，学生都应该按照发展变化的规律进行思考。

3. 用好地图

地图是地理学的"第二语言"，没有地图就不可能有地理学，运用地图是地理学的主要规律和突出特点。作为地理专业的学生，必须熟练掌握如何读图（获取地图中隐含的地理信息）和如何作图（利用地图表达地理信息）这两项基本能力。地图具有确定地理事物位置、显示地理事物的形态、大小、高低、形状等属性特征和阐明地理事物的空间分布等功能，学生必须在学习当中养成用图的习惯，掌握通过地图获得相关地理信息的能力。在此基础上学生要学会利用地图表达研究结果的能力，包括徒手绘制地图进行地理信息表达和利用地图软件绘制地图进行专业地理信息表达。

4. 经常使用比较法

地理专业的区域性特征决定比较法在地理学习当中非常重要。首先，运用比较法，学生可在已知地理知识的基础上认识未知地理现象的特性，从而获得地理新概念；其次，比较法有助于学生对地理现象之间的相互联系的认识；最后，学生通过对新旧地理知识进行比较，既有助于知识的系统化，又有助于知识的巩固和提高。

例如：学生在学习地貌学中的河流时，就可以对山区河流和平原河流的特征进行对比（表 8-1）；学生在学习地球公转周期中的"年"的时候，就可以对回归年、恒星年、近点年和交点年的特征进行比较（表 8-2）。总之，学生在地理学习当中要养成比较的习惯，学会运用各种比较法，并将比较的结果用表格的形式加以呈现。

表 8-1　山区河流与平原河流的特征比较

比较项目	比较对象	
	山区河流	平原河流
流水作用	流速大，以侵蚀、搬运作用为主	流速慢，以堆积作用为主
河床形态	河床狭窄，岸线多犬牙交错，纵坡面较陡，浅滩与深槽彼此交替，多跌水和瀑布	河床相对宽浅，平面形态多弯曲或分岔，纵剖面坡度较缓，有曲流、牛轭湖发育
河漫滩	不发育，宽度较小，相对高度较高	发育且很宽广
堆积形态	山前形成洪积扇	河口区形成三角洲

表 8 - 2　回归年、恒星年、近点年和交点年的特征比较

比较项目	比较对象			
	回归年	恒星年	近点年	交点年
周期	365.24220 日	365.25636 日	365.25964 日	346.62000 日
转过角度	360°59″	360°	360°11″	340°
对应周期	季节变化周期	地球公转周期	日地距变化周期	日食、月食周期
成因	地轴进动（西移）	公转运动	长轴逐年东旋	公转运动
参照点	春分点	遥远恒星	近日点或远日点	黄白交点

5. 掌握认识地理现象综合联系的方法

地理学具有综合性特点，各种地理现象都不是孤立的，而是相互联系、相互制约、相互作用、综合发展的。因此，在地理专业学习中，学生应充分运用综合分析法和联系图表法揭示自然地理诸要素、人文地理各要素以及自然地理和人文地理要素间的广泛联系，建立综合联系的方法。

6. 注重实践技能训练

地理学是一个注重实践技能的学科，因此，人才培养方案中的野外自然地理考察实习、区域地理考察实习、中学地理教学实习、3S 综合实习、室内实验实习等占有较大比重。学生要利用一切机会进行地理实践技能的训练，这些技能主要包括地理观察、观测和调查能力，绘制图表及地理略图的能力（如利用地理数据绘制相关地理要素分析图、依据地理要素的联系绘制要素联系图、野外调查过程中的地质地貌剖面图和土壤、植被剖面图等）。

7. 养成积累和更新地理资料的习惯

学生要养成积累地理资料的习惯。在平时的学习中，学生应该重视并拥有相当数量且准确的地理事实材料，包括地名知识、分布知识、地理景观知识及常用数据等，只有这样，才能做到"地"与"理"的结合。另外，地理环境是不断发展变化的，人文环境特别是经济环境变化尤大。因此，学生要不断地获取新的地理信息，更新观念，以发展变化的眼光来认识所处的生态环境等与我们休戚相关的地理环境。

8. 参加一次完整的科技创新活动

科技创新活动不但能够培养学生的创新能力，还能够对学生的论文写作、地理调查、数据分析和处理、计算机应用等方面的能力进行全方位的训练和提高，并且能够有效促进学生进行探究性和研究性学习，培养出科研意识。特别对于那些想继续读研深造的学生，更应该积极参加科技创新活动，为日后的研究生学习奠定良好基础，而且还可以在考研复试中加分。

9. 注重师范素质和师范技能训练

高师院校地理专业是以培养中学地理教师为目标的师范性专业，因此，对于学生来讲，扎实的专业知识是他们成为一个优秀中学教师的必要条件，同时，优良的师范素质和师范技能更为重要。因此，每个学生都必须牢记口头表达、粉笔字、多媒体课件制作、中学教材分析与处理、即兴讲课等师范素质和师范技能的训练。

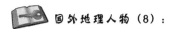

国外地理人物（8）：

李希霍芬

　　李希霍芬是德国地理学家、地质学家。1833 年 5 月 5 日生于德国西南部城市卡尔斯鲁厄，1905 年 10 月 6 日卒于柏林。他于 1850 年入布雷斯劳大学学习地质学，1852 年转入柏林大学，1856 年获博士学位。毕业以后在欧洲从事区域地质调查工作。1860 年，他前往斯里兰卡、日本、菲律宾、马来西亚、印度尼西亚、泰国和缅甸等国考察，后到美国加利福尼亚州研究火山和金矿分布。1868—1872 年，他在加利福尼亚银行和上海西商会资助下多次到中国考察，经历了绝大多数省区，调查了地质、矿藏、黄土、海岸性质与构造线分布等。他历任波恩大学（1875—1883 年）、莱比锡大学（1883—1886 年）、柏林大学（1886—1905 年）地理学教授和柏林大学校长。

李希霍芬
（1833—1905 年）

　　李希霍芬认为地理学是研究地球表面以及与其有成因联系的事物和现象的科学，并把地理学与地质学沟通起来。他长期从事实地考察，对地理学方法论和自然地理学研究做出重要贡献。在 1886 年出版的《研究旅行指南》中，他系统地叙述了野外考察、收集资料和制图等一系列方法，第一次系统地论述了地表形成的过程，对地貌进行了形成过程分类，还研究了土壤形成因素及其类型等。他培养出许多地理学家，如斯文·赫定、帕萨尔格和施吕特尔等，对近代地理学的发展产生重要影响。他于 1877—1912 年撰写出版的《中国》（5 卷，附地图集 2 卷），是第一部系统阐述中国地质基础和自然地理特征的重要著作，并创立中国黄土风成的理论。李希霍芬的著作还有《当前地理学的任务与方法》和《19 世纪地理学的动力与方向》等。

国内地理人物（8）：

胡焕庸

　　胡焕庸，字肖堂，江苏宜兴人，是我国著名地理学家、地理教育家、华东师范大学教授、中国地理学会的发起人和首届理事、中国现代人文地理学和自然地理学的重要奠基人。

　　胡焕庸引进西方近代地理学理论和方法，从人地关系的角度研究我国人口问题和农业问题。他提出中国人口的地域分布以黑河—腾冲线为界而划分为东南与西北两大基本差异区，这条线也被称为"胡焕庸线"；首次提出中国农业区划方案。他在培养地理人才，创建研究机构、学术团体、学术刊物等方面都做出了重要贡献。

胡焕庸
（1901—1998 年）

　　胡焕庸幼年丧父、家境清贫。1912 年，他读高小。当时的高小，已开英文课。英文教员路芹祥在课外帮助胡焕庸阅读《泰西五十轶事》，为他以后学习多种西方语言打下了基础。

1915 年，胡焕庸考取江苏省立第五中学（今常州中学），在这里，艰苦的生活激发了他勤奋好学的精神；而教师们诲人不倦的精神，给他留下了为人师表的榜样，并且影响他的一生。中学毕业的时候，正值"五四"运动高潮。这是一个社会剧烈动荡、国家前途未卜的时代，是呼唤青年人关心国家前途和世界形势的时代。在这样的时代背景之下，青年时代的胡焕庸决心走上地理学和地理教育的道路。

胡焕庸在地理学上有多方面的贡献，所有这些贡献都是在教师岗位上完成的。因此，他首先是一位地理教育家。他长期的教师生涯，先是在中央大学地理系，后是在上海华东师范大学地理系度过的。我国近代地理教育是从国立东南大学地学系（以后是国立中央大学地学系）开始的，创办这个系的是竺可桢，继承竺可桢开创事业的是胡焕庸。

1928 年 9 月，胡焕庸从法国回国，既担任国立中央大学地学系的教授，又担任气象研究所的研究员，成为竺可桢在这两个单位的得力助手。竺可桢留下的自然地理学和气候学的教学任务，几乎全部由胡焕庸担任。1930 年，国立中央大学地学系分成地理系和地质系，由胡焕庸任地理系主任。这样，当年由竺可桢承担的培养地理人才的任务，全部转移到胡焕庸的身上。

从 1927 年到 1937 年的 11 年，是国立中央大学地理系（包括此前的地学系）蓬勃发展的时期。11 年中，特别是 1930 年以后的 7 年，胡焕庸在培养地理人才方面，起了很大的作用。他担负起气候学和自然地理的大部分教学任务，包括地学通论、气候学、天气预报、地图投影、亚洲和欧洲自然地理。此外，他还从事地理教学基本建设，如编写教材、编绘挂图、组建中国地理教育研究会、创刊《地理教育》等。正当胡焕庸和国立中央大学地理系在工作上取得进展的时候，日本帝国主义发动了"七七事变"。战火蔓延到上海后，当局决定把学校迁到重庆。在重庆办学的困难是经常有敌机狂轰滥炸。1940 年暑期的一个傍晚，敌机投弹，使地理系的几间房子受到严重破坏。1941 年，国立中央大学研究院成立地理研究部，由胡焕庸任主任，当年就招收首届研究生 3 名。以后，每年招收研究生，直到抗战胜利后他去美国考察时为止。1947 年他从美国回国，正值解放战争节节胜利之时。在南京解放前夕，胡焕庸以拒收赴台飞机票的实际行动，表达了他在政治上追求进步的决心。

中华人民共和国成立后，胡焕庸曾在华北人民革命大学政治研究院学习 1 年，在治淮委员会技术委员会工作 3 年。1953 年，他调入上海华东师范大学地理系，开始在上海长达 40 多年的教学和科研生涯。彼时开始，直到华东师范大学人口研究所（室）成立为止，除"文化大革命"时期以外，他主要从事世界地理的教学和研究。在教学方面，他担任过各洲自然地理教研室主任，举办过各洲自然地理研究班，多次招收世界地理的硕士研究生。在 1956 年以前，他亲自担任大学本科的亚洲自然地理和欧洲自然地理课程的教学工作，这段时间尽管不长，他仍然认真编写出有关专著。

1981 年以后，胡焕庸作为华东师范大学人口研究所所长，主要从事人口地理学硕士研究生的培养。从 1984 年起，他招收博士研究生；从 1985 年起，他担任博士后研究站的指导教授。1989 年 3 月退休以后，仍返聘任教并担任人口研究所的名誉所长。

胡焕庸在地理教育战线上驰骋 60 多年，形成自己独特的教学风格。他的讲课不落俗套，先提出中心问题，然后进行细致的分析，娓娓动听、引人入胜。他一堂课的内容，其中要点虽只是三言两语，配合一幅地图或者一张表格，而分析起来却是丰富多彩、满满的一堂课，收到良好的教学效果。今天我国地理学界人才济济，他的功劳是不可磨灭的。

　　胡焕庸是一位治学广博的地理学家，他开创了中国人口地理学，成立了中国地理学会。他出版《中国 8 大区人口密度与人口政策》《中国 8 大区人口增长、经济发展的过去和未来》《世界人口地理》《中国人口地理》《中华人民共和国人口分布图》及《中华人民共和国人口密度图》等地理著作。

思 考 题

　　1. 你打算大学期间如何学习好地理专业？
　　2. 通过地理学家的地理人生，你能领悟到什么？

参 考 文 献

[1] 毕凯，桂德竹，2014. 浅谈地理国情监测与基础测绘 [J]. 遥感信息，29 (4)：10 - 15.

[2] 蔡孟裔，毛赞猷，田德森，等，2000. 新编地图学教程 [M]. 北京：高等教育出版社.

[3] 蔡运龙，陈彦光，阙维民，等，2012. 地理学：科学地位与社会功能 [M]. 北京：科学出版社.

[4] 陈俊勇，2012. 地理国情监测的学习札记 [J]. 测绘学报，41 (5)：633 - 635.

[5] 陈述彭，1990. 地学的探索 [M]. 北京：科学出版社.

[6] 代燕，梁海艳，2019. 人口老龄化对区域社会经济发展影响——以曲靖市为例 [J]. 中国老年学杂志，39 (12)：3080 - 3084.

[7] 董昕恬，2021. 基于区位商法的湖北省十堰市主导产业分析 [J]. 现代商贸工业，42 (26)：6 - 8.

[8] 方创琳，2014. 中国城市群研究取得的重要进展与未来发展方向 [J]. 地理学报，69 (8)：1130 - 1144.

[9] 封志明，杨艳昭，闫慧敏，等，2017. 百年来的资源环境承载力研究：从理论到实践 [J]. 资源科学，39 (3)：379 - 395.

[10] 冯年华，2002. 人地协调论与区域土地资源可持续利用 [J]. 南京农业大学学报 (社会科学版)，(2)：29 - 34.

[11] 冯占军，1997. 地理学的危机与前景 [J]. 华中师范大学学报 (自然科学版)，31 (2)：246 - 253.

[12] 顾孝烈，鲍峰，程效军，2011. 测量学 [M]. 4 版. 上海：同济大学出版社.

[13] 管晓旭，王薇，2017. 回族聚居街区文化特征研究——以沈丘县回族镇的街区聚居特征为例 [J]. 中外建筑，(8)：135 - 137.

[14] 郭焕成，韩非，2010. 中国乡村旅游发展综述 [J]. 地理科学进展，29 (12)：1597 - 1605.

[15] 何峰，杨燕，易伟建，2010. 历史文化名村旅游开发的 SWOT 分析——以湖南张谷英村为例 [J]. 热带地理，30 (5)：564 - 569.

[16] 胡最，汤国安，闾国年，2012. GIS 作为新一代地理学语言的特征 [J]. 地理学报，(7)：867 - 877.

[17] 李崇源，2016. 关于候鸟式旅游养老模式的思考——以哈尔滨市阿城区为例 [J]. 世纪桥，(5)：95 - 96.

[18] 李传武，张小林，2015. 转型期合肥城市社会空间结构演变 (1982～2000 年) [J]. 地理科学，35 (12)：1542 - 1550.

[19] 李俊锋，2012. 关于地理国情监测的探讨 [J]. 北京测绘，(2)：68 - 70.

[20] 李善靖，张玮，2020. 在野之谈：太行山田野作业的经验与方法——基于山西大学民间文献整理与研究中心系列调查的探讨 [J]. 地方文化研究，8 (6)：16 - 32.

[21] 李卫平，岳谦厚，2015. 近 20 年中国乡村工业化及城镇化研究回顾与省思 [J]. 福建师范大学学报 (哲学社会科学版)，(5)：125 - 133，171.

[22] 李雯轩，李晓华，2021. 新发展格局下区域间产业转移与升级的路径研究——对"雁阵模式"的再探讨 [J]. 经济学家，(6)：81 - 90.

[23] 李有学，2021. 论乡村振兴中的非农化发展及其政策价值 [J]. 农村农业农民，(4B)：4 - 6.

[24] 理查德·哈特向，1996. 地理学的性质 [M]. 叶光庭，译. 北京：商务印书馆.

[25] 林李月，朱宇，柯文前，2020. 城镇化中后期中国人口迁移流动形式的转变及政策应对 [J]. 地理科学进展，39 (12)：2054 - 2067.

[26] 林琳，王馨儿，曾娟，2021. 基于 GIS 的新会地名文化景观分布、演进及影响因素 [J]. 中山大学学报 (自然科学版)，60 (5)：72 - 85.

[27] 刘宝霖，2020. 基于旅游地生命周期理论的青岛红岛全域旅游发展研究 [D]. 青岛：青岛大学.

[28] 刘彦随，2019. 新时代乡村振兴地理学研究 [J]. 地理研究，38 (3)：461 - 466.

［29］刘彦随，2011. 中国新农村建设地理论［M］. 北京：科学出版社.

［30］龙花楼，刘彦随，张小林，等，2014. 农业地理与乡村发展研究新近进展研究［J］. 地理学报，69（8）：1145 - 1158.

［31］陆大道，2001. 论区域的最佳结构与最佳发展——提出"点-轴系统"和"T"型结构以来的回顾与再分析［J］. 地理学报，（2）：127 - 135.

［32］陆大道，2002. 关于"点-轴"空间结构系统的形成机理分析［J］. 地理科学，22（1）：1 - 6.

［33］毛赞猷，朱良，周占鳌，等，2008. 新编地图学教程［M］. 2 版. 北京：高等教育出版社.

［34］梅安新，彭望琭，秦其明，等，2001. 遥感导论［M］. 北京：高等教育出版社.

［35］聂跃平，杨林，2009. 中国遥感技术在考古中的应用与发展［J］. 遥感学报，13（5）：940 - 962.

［36］宁津生，陈俊勇，李德仁，等，2008. 测绘学概论［M］. 2 版. 武汉：武汉大学出版社.

［37］潘玉君，王永洁，耿继祥，2000. 元地理学研究：地理学的研究对象［J］. 高师理科学刊，20（4）：68 - 71.

［38］普雷斯顿·詹姆斯，杰弗雷·马丁，1989. 地理学思想史［M］. 叶光庭，译. 2 版. 北京：商务印书馆.

［39］乔晓楠，张欣，2012. 美国产业结构变迁及其启示：反思配第-克拉克定律［J］. 高等学校理论战线，（12）：32 - 42.

［40］秦俊丽，2019. 乡村振兴战略下休闲农业发展路径研究——以山西为例［J］. 经济问题，（2）：76 - 84.

［41］萨拉·L. 雷洛韦，斯蒂芬·P. 赖斯，吉尔·瓦伦丁，2008. 当代地理学要义［M］. 黄润华，等译. 北京：商务印书馆.

［42］苏步洲，2020. 改革开放以来陇中农村邻里关系变迁研究［D］. 兰州：西北师范大学.

［43］孙东琪，刘卫东，陈明星，2016. 点-轴系统理论的提出与在我国实践中的应用［J］. 经济地理，36（3）：1 - 8.

［44］孙秀林，陈伟，Fabien，等，2021. 城市空间与公共服务设施：上海市居住迁移分析［J］. 武汉科技大学学报（社会科学版），23（5）：508 - 517.

［45］汤国安，刘学军，闾国年，等，2007. 地理信息系统教程［M］. 北京：高等教育出版社.

［46］田德森，1991. 现代地图学理论［M］. 北京：测绘出版社.

［47］仝德，冯长春，2009. 国内外城中村研究进展及展望［J］. 人文地理，24（6）：29 - 35.

［48］万宝惠，樊瑛，2012. 人口金字塔模型的应用［J］. 中国人口·资源与环境，22（A1）：187 - 191.

［49］万余庆，周日平，2007. 老航片在考古中的应用研究［J］. 国土资源遥感，（1）：65 - 69.

［50］王恩涌，许学工，2023. 地理学是什么［M］. 2 版. 北京：北京大学出版社.

［51］王家耀，陈毓芬，2000. 理论地图学［M］. 北京：解放军出版社.

［52］王开泳，邓羽，2016. 新型城镇化能否突破"胡焕庸线"——兼论"胡焕庸线"的地理学内涵［J］. 地理研究，35（5）：825 - 835.

［53］王毅，廖卓娴，2019. 湖南文化创意产业园区发展分析与建设路径［J］. 经济地理，39（2）：215 - 223.

［54］吴殿廷，陈启英，楼武林，等，2010. 区域发展与产业布局的耦合方法研究［J］. 地域研究与开发，29（4）：1 - 5.

［55］吴季松，2005. 新循环经济学［M］. 北京：清华大学出版社.

［56］许萍，2021. 基于消费者行为分析的房地产行业营销服务体系建构［J］. 广西城镇建设（7）：39 - 40，47.

［57］杨强，李丽，土运动，等，2016. 1935—2010 年中国人口分布空间格局及其演变特征［J］. 地理研究，35（8）：1547 - 1560.

［58］尹宁，王长林，2003. 遥感技术在考古中的应用［J］. 遥感技术与应用，18（4）：258 - 262.

［59］于林娟，黄佛君，朱双玲，等，2019."一带一路"沿线孔子学院的发展过程——基于文化扩散理论［J］.湖北文理学院学报，40（10）：66-73.

［60］袁媛，古叶恒，陈志灏，2016.中国城市贫困的空间差异特征［J］.地理科学进展，35（2）：195-203.

［61］张静，兀伟，郭玉芳，等，2014.国内外地理国情监测相关标准分析与思考［J］.测绘与空间地理信息，（1）：168-171.

［62］张贞冰，陈银蓉，赵亮，等，2014.基于中心地理论的中国城市群空间自组织演化解析［J］.经济地理，34（7）：44-51.

［63］赵广华，刘炜，2009.多元回归模型在区域经济预测中的应用［J］.中国商贸，（13）：180.

［64］甄峰，席广亮，秦萧，2015.基于地理视角的智慧城市规划与建设的理论思考［J］.地理科学进展，34（4）：402-409.

［65］郑殿元，文琦，王银，等，2019.中国村域人口空心化分异机制及重构策略［J］.经济地理，（39）2：161-168，189.

［66］周尚意，王恩涌，张小林，等，2023.人文地理学［M］.3版.北京：高等教育出版社.

［67］朱传耿，仇方道，马晓冬，等，2007.地域主体功能区划理论与方法的初步研究［J］.地理科学，（2）：136-142.

［68］朱磊，2000.城乡一体化理论及规划实践——以浙江省温岭市为例［J］.经济地理，（3）：44-48.

［69］朱宁宁，2018.破解农村"垃圾围村"难题：创新手段多措并举［J］.中国人大，（19）：38-39.

［70］朱忠福，2007.九寨沟景区旅游环境容量研究［J］.旅游学刊，（9）：50-57.